개정판
중국 감각
땅 인구 도시 관행 공산당이라는 다섯 개의 창

개정판

CHINA SENSING

중국 감각

땅 인구 도시 관행 공산당이라는 다섯 개의 창

박종한

역락

학자의 길을 열어주시고 교육자의 자세를 가르쳐주신
허성도 교수님께 이 책을 바칩니다.

"독자는 이 책에서 무엇을 얻을 수 있을까?"

개정판을 내면서

이 개정판에서는 많은 내용이 바뀌었다. 이 책의 많은 도표를 2023년의 최근 자료로 업데이트하였다. 변화된 내용에 맞춰 도표에 대한 설명도 새롭게 기술하였다. 최근의 변화 상황에 따라 새로운 내용을 추가한 경우도 있다. 그 결과 책의 분량이 다소 늘어났다. 통계 자료를 놓고 볼 때 초판과 개정판 모두 자료적 가치가 있다고 말할 수 있다. 초판은 2022년 이전의 상황을 반영하고 개정판은 그 이후의 상황을 반영하기 때문이다.

코로나 19 팬데믹 이후에도 변치 않을 것

코로나 19 팬데믹 이후에도 변치 않고 계속될 것이 있다면 무엇일까.[01] "중국의 세상이다"(It's China's World). 이 말은 2019년 7월 22일 자 미국의 경제지 포춘(Fortune)이 전년도 매출을 기준으로 선정한 '2019년 글로벌 500대 기업'을 발표하면서 내건 기사의 제목이다. 포춘이 매년 발표하는

---

01   프롤로그에 기술된 내용에 대한 자세한 설명 및 수치의 출처는 5장의 5.5를 볼 것.

글로벌 500대 기업의 변화는 세계의 힘의 균형이 얼마나 심오하게 변화하고 있는지 보여준다. 2019년 글로벌 500대 기업에서 중국의 기업 수(129개)가 미국(121개)을 제치고 처음으로 1위를 차지했다. 여기에는 타이완의 기업 10개가 포함되어 있다. 중국과 미국의 순위가 역전된 후 그 격차가 갈수록 벌어지고 있다. 2020년 8월 10일 발표된 글로벌 500대 기업 리스트에 미국 기업은 121개가 포함되어 있는데, 중국은 타이완의 업체 11개를 제외하고도 124개 업체의 이름을 올림으로써 단독으로 세계 1위에 등극하였다. 2022년 8월 3일에 발표된 글로벌 500대 기업 리스트를 보면 중국 기업은 그 사이에 12개가 늘어서 136개가 되었지만 미국은 겨우 1개가 늘어서 124개사만 이름을 올렸다. 타이완 기업까지 포함한다면 중화권 전체 기업 수가 145개나 된다. 이러한 추세는 앞으로도 계속되어 세계 500대 기업에 포함되는 중국의 기업 수는 가면 갈수록 더 많아질 것이다.

지금이 중국의 세상이라는 증거는 이 밖에도 여러 곳에서 발견된다. 뒤에서 자세히 이야기하겠지만, 중국은 2010년 세계 제조업 생산액의 19.8%를 점유해, 19.4%에 그친 미국을 제치고 세계 1위 제조업 국가가 되었고, 그 후 계속 1위를 고수하여 2019년에는 전 세계 제조업 생산량의 28.7%를 차지했다. 이 수치는 미국을 11.9% 포인트나 앞선 것이다. 중국은 세계의 공장이란 이름에 걸맞게 세계 시장 점유율 1위 제품이 세계에서 가장 많다. 2020년 중국의 세계 수출시장 점유율 1위 품목은 1,798개이다. 이것은 2위부터 7위인 독일(668개), 미국(479개), 이탈리아(201개), 일본(154개), 인도(148개), 네덜란드(145개)의 1위 품목을 합한 것보다 더 많은 수치이다.

중국은 코로나 19 상황에서도 거의 충격을 받지 않고 지속적으로 경제성장을 해온 몇 안 되는 나라 중의 하나다. 2021년 세계에서 유일하게 유엔의 공업 부문에서 상위 분류 41개, 중위 분류 207개, 하위 분류 666 개에 속하는 부품을 빠짐없이 모두 생산하고 있는 나라가 중국이다. 이렇 듯 세계 산업의 공급망이 확실히 중국을 중심으로 재편되고 있다. 중국산 부품이 없으면 세계의 산업이 돌아가지 않는다. 어느 나라든 메이드 인 차 이나 없이는 살아갈 수 없다. 중국이 중간부품이나 소재를 수출하지 않으 면 한국의 자동차나 스마트폰 생산 공장도 가동을 멈추게 되어있다.

코로나 19 팬데믹 이전에 시작된 '중국의 세상'은 이 팬데믹이 종료된 이후에도 변함없이 지속될 것이다.

개와 늑대의 시간

그런데도 한국에서는 중국 정부의 한한령(限韓令, 한류 금지령)과 미·중 갈등, 특히 최근에 터진 코로나 19 사태로 인해 중국에 대한 부정적 태도 가 늘고 있으며, 중국을 악의 축으로 묘사하는 정보들이 넘쳐나고 있다. 여기에 더해 인터넷, SNS, 공중파 방송의 유튜브 채널에서도 중국에 대해 부정적인 영상을 올리고 있으며, 심지어 중국을 괴물로 일컫는 책까지 출 판되고 있다.

한국은 인구의 수, 경제의 규모, 군사비의 지출에서 압도적인 우위를 점 하고 있는 나라들에 둘러싸여 있다. 작은 나라가 큰 나라 사이에서 생존하 려면 국민 모두에게 비둘기 같은 순수함과 아울러 뱀 같은 지혜가 필요하 다. 세계 시민의 관점에서 중국이 매력적인 나라라고 말하긴 어렵다. 그러 나 대단한 힘을 가진 나라임은 틀림없다. 그러므로 애중(愛中)은 아니더라 도 혐중(嫌中)은 안 된다. 우리에게 필요한 것은 균형 잡힌 지중(知中)이다.

코로나 19 팬데믹이 촉발한 개와 늑대의 시간은 끝나게 되어있다. 프랑스에서는 저녁에 해가 저물면서 사방이 어둑어둑해서 사물의 형태를 제대로 분간하지 못하는 상황을 개와 늑대의 시간이라고 한다. 지금 이 시간이 생각보다 길어지고 있다. 그러나 우리는 밤이 깊을수록 새벽이 가까워지고 있음을 알고 있다. 해가 뜨고 새벽 안개가 걷히면 늘 그 자리에 있던 거대한 중국이 이전보다 더 큰 모습으로 우리의 눈앞에 나타날 것이다.

이 책에서 나는 가급적 그들이 이뤄온 성취를 바라보려고 노력했다. 중국의 약점, 어두운 면, 부정적인 부분은 한국의 언론이나 다른 책에서 많이 다루고 있다. 이 책에서는 중국의 드러나거나 감춰진 힘, 압도적인 경쟁력을 더 많이 이야기할 것이다. 그것이 중국이라는 거대한 실체에 대한 우리의 균형 감각을 회복하는 데 도움이 된다고 생각하기 때문이다.

변화하는 시대를 빨리 읽는 방법

변화하는 시대를 빨리 읽는 방법이 있다. 그것은 먼저 불변에 주목하는 것이다. 불변의 영역을 확보하고, 그곳을 거점으로 하여 점차 변화하는 상황으로 관찰 범위를 확장해 나가는 것이다. 이 책에서는 다섯 개의 불변의 요소를 가지고 중국을 이야기하려 한다. '땅, 인구, 도시, 관행, 공산당'이 그것이다. 그 밖의 다른 요소들은 과감히 생략했다. 이 이야기는 땅에서 시작하여 그 위에서 살아가는 거대한 인구와 그들이 몰려 사는 도시로 이어지고, 그 안에서 살아가는 사람들의 생존 공식을 살펴본 후, 이 모든 것을 통괄하며 그 안에 질서를 부여하고 있는 공산당으로 마무리된다.

1장의 주제는 땅이다. 중국인들의 삶이 펼쳐지는 공간을 말한다. 땅의 크기와 형태는 그곳에 사는 사람들의 생활에 영향을 미친다. 중국은 땅이 매우 넓어서 직접 체험하지 않고서는 그 규모의 방대함을 깨닫기 어렵다.

땅이 큰 만큼 기후도 다양하다. 이 넓은 땅과 다양한 기후를 단순하게 이해하는 데 도움이 되는 세 개의 가상선을 소개할 것이다. 중국 표준시, 친링-화이허 라인(秦岭-淮河线), 헤이허-텅충 라인(黑河 - 腾冲线)이 그것이다. 여기에서는 이 세 개의 가상선을 가지고 중국문화의 통일성과 다양성을 설명할 것이다.

2장의 주제는 인구다. 중국은 인구 대국이다. 중국에 많은 사람들이 살고 있는 까닭은 일차적으로 방대한 영토에서 비롯되며, 이차적으로 기후나 지형과 같은 자연환경이 많은 인구를 부양하기에 적합하기 때문이다. 모든 나라가 그렇듯 중국에서도 인구는 힘이기도 하고 짐이기도 하다. 넓은 땅에서 사는 많은 인구는 현대 중국이 세계적으로 혁신적인 기술을 축적하는 데 큰 자산이 되고 있다. 그러나 오늘날 많은 나라가 직면하고 있는 인구의 고령화 문제는 중국에서도 해결해야 할 중요한 과제이다. 인구는 중국 전체의 10%가 안 되지만 차지하고 있는 땅은 40%가 훨씬 넘는 소수민족을 어떻게 다루느냐도 중국의 당면 과제 중의 하나이다. 이러한 이야기들을 2장에서 하게 될 것이다.

3장의 주제는 도시다. 도시는 모든 것의 플랫폼이다. 세계 어느 나라에서든 많은 일들이 도시에서 만들어지고 도시에서 유통되며 도시에서 소비된다. 도시화에 수반되는 것이 산업화이다. 그래서 도시화는 전통 농업 시대와 현대 산업 시대를 구분하는 중요한 기준이 된다. 중국은 도시화를 통해 경제성장을 도모하면서 이를 통해 농촌과 도시의 빈부 격차나 인구의 고령화 같은 문제를 해결하려 한다. 도시화는 중국만의 특유한 현상이 아니다. 도시화는 세계적인 메가트랜드로서 선진국들이 걸어왔던 길을 중국도 따라 걸을 따름이다. 흥미로운 사실이 있다. 중국 정부는 일찍부터 도시의 매력도를 평가하여 순위를 매겨왔다. 이를 통해 중국은 모든 도시가 서로 경쟁하며 더 매력적으로 성장하고 발전할 것을 요구하고 있다. 도시의 관점에서 중국을 관찰하면 이전에 보이지 않던 것들이 보일 것이다.

4장의 주제는 관행이다. 관행이란 사람들의 습관적인 행동 방식을 말한다. 다른 말로 그 사회의 게임의 규칙이라고도 할 수 있다. 자원이 희소하고 인구가 많을수록 경쟁이 치열해진다. 그리고 그 사회의 저변에 깔려 있는 경쟁의 규칙을 잘 알고 잘 활용하는 사람이 더 많은 자원을 가져간다. 알 듯 모를 듯 복잡하고 애매모호한 중국인들의 게임의 규칙을 간명하게 도식화한 모델이 있다. 이 모델을 잘 들여다보면 중국인들의 생각과 행동 양식을 아주 많이 이해할 수 있을 것이고, 당신이 그러한 상황에 처했을 때 보다 지혜로운 선택을 할 수 있게 될 것이다.

마지막 장의 주제는 당이다. 중국에서 당이라고 하면 중국공산당을 가리킨다. 땅, 인구, 도시, 관행이라는 네 개의 주제를 모두 통괄하며 자원을 배분하고 갈등을 조정하며 질서를 부여하는 일을 당이 한다. 중국이라는 넓은 땅과 많은 인구를 통치하며 그들의 안전과 생존과 번영을 책임지고 있는 정치집단이 공산당이다. 중국에서 공산당은 공기이고 물이고 토양이다. 공산당은 중국인들의 일상 속 모든 활동에 알게 모르게 스며들어 있다. 중국은 공산당의 일당 통치 체제이다.[02] 중국공산당의 일당 통치 체제를, 바깥에서는 독재라고 비난하지만 안에서는 안정과 질서를 유지하는 힘으로 보고 지지한다. 중국공산당의 일당 통치 체제가 장기 지속할 수밖에 없는 근거가 여러 개 있다. 중국공산당이 장기 지속한다는 말은 중국인의 생각과 행동 방식이 근본적으로는 거의 변하지 않을 것임을 의미한다. 이 장은 이 책의 맨 마지막에 있지만 가장 먼저 읽어도 좋다. 중국공산당은 현대 중국의 시작이고 끝이기 때문이다.

---

[02] 중국에는 소위 '민주당파(民主党派)'로 통칭되는 8개의 소수 정당이 있다. 그런데도 중국을 일당 통치 체제라고 부르는 이유에 대해서는 5장을 볼 것.

중국을 바라보는 다섯 개의 창

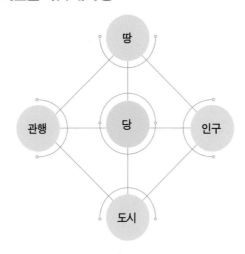

이 다섯 개의 주제는 중국을 들여다보는 창이라고 말할 수 있다. 당신은 이 다섯 개의 창을 통하여 중국 사회의 현상 이면에 존재하는 불변의 본질을 꿰뚫어 볼 수 있게 될 것이다. 이 과정에서 당신은 대단히 특수하면서도 인류 보편적인 성향을 함께 지닌 중국과 중국인을 만나게 될 것이고, 그 모습을 거시적 관점에서 균형감 있게 바라볼 수 있게 될 것이다. 이를 바탕으로 점차 학습과 경험의 범위를 넓혀가면 방대한 대륙 속을 거닐더라도 중간에 길을 잃는 일이 없을 것이다.

그러므로 처음 중국을 공부하는 사람이라면 이 책으로 시작하기 바란다. 처음부터 기본기를 탄탄하게 다지면 다음 단계로 도약하기 쉽기 때문이다. 중국 사업이나 중국 주재원 생활을 십 년 넘게 한 사람에게도 이 책이 도움 될 것이다. 기본은 누구에게나 중요하니 말이다.

| 목차 |

1장

땅: 세 개의 가상선

중국을 빨리 읽는 첫 번째 방법은 중국인들의 삶이 펼쳐지는 공간에 대해 알고 이해하는 것이다. 땅의 크기와 형태는 그곳에 사는 사람들의 생활에 영향을 미친다. 사람들의 삶의 방식은 그들이 거주하는 곳의 지리적 환경 안에서 만들어진다. 중국은 땅이 넓다. 과거에도 그랬고 지금도 그렇고 앞으로도 그럴 것이다. 크고 넓은 중국을 공간적으로 단순하게 이해하는 데 도움이 되는 '세 개의 가상선(the Three Imaginary Lines)'이 있다. 중국 표준시, 친링-화이허 라인(秦岭-淮河线), 헤이허-텅충 라인(黑河-腾冲线)이 그것이다. 이 세 개의 선은 실제 땅 위에 그어져 있는 것이 아니라 인위적으로 고안된 가상의 선이다. 중국 표준시는 세로로 그어지고, 친링-화이허 라인은 가로로 그어지고, 헤이허-텅충 라인은 약 45°로 우상방으로 그어진다.

1.1 중국 땅의 넓이는 경험해봐야 안다

세 번의 여행, 세 번의 경험

중국 땅은 직접 체험해봐야 그 광활함을 알 수 있다. 1990년 8월 여름, 한국과 중국이 외교 관계를 맺기 2년 전에 보름간 중국 여행을 한 적이 있다. 백두산 등정을 마치고 옌벤(延边)으로 돌아와 창춘(长春)행 밤 기차를 탔다. 침대에 누워 곤히 잠들었다가도 레일 위를 구르는 바퀴 소리와 흔들리는 차량 때문에 자주 깼다. 차창 밖을 내다보면 기차는 여전히 무서운 속도로 어둠 속을 달리고 있었다. 때가 되면 도착하겠지 생각하며 담요를 뒤집어쓰고 잠을 청했다. 사람들이 움직이는 소리에 잠을 깼다. 새벽 5시 05분. 기차는 전날 밤 9시에서 이 시간까지 8시간을 줄곧 달렸던 것이다. 주행 거리는 660여㎞. 만주 벌판이 참으로 넓다는 생각을 그때 하게 되었다.

2008년 10월, 자매대학 방문차 중국에 간 적이 있다. 난징(南京)에 있는 난징대학교에서 예정된 일정을 마치고 항저우(杭州)의 저장(浙江) 대학교로 이동하기 위해 고속버스를 탔다. 고속도로를 한참 달리다 보니 왼쪽 창문 밖으로 커다란 호수가 눈에 들어왔다. 호수가 얼마나 큰지 맞은편 끝이 보이지 않았다. 조금 지나면 호수가 끝나겠지 생각하면서 가벼운 마음으로 풍광을 즐겼다. 그런데 호수는 좀처럼 끝나지 않았다. 20여 분은 족히 지났을 텐데도 호수는 끝없이 이어졌다. 그 호수의 이름은 타이후(太湖)였다.

타이후는 중국에서 담수호 가운데 포양후(鄱阳湖)와 둥팅후(洞庭湖)에 이어 세 번째로 큰 호수이다. [도표 1-1]과 같이 상하이의 서쪽에 있으며 그 주위에 쑤저우와 우시 같이 유서 깊은 도시가 있다. 호수면의 넓이는 2,338㎢이다. 이것을 사각형으로 표현하면 대략 48.3㎞×48.4㎞가 된다. 한 쪽 변의 길이가 48㎞가 넘는 되는 것이다. 내가 처음에 백두산에 올라 천지를 바라볼 때는, 이렇게 넓고 웅장한 호수가 세상에 또 있을까 생각했었다. 백두산의 천지는 길이가 4.85㎞이고 폭이 3.35㎞로서 전체 넓이는 16.25㎢이다. 이렇게 큰 백두산 천지가 타이후와 비교하면 144분의 1에 불과하다. 그러니까 타이후에는 천지도 144개쯤 들어간다는 것이다. 서울시의 넓이는 605.52㎢니까 타이후에는 서울시가 4개쯤 들어간다. 제주도

[도표 1-1] 타이후의 위치

의 넓이는 1,847㎢이다. 그러므로 타이후에는 제주도가 1개 들어가고도 공간이 넉넉히 남는다. 제주도 사람에게 이런 이야기를 했더니 매우 놀라워했다. 제주도에서 태어나 제주도에서 살아온 이에게 제주도는 하나의 대륙이다. 그런데 그런 제주도보다 더 큰 호수가 있다는 사실이 믿어지지 않는 눈치였다. 이렇듯 중국의 넓이는 직접 경험하지 않고서는 그 방대함을 감지하기 어렵다.

2018년 9월, 나는 태어나서 처음으로 말로만 듣던 실크로드를 두 발로 걸었다. 가없이 펼쳐진 황량한 벌판을 한없이 걷는 경험을 그때 처음 했다. 성균관대학교 중국대학원의 일대일로(一帶一路 yī dài yī lù) 대장정 프로그램에 동참할 수 있었기 때문이다.[01]

---

01   이 프로그램은 시안에서 우루무치까지 약 2,600㎞를 4차로 나누어 걷고, 걷고, 또

[도표 1-2] 중국 간쑤성 하서주랑

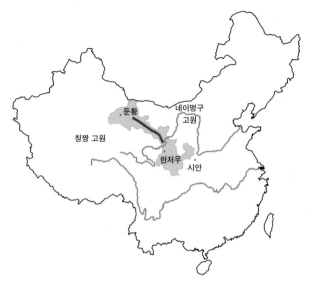

　대장정 팀은 인천공항에서 시안(西安)까지 날아간 후 그곳에서 다시 중국 국내선으로 갈아타고 자위관(嘉峪关)까지 날아갔다. 이때부터 버스를 타고 5박 6일 동안 둔황(燉煌)으로 이동하면서 중간중간 내려서 여러 유적지를 방문하고 여러 곳을 걸었다. 나의 대뇌에는 자위관의 성루, 양관 고성, 둔황의 명사산, 월아천과 막고굴이 기억되고 있지만, 나의 두 발에는 그 과정에서 걸었던 대평원의 방대함과 막막함이 남아있다.

　자위관에서 둔황까지 가는 길은 대부분 사람이 전혀 살지 않는 황량한 벌판이다. 그런 곳을 오직 우리 대장정 팀만 걸었다. 원래 길이 없는 들판

　걸으면서 중국의 대지를 몸으로 체험하기 위해 기획되었다. 나는 당시 성균관대학교 중국대학원(원장: 김용준 교수)의 객원교수 자격으로 3차(2018년)와 4차(2019년)에 동행할 수 있었다. 성균관대학교 중국대학원의 홈페이지에 가면 2016년에서 2019년까지 4차례에 걸친 탐방 활동을 10여 분으로 요약한 영상을 감상할 수 있다.

이었으므로 우리가 가는 곳이 길이 되었다. 사방은 넓고 길고 황량했지만 발바닥으로 전해지는 느낌은 딱딱하지 않고 폭신했다. 바닥이 동글동글한 조약돌과 고운 모래로 구성되어 있었기 때문이다.

이곳은 안에서 보면 거대한 벌판이지만 바깥에서 보면 거대한 협곡(峽谷)이다. 이 협곡의 정식 명칭은 하서주랑(河西走廊)이다. 하서주랑은 란저우(兰州)에서 둔황(敦煌)에 이르는 길을 말하는데, 치롄산맥과 네이멍구 고원 사이에 있으며, 폭이 200㎞ 내외이고 길이가 약 1,000㎞나 되는 장대한 길이다. 그러나 좌우 폭이 너무 넓은 나머지 이곳에 서 있으면 협곡이라는 생각이 전혀 들지 않는다.

[사진 1] 하서주랑을 걷다

출처: 내가 2018년 9월 27일 자위관(嘉峪关)에서 과저우(瓜州)로 가는 길에 찍은 것. 자위관의 서쪽으로 뻗어있는 성벽 옆으로 우리 대장정 팀의 한 사람이 걷고 있다. 자위관은 만리장성의 가장 서쪽에 있는 관문이다. 저 뒤에 희미하게 보이는 것이 치롄산맥(祁连山脉)이다. 치롄산맥은 평균 해발고도가 4,000m이고 길이가 2,000㎞나 되는 거대한 산맥이다.

이러한 지형이 형성된 시기는 1억 년 전으로 거슬러 올라간다. 남극 대륙에 붙어있던 인도 땅덩어리가 북상하여 유라시아 판과 부딪치면서 밑으로 파고들었고, 엎드려있던 유라시아 판이 고개를 쳐들면서 티벳 고원이 만들어지고 그 위에 8,000m가 넘는 히말라야산맥이 자리를 잡게 되었다. 엎드린 상태에서 고개를 쳐들었을 때 뒤통수에 해당하는 것이 티벳 고원이고, 목덜미에 해당하는 것이 바로 하서주랑이고, 등판에 해당하는 것이 네이멍구 고원이다. 그러니까 하서주랑은 티벳 고원과 네이멍구 고원 사이에 길게 뻗어있는 엄청나게 넓은 평원 길이다.

이 길을 걸으면서 아주 오랜 옛날 이곳을 지나갔을 뭇 군상들이 떠올랐다. 이 길은 고대 동아시아와 서방 세계가 정치·경제·문화적으로 교류하는 데 있어 매우 중요한 국제적 통로였다. 중원의 상인들이 서방으로 가거나 서방에서 오는 상인들이 중원으로 들어가기 위해서는 반드시 이 길을 거쳐야 했다. 이 길을 통해 중국의 비단이 서방에 전해졌고, 이 길을 통해 인도의 불교가 중국에 전파되었다. 더 고대로 올라가면, 메소포타미아의 앞선 문명이 기원전 2,000년경부터 이 길을 통해 중국 땅에 전해졌다. 이때에 청동기와 전투용 수레 만드는 기술이 말(馬)과 함께 들어왔고, 황소와 양과 같은 가축, 그리고 밀과 같은 작물 역시 중국으로 전해졌다.[02] 본격적인 황허 문명이 그때부터 시작되었다.

긴 시간을 걷고 또 걸어도 나무 한 그루 보이지 않는 황량한 벌판이 끝없이 계속되었다. 이렇게 장대한 들판은 멀리서 보면 아름답지만 그 안으로 들어가면 망망대해에 외롭게 떠있는 조각배처럼 막막하다. 중국이라

---

02   장홍제(2019:12-20). 중국 최초의 문자인 갑골문의 원형이 무엇일까에 대해 여러 가지 가설이 있다. 그 중의 하나는 메소포타미아 문명의 수메르 문자가 원형이라는 것이다. 만약 이 문자가 실제 중동 지역에서 중국으로 전해졌다면 그 통로 역시 이 길이었을 것이다. 이 가설에 대해서는 찰스 제임스 볼(1913)을 볼 것.

는 공간은 직접 체험해보지 않으면 그 진면목을 알기 어렵다. 가끔은 비행기보다는 기차를 타고, 기차보다는 버스를 타고, 버스보다는 직접 두 발로 천천히 오래 걸어보길 권한다.

세계 3위인가 4위인가?

중국 영토의 면적은 약 960만㎢이다. 대한민국 면적의 90배가 넘는다. 인도는 세계 1위의 인구 대국이지만 면적은 3,287,590㎢로서 중국의 3분의 1밖에 안 된다. 중국은 동쪽 끝과 서쪽 끝의 거리가 약 5,200㎞이고, 남쪽 끝에서 북쪽 끝까지의 거리가 약 5,500㎞이다. 한국은 서울에서 강릉까지의 직선거리가 168㎞이고 서울에서 부산까지의 직선거리가 325㎞에 불과하다. 한국인이 중국에 가면 시간과 공간 개념을 아주 많이 바꿔야 한다.

중국인들은 어릴 때부터 중국의 영토가 세계 3위를 자랑한다고 배운다. 그들은 이 말을 초등학교와 중고등학교를 거쳐 대학교에 가서도 반복해서 듣기 때문에, 그것을 한 치의 의심도 없이 당연한 사실로 알고 있다. 중국의 포털사이트 바이두(百度)에서 '중화인민공화국(中华人民共和国)'을 검색해 보면 거기에서도 중국의 육지 영토가 세계 3위라고 기록되어 있다.

그런데 이것을 인정하지 않는 나라가 있다. 바로 미국이다. 미국은 자기네 영토가 세계 3위라고 한다. 미국인이 쓴 책이나 미국발 뉴스 보도 자료를 보면 그들은 자기네 영토가 세계 3위라는 것을 매우 당연시하는 것 같다. 중국과 미국, 미국과 중국 사이의 자존심 싸움이 영토의 순위에서도 벌어지고 있다는 사실이 무척 흥미롭다.

미국과 중국의 영토 순위는 중국-인도 간의 영토 분쟁 지역 및 미국 총면적의 계산방식에 따라 달라진다. 이 중에서 더 결정적인 것은 미국의 영토 계산방식이다. 미국의 영토는 세 군데에서 매우 다르게 기록하고 있다.

[도표 1-3] 국가별 영토 순위 (단위: ㎢)

국가	Britannica		UN		CIA	
러시아	1	17,125,000	1	17,098,246	1	17,098,242
캐나다	2	9,984,670	2	9,984,670	2	9,984,670
중국	3	9,572,900	4	9,596,961	4	9,596,960
미국	4	9,525,067	3	9,629,091	3	9,833,517

출처: Wikipedia, List of countries and dependencies by area. 2021.06.29. 접속.

　미국의 영토를, CIA에서는 9,833,517㎢로, UN에서는 9,629,091㎢로, 브리태니커 백과사전에서는 9,525,067㎢로 표기하고 있다. 그래서 CIA나 UN 자료를 따르면 미국이 3위인데, 브리태니커 백과사전을 따르면 미국이 4위로 밀린다.

　미국은 하나인데 왜 영토의 면적은 세 가지나 될까. 그 이유는 다음과 같다. 브리태니커 백과사전에서는 미국 영토 안에 육지 면적과 5대호까지만 포함시켰는데, UN에서는 육지 면적과 5대호뿐만 아니라 연안 해역까지 포함시켰으며, 미국의 CIA는 여기에 연안 및 영해까지 합하여 계산했다. 그러므로 바다를 빼고 오로지 육지 면적만 비교한다면 중국이 3위이고 미국이 4위가 된다. 중국도 연안과 영해를 포함시켜 계산하면 되지 않을까. 중국은 그렇게 하지 않을 것이다. 중국이 접하고 있는 바다의 면적이 미국보다 넓지 않기 때문이다.

　그렇다면 우리는 이러한 영토 순위 논쟁을 어떻게 받아들이는 것이 좋을까. 위키피디아(Wikipedia)의 지혜를 따를 것을 추천한다.[03] 위키피디아에서는 세계 국가의 영토 순위 항목에서 1위가 러시아, 2위가 캐나다이지만

03　　Wikipedia, 'List of countries and dependencies by area'. 2022.03.03. 접속.

3위와 4위에 대해서만큼은 '중국 또는 미국'이라고 기록하고 있다. 우리도 이를 따라, 중국이 스스로 3위라고 하면 그렇다고 인정하고, 미국이 스스로 3위라고 하면 그 또한 인정하는 것이다. 계산 방식에 따라 어느 쪽도 틀린 것이 아니니 말이다. 국내에 출판된 책 중에 굳이 중국의 영토를 세계 4위라고 쓴 경우가 있는데 이는 정확하지도 않고 지혜롭지도 못하다.

휴일도 길다

중국은 춘제(春节, 음력 설날)가 되면 설날 전후로 7일간 쉰다. 7일에 맞추기 위해 앞뒤에 있는 공휴일을 끌어와서 국민들이 7일간 연휴를 즐기게 한다. 2023년을 예로 들면 1월 22일(일)이 설날인데 1월 21일(토)부터 1월 27일(금)까지 7일간이 나라가 정한 연휴이다. 그 대신 1월 28일(토)과 29일(일)에 정상 근무하도록 하였다. 여기에 회사별로 주어지는 비공식 휴가까지 포함하면 어떤 사람은 휴일이 2주 가까이 되기도 한다. 5월 1일 국제노동자의 날을 기념하는 5일간의 휴무나 10월 1일 국가 건국을 기념하는 7일간의 국경일 휴무도 이와 같은 방식으로 만들어진다.

이렇게 하는 이유는 크게 두 가지이다. 첫째, 중국은 땅이 커서 타지로 여행을 하거나 고향까지 갔다 올 때 이동 시간이 많이 걸리기 때문이다. 그래서 휴무 기간을 길게 제공해야 한다. 둘째, 내수 진작을 위해서다. 휴일이 많고 연휴가 길수록 소비가 활성화되고 이에 따라 생산 활동도 활발하게 이루어지기 때문이다. 실제 그 경제적 소비 촉진 효과가 얼마나 대단한지는 중국의 연휴와 관련하여 매년 국내에 전해지는 중국발 뉴스를 보면 쉽게 알 수 있다.

우리는 이런 긴 시간의 휴일을 경험해본 적이 없으므로 그것에 대한 느낌이 어떠한지 알기 어렵다. 반면에 이러한 방식에 익숙한 중국인은 한국에 오게 되면 답답해한다. 마음 편하게 놀러 다니기에 휴가 기간이 너무 짧다는 것이다.

중국 정부에서는 매년 10월 마지막 주쯤 국무원에서 그다음 해의 휴무 상황을 사전 공시한다. 2023년 10월 말에 바이두에서 '2024年全年公休放假安排'를 검색해 보자. 2024년의 춘제나 국제 노동자의 날, 국경일의 장기 휴무 기간이 어떻게 만들어지는지 알아보는 것도 재미있을 것이다.

고속철도의 시대

이렇게 넓은 공간의 이동 시간을 획기적으로 줄인 것이 고속철도이다.[04] 1990년대 이전에 중국인들의 장거리 이동 교통수단은 일반열차였다. 1990년대에 들어 중국 정부가 적극적으로 고속도로를 건설하면서 중국은 고속도로의 시대(1990년~2010년)로 이행했다. 그리고 2008년, 고속버스보다 훨씬 빠른 교통수단이 등장했다. 손오공의 축지법을 연상케 하는 고속열차가 그것이다.

장거리를 이동하는 중국인에게 아주 오랫동안 익숙한 이동 수단은 시속 60㎞에서 80㎞ 사이로 달리는 일반열차였다. 베이징에서 광둥성의 광저우로 출장 간다고 하자. 베이징에서 광저우까지의 거리는 2,000㎞가 넘는다. 일반열차가 베이징을 떠나 허난성의 정저우와 후베이성의 우한을 거쳐 광저우로 가려면 31시간 44분이 걸린다. 하루를 꼬박 가고서도 8시간을 더 가야 하는 것이다.

---

04   니펑페이(2015:70-73).

시기 도시	1990년 이전 일반열차 소요시간	1990년~2010년 고속버스 소요시간	2010년 이후 고속열차 소요시간
베이징-상하이	15시간 11분	14시간 19분	04시간 48분
베이징-우한	12시간 50분	12시간 52분	04시간 17분
베이징-광저우	31시간 44분	25시간 12분	08시간 03분
상하이-우한	10시간 35분	09시간 34분	04시간 55분
상하이-광저우	18시간 13분	17시간 06분	06시간 51분
우한-광저우	11시간 55분	11시간 45분	04시간 06분

출처: 니펑페이(2015:74).

고속도로가 건설되면서 이동 수단은 다양해졌지만 이 시간을 근본적으로 줄일 수는 없었다. 평균 시속 100㎞로 달린다 해도 중간에 쉬거나 급유하는 시간까지 단축시킬 수는 없기 때문이다. 그런데 경천동지할 일이 생겼다. 고속철도가 등장하면서 이 시간이 8시간 03분으로 단축된 것이다.

고속철도는 일반적으로 시속 200㎞ 이상으로 주행하는 철도를 가리킨다. 세계 최초의 고속철도는 1964년에 개통된 일본의 신칸센이다. 그후 영국, 이탈리아, 프랑스, 스웨덴, 독일, 스페인, 한국 등이 고속철도를 부설하였고, 이 나라들보다 한참 늦은 2008년에 중국이 이 대열에 합류하였다. [도표 1-5]는 2023년 현재 고속철도를 운영 중인 27개국 중에서 운행 거리 상위 10개국을 뽑은 후 그 나라들을 고속열차 최초 운행연도에 따라 배열한 것이다.

[도표 1-5] 고속철도 최초 운행 연도 상위 10개국의 운영 현황

국가	최초 운행연도	총연장(km)	건설 중 (km)	향후 총연장 (km)	최고시속 (km/h)
일본	1964	2,727	591	3,384	320
영국	1976	1,923	220	2,143	300
이탈리아	1977	2,018	965	2,983	300
프랑스	1981	3,978	560	4,538	320
스웨덴	1990	1,860	419	1,279	205
독일	1991	3,526	3,262	6,788	300
스페인	1992	4,327	1,378	5,705	310
터키	2003	1,117	1,457	2,574	300
한국	2004	1,283	1,631	2,914	305
중국	2008	42,000	28,000	70,000	350
세계 (27개국)		70,145	48,055	11,8200	350

출처: 이 도표에서 '최초 운행 연도'는 나라별로 찾아서 기입하였다. '총연장~최고시속'의 수치는 Wikipedia의 'List of high-speed railway lines'를 참고하였다. 2023.06.30. 접속.

중국은 고속철도의 후발주자임에도 불구하고 전 세계에서 가장 많은 구간을 부설하였고 가장 빠른 고속열차를 보유하고 있다.

2023년 6월 현재 전 세계 고속철도의 총연장은 70,145km인데, 이 가운데 중국이 거의 60%나 되는 42,000km를 차지하고 있다. 또한 현재 운행중인 고속열차 중에서 최고시속을 자랑하고 있는 나라가 중국이다. 중국은 자체 개발한 고속열차를 가지고 2014년에 전 세계에서 가장 빠른 고속열차 시험운행에 성공했다. 이때의 속도는 시속 605km로 프랑스 고속열차 테제베(TGV)가 2007년 4월에 기록한 종전 최고시속 574.8km를 훨

씬 앞질렀다.[05]

시작이 늦은 중국이 어떻게 해서 기술적으로 세계 최강의 대열에 합류하게 되었을까. 중국이 단기간에 세계 최장의 고속철도망과 세계 최고 속력의 고속열차를 가지게 된 배경으로 거대한 대지라는 실험실을 빼놓을 수 없다.[06] 프랑스는 동쪽에서 서쪽까지 대략 1,000㎞이고 북쪽에서 남쪽까지 대략 1,000㎞인데, 중국은 북쪽에서 남쪽까지 5,200㎞이고 동쪽에서 서쪽까지 5,400㎞이다. 이것이 의미하는 것은 중국의 실험 공간이 엄청나게 크다는 것이다. 물론 공간의 크기만으로 모든 것을 설명할 수는 없다. 여기에 수많은 인구(2장), 도시화 전략(3장), 그리고 일당 통치를 기반으로 하는 중앙정부의 효율(5장) 등을 함께 고려해야 할 것이다.

중국 영토의 방대함에서 탄생한 고속철도는 넓고 넓은 중국을 갈수록 좁게 만들고 있다. 2020년 8월 중국 국가 철도청 당국에서 발표한 중장기 철도 건설 계획에 따르면, 중국은 2035년까지 인구 50만 명 이상의 도시를 모두 고속철도로 연결할 것이라고 한다.[07] 그 덕분에 중국인들의 이동 시간은 상상 이상으로 단축되고 있다. 명절 때는 더 많아진 여행객으로 인해 여전히 좌석 잡기가 어렵지만 말이다.

---

05 연합뉴스(2014. 02. 27.), 중국 고속열차 시속 605km 시험운행…세계 신기록.

06 중국의 거대한 공간이 고속철 기술의 발전에 기여했다는 주장에 대한 자세한 논의는 이정동(2017:168-181)을 볼 것.

07 바이두, 「新時代交通强国铁路先行规划纲要」(2020年 8月). '인구 50만 명 이상의 도시'라면, 3장의 [도표 3-9]에서 지급시 이상의 도시-298개와 현급시 205개가 해당된다. 만약 이 계획이 실현된다면 중국은 전국적으로 거미줄처럼 촘촘한 교통망과 수송망을 갖게 된다. 이는 곧바로 각 지역의 경제적 성장으로 이어지게 된다.

1.2 첫 번째 가상선: 중국 표준시

중국인을 하나로 묶는 선

중국인들은 한 개의 시간으로 산다. 중국은 동서 거리가 약 5,200㎞로서 동쪽 끝(동경 135.05°)과 서쪽 끝(동경 73.66°)이 61.39° 차이가 남에도 불구하고 표준시는 '베이징 시간' 한 개밖에 없다.

미국을 여행하거나 시베리아 횡단 열차를 타고 가면서 그때그때 현지 시간에 맞춰 시계를 조정해본 경험이 있는 이들은 중국도 여러 개의 시간대를 사용할 것이라 생각할 것이다. 러시아는 세계 최대 영토를 자랑하는 국가답게 표준시가 11개이고, 캐나다는 6개, 미국은 대륙 본토 안에만 4개이고 알래스카와 하와이까지 합하면 여섯 개이다. 그런데 중국은 5개의 표준시가 필요함에도 불구하고 단 1개의 표준시만 사용한다.

[도표 1-6] 협정세계시 지도

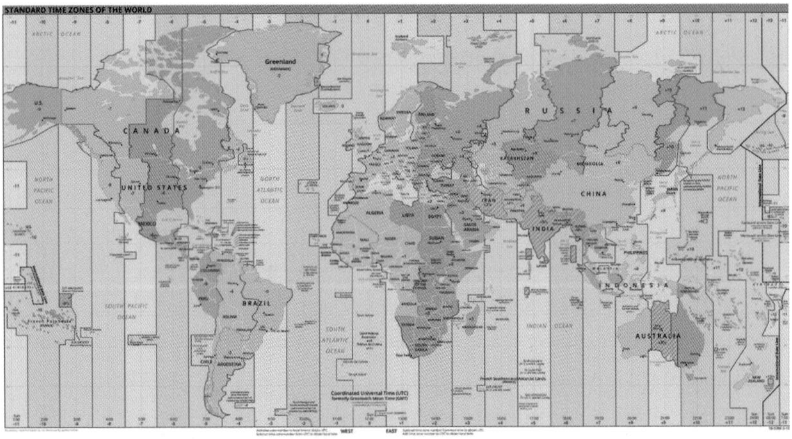

출처: Wikipedia, 'Coordinated Universal Time'. Wikipedia에서 퍼블릭도메인(public domain)으로 제공되고 있는 지도임. 2023.06.30. 접속.

중국은 '협정세계시(UTC)+08'을 중국 전역에 동일하게 사용하고 있다. 협정세계시(Coordinated Universal Time, UTC)란 영국 런던에 있는 그리니치 천문대의 시간(Greenwich Mean Time, GMT)을 기준으로 하여 정해지는 세계 각국의 표준시를 말한다. 'UTC+8'이란 영국 런던 그리니치 천문대의 시간보다 8시간 빠르다는 뜻이다. 참고로 한국은 동경 120°에서 동경 135°까지 적용되는 'UTC+9'를 표준시로 사용하고 있다.

[도표 1-7] 첫 번째 가상선: 중국 표준시

중국에서는 중국 국가 표준시를 '베이징 시간'(北京时间 Běijīng shíjiān)이라고 부른다. 중국의 방송사에서는 시간을 알릴 때 반드시 '北京时间'이라는 용어를 붙여서 말한다. 예를 들어 9시가 되면 라디오나 텔레비전 방송에서 "现在是北京时间9点整."(Xiànzài shì Běijīng shíjiān jiǔ diǎn zhěng. 지금은 베이징 시간으로 정각 9시입니다)이라는 말이 흘러나온다. 베이징 시간이 오전

9시라면 서쪽 멀리 신장 우루무치에 있는 사람의 시계도 오전 9시를 가리키고 동북쪽의 하얼빈에 있는 사람의 시계도 오전 9시를 가리킨다. 손목시계나 스마트폰의 시계나 컴퓨터 속의 시계가 모두 그러하다.

한편 베이징 시간은 베이징의 실제 시간보다 약간 빠르게 시작된다. 베이징은 동경 115.7°~117.4°에 위치하며 중심점이 동경 116.4°인데, 협정세계시인 'UTC+8'의 적용 범위가 동경 112.5°에서 동경 127.5°로서 그 중심점이 베이징보다 더 동쪽에 있는 동경 120°이기 때문이다.[08]

우루무치시 사람들의 출퇴근 시간은?

앞의 [도표 1-6]에서 알 수 있듯 중국은 동서로 5개의 시간대에 걸쳐 있다. 그러므로 한 개의 표준시만 쓴다하더라도 각 지역의 등하교나 출퇴근 시간을 베이징과 똑같이 맞출 수는 없다. 그것은 현실적으로 불가능하다. 해 뜨는 시간을 기준으로 한다면, 베이징에 해가 뜰 때 우루무치는 여전히 어둠에 잠겨있다. 그래서 베이징과 동일한 시간에 출근할 경우 이들은 밤하늘에 뜬 별을 보고 집을 나서야 한다. 두 곳의 시차가 2시간 정도 차이나기 때문이다. 이런 일을 성인이 아닌 초중등 학생들에게 요구하는 것은 더욱 어려운 일이다.

그래서 실제 일상생활에서는 현지 상황을 고려하여 지역별로 융통성을 발휘한다. 성인의 경우 베이징 사람들이 8시에 출근한다면 중국의 서쪽에 있는 우루무치 사람들은 오전 10시에 출근한다. 물론 이에 따라 퇴근 시간도 2시간 정도 뒤로 늦춰진다.

그렇다면 학생들은 몇 시에 등교할까? 학생들의 등교 시간 역시 다르

08　바이두, '北京时间(中国国家标准时间)'. 2023.06.30. 접속.

게 적용된다. [도표 1-8]을 보면 학생들의 등교 시간이 각 지역의 해 뜨는 시간에 맞춰 적절히 조정되고 있음을 알 수 있다.

[도표 1-8] 지역별 등교 시간

지역	경도	UTC	등교 시간
우루무치	86.4°-88.6°	+6	09:15
충칭	105.1°-110.1°	+7	08:00
베이징	115.7°-117.4°	+8	07:20~07:30
하얼빈	125.4°-130.1°	+8.5	07:00

출처: 바이두에서 각 지역의 경도, 협정세계시 및 등교 시간 정보를 개별적으로 찾아서 정리했음.

2019년 4차 실크로드 대장정에 참여했을 때 신장성의 수도인 우루무치에서 1박한 적이 있다. 여유 있게 저녁 식사를 마친 후 밖으로 나오니 야시장이 펼쳐져 있었다. 그때는 코로나 19가 발생하기 전이다. 시계를 보니 밤 10시인데도 수많은 사람이 거리와 그 주변의 식당을 가득 메우고 있었다. 이곳 주민에게는 시계가 밤 10시를 가리키더라도 해가 뜨고 지는 것을 기준으로 한 생체 리듬상의 시간은 겨우 저녁 8시이기 때문이다.

그러나 전국적으로 치러지는 대학수학능력시험(高考)만큼은 융통성이 허용되지 않는다. 전국적으로 수많은 학생들이 응시하기 때문에 혼란을 최소한도로 줄여야 하기 때문이다.

중국은 2014년부터 문·이과 통합 교육을 핵심으로 하는 대학입시 제도 개혁을 시작하였다. 새롭게 설계된 입시 제도를 2017년부터 일부 지역에서 시범 운영을 하다가 점차 적용 지역을 넓힌 끝에 2022년부터는 전국적으로 시행하게 되었다. 시험 과목 선택 방식은 크게 2가지가 있다. 하나는 '3+3 모델'로서 '어문, 수학, 외국어' 3과목을 필수로 하고 '화학, 물리, 생물, 지리, 역사, 정치' 중에서 3개를 선택하는 방식이다. 또 하나는 '3+1+2 모델'로서 '어문, 수학, 외국어' 3과목을 필수로 하고 '물리, 역사' 중에서 1개를, '화학, 생물, 지리, 정치'에서 2개를 선택하는 방식이다.[09]

필수 과목의 시험 시간은 전국적으로 동일하다. 나머지 선택 과목은 비어있는 시간대에 치러지게 되는데 그 시간은 지역마다 다르다. 통일성과 다양성을 동시에 고려한 조치이다. 시험 시작 시간은 전국의 모든 지역이 오전 9시이다. 시험 시작 시간을 베이징시 학생들의 등교 시간인 오전 7시 30분 경으로 할 경우 신장성과 같이 서쪽에 있는 지역에서 어떤 일이 벌어질지는 여러분이 상상해 보기 바란다.

[도표 1-9] 필수 과목의 지역별 대학수학능력시험 시행 시간

2024년 우루무치 수능시간	2024년 베이징 수능시간	2024년 하얼빈 수능시간
6月7日 09:00-11:30 어문	6月7日 09:00-11:30 어문	6月7日 09:00-11:30 어문
6月7日 15:00-17:00 수학	6月7日 15:00-17:00 수학	6月7日 15:00-17:00 수학
6月8日 15:00-17:00 외국어	6月8日 15:00-17:00 외국어	6月8日 15:00-17:00 외국어

출처: 바이두, '2024年全国高考时间'. 2023.06.30. 접속.

---

09 이렇게 간단하게 기술은 했지만 실제 운영 상황은 상당히 복잡하다. 그리고 지역에 따라 시험 과목이 더 추가되는 경우도 있다. 다음을 참고할 것. 바이두, '普通高等学校招生全国统一考试', 2023.07.23. 접속; 한국경제신문(2018.10.17.), 문·이과 '통합 교육' 이어 'AI 교과서' 보급…中, 4차 산업혁명 앞서 뛴다; 나무위키, '보통고등학교학생모집전국통일고시', 2023.07.23. 접속.

5개의 표준시를 사용한 적도 있다

중국은 1949년 공산당 정권이 수립되기 전에는 전국적으로 5개의 표준시를 사용했다.[10] 중화민국(1912-1949)이 시작된 1912년에 베이징의 중앙기상국이 중국 전역을 그리니치 평균시간을 기준으로 하여 5개의 시간대로 나누는 방안을 만들었다. 이 방안은 1939년에 중화민국 내무부가 소집한 중국 국가 표준시 설정 회의에서 공식적으로 비준되었다. 그 내용은 다음과 같다.

[도표 1-10] 중화민국 시기 5개의 표준시간

중국 표준시 명칭	협정세계시	지역
쿤룬(昆仑) 시간대	UTC+5.5	신장 서부와 시짱 일부
신짱(新藏) 시간대	UTC+6	신장과 시짱 대부분
룽수(陇蜀) 시간대	UTC+7	중국의 중간 부분
중원표준(中原标准) 시간대	UTC+8	중국의 동부 해안 지대
창바이(长白) 시간대	UTC+8.5	중국의 동북쪽 일부

출처: 바이두, '北京时间(中国国家标准时间)'에 있는 내용을 표로 정리했음. 2023.06.30. 접속.

다음 쪽에 있는 [도표 1-11]은 이것을 지도에 표시한 것이다.

---

10   중앙일보 중국연구소(2011:151); 바이두, '北京时间(中国国家标准时间)'. 2023.06.30. 접속.

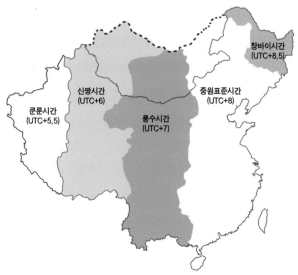

[도표 1-11] 중화민국 시대 5개의 표준시간 지도

출처: 다음 자료를 참고하여 재구성함. 바이두, '民国时期的时区划分和计时是怎样的?'; 바이두, '北京时间(中国国家标准时间)'. 2023.06.30. 접속.

문득 이런 질문이 떠오른다. 중국공산당은 항일전쟁 및 국민당과의 내전 시기에 다섯 개의 표준시를 사용했을까, 아니면 어느 시간대 하나만 사용했을까.

이에 대한 기록은 보이지 않는다. 다만 이 시기에 중국공산당이 표준시를 여러 개 사용할 이유는 없었을 것으로 추정된다. 주요 전투가 중원표준시간대 지역에서 벌어졌기 때문이다. 특히 전쟁 시기에는 하나의 시간대를 사용하는 것이 군대의 효율적인 통솔에 유리하다. 중국공산당의 군대가 국민당 군대의 대대적인 포위 공격에 버티지 못하고 대장정 (1934.10~1936.10)을 떠나는데 그 결과 최종적으로 산시(陝西) 성의 옌안(延安)에 둥지를 틀게 된다. 이 지역은 룽수시간대에 있기는 하지만 중원표준시간대와 거리가 멀지 않다. 그래서 굳이 2개의 표준시를 사용할 것 없이 중원표준시간으로 통일해서 쓰는 것이 여러 모로 편리했을 것이다.

1949년 중국을 통일한 공산당 정부는 '중원표준시간'을 '베이징 시간'으로 개칭한 후 중국 전역에서 이 시간만 사용하도록 규정했다. 인구 대부분이 중원표준시간대에 몰려있으며 경제적으로도 부의 대부분이 중원표준시간대에서 만들어지고 소비되고 있다는 점만 고려한다면 이 정책이 나름대로 합리적인 판단으로 보인다. 그런데도 중원표준시간대에서 멀리 떨어진 지역에 사는 주민들에게는 불편한 것이 사실이다. 앞에서 말한 출퇴근 시간과 등하교 시간, 대학수학능력시험 시간의 임의적인 조정이 그 사례이다.

하나의 표준시로 작동하는 베이징 시간은, 중국 정부가 일차적으로 넓은 땅과 수많은 인구, 그리고 56개의 다양한 민족을 통합과 통일의 관점에서 바라보고 있다는 것을 말해준다. 중국 정부는 표준시를 여러 개 쓸 때 얻는 이익과 하나만 쓸 때 얻는 이익을 비교하여 후자의 이익이 더 크다고 판단한 것으로 보인다. 따라서 하나의 표준시를 중국 전역에 적용하는 규범은 앞으로도 변하지 않을 것이다.

유럽 사례: 중앙유럽표준시

사실 중국뿐 아니라 유럽도 여러 시간대를 합쳐서 하나의 표준시만 쓰고 있다. 유럽은 서로 개성이 강한 나라들이 모여 있으므로 표준시 역시 각자 위치에 따라 다르게 사용할 것이라고 예상할 수 있다. 그러나 현실은 이와 다르다. [도표 1-6]의 협정세계시 지도를 보면 그들도 경도상으로 꽤 넓은 지역을 하나의 시간대로 살고 있음을 알 수 있다. 물론 서유럽과 동유럽 모든 나라가 1개의 표준시를 쓴다는 말은 아니다. 영국과 동유럽 사이에 있는 스페인, 프랑스, 독일, 이탈리아, 폴란드 등 30여 국가가 소위 중앙유럽표준시(CET, Central European Time)라는 것을 쓴다. 중앙유럽표준시의 시간대는 '협정세계시(UTC)+1'이다. 즉 이 나라들은 모두 그리니치 천문대 평균시보다 1시간 더 빠른 시간대를 사용하고 있다.

중앙유럽표준시가 포괄하는 영역은 실제 4개의 시간대에 걸쳐 있다. 예를 들어 스페인의 수도 마드리드(동경 3.43°)는 그리니치 천문대와 동일한 'UTC+0'의 시간대에 위치해 있고, 순례자의 길로 유명한 산티아고(동경 -8.546°)는 그리니치 천문대보다 더 서쪽인 'UTC-1'의 시간대에 위치해있다. 폴란드의 동쪽 끝에 있는 비알리스토크(동경 23.17°)라는 도시는 'UTC+2' 시간대에 있다. 좌우 경도만 따지면 4개의 시간대에 걸쳐 있는 것이다. 그런데도 중앙 유럽은 4개의 표준시가 아니라 1개의 표준시를 사용하고 있다. 하나로 통일된 시간대를 사용하는 것이 유럽연합에 속한 국가들이 통일성을 유지하는 데 도움이 되기 때문이다. 그러므로 중국이 한 개의 표준시를 쓰고 있다고 해서 중국만 이상하게 볼 일이 아니다.

1.3 두 번째 가상선: 친링-화이허 라인

중국을 북과 남으로 나누는 선

넓고 넓은 중국을 나누는 기준은 여러 개가 있는데 그 중에서 가장 단순한 방법은 둘로 나누는 것이다. 이제부터 중국을 둘로 나누어보는 방법 두 가지를 소개할 텐데 그 중의 하나가 중국을 북방과 남방으로 나누는 친링-화이허 라인(秦岭-淮河线 Qínlǐng-Huáihé xiàn)이다.

[도표 1-12] 친링-화이허 라인

친링-화이허 라인

친링은 간쑤(甘肅), 산시(陝西), 허난(河南) 세 개의 성을 횡으로 가로지르는 하나의 거대한 산맥이다. 3,700m가 넘는 타이바이산(太白山)을 주봉으로 하여 평균 해발고도가 2,000m인 30여 개의 봉우리가 동서로 약 450㎞ 뻗어있는 산맥으로서, 이 산맥을 기준으로 하여 북쪽으로 떨어진 물방울은 황허(黃河) 강으로 흘러 들어가고 남쪽으로 떨어진 물방울은 창장(長江) 강으로 흘러 들어간다. 화이허는 친링산맥의 동쪽 끝자락에서 시작하여 거기에서 다시 동쪽으로 약 1,000㎞를 흘러 황해로 들어가는 강이다.

이 중에서 화이허는 일찍부터 역사적으로 남북 분계선이었다. 예를 들어 춘추시대(B.C.770~B.C.403)에 초나라의 북방한계선이 화이허였고, 제나라를 비롯한 중원의 여러 나라의 남방한계선이 화이허였다. 간혹 그 경계선이 화이허 이북으로 올라간 적이 있으나 대체로 화이허 유역에 머물렀다. 그 이유는 화이허 이북과 이남의 기후가 달랐기 때문이다.

『안자춘추(晏子春秋)』의 '晏子使楚'(안자가 초나라에 사신으로 가다)라는 고사에서도 이 사실을 확인할 수 있다. 당시 제나라와 초나라는 회수를 경계로 하여 서로 대적하고 있었다. 여기에서 회수(淮水)는 화이허(淮河)의 옛이름이다.

춘추시대 때 제나라의 명재상 안영(晏嬰, B.C.?-B.C.500)이 초나라에 사신으로 갔다. 초 왕이 안영에게 모욕을 주고자 사전에 계획된 행동을 개시했다. 제나라 출신의 범죄자를 끌고 와서 너희 나라 사람은 도대체 왜 그 모양이냐고 질책하였다. 이 때 안영이 말한다. "제가 듣기로 귤나무가 회수 남쪽에 있을 때는 귤을 맺지만 회수 북쪽으로 가면 탱자를 맺는다고 합니다. 잎은 같지만 열매의 맛이 달라지는 겁니다. 왜 그럴까요? 환경이 다르기 때문입니다." 그러니까 저 제나라 사람이 자기 고향에 그대로 있더라면 착하게 살았을 텐데 사회 환경이 안 좋은 초나라에 와서 살다 보니 저 지경이 된 것이라는 말이었다. 여기에서 유래한 것이 귤화위지(橘化为枳 jú huà wéi zhǐ)라는 고사성어이다.

춘추시대(B.C. 770~403)에 형성된 이러한 기준은 그 후 2천 년 넘게 이어져서 오늘날까지 계속되고 있다. 중국을 남과 북으로 나눌 때 기준이 되는 강은 창장강이 아니라 화이허이다. 한국인에게 '양자강'이라는 이름으로 더 많이 알려진 '창장강'을 남북 구분의 기준으로 여기는 이들이 많은데 이번 기회에 생각을 바꾸기 바란다.

기후 및 문화 분계선

기후 환경의 차이는 해당 지역의 식물과 동물의 분포에 영향을 미치고, 그곳에 사는 사람들의 일상생활에도 영향을 미친다.[11]

---

11   친링-화이허 라인을 경계로 한 북방과 남방 사람들의 문화적 차이에 대한 기술은
     저우이친(2013:341-342)과 후자오량(1999:51-53)을 참고하였다.

친링-화이허 라인은 비와 눈을 합한 연평균 강수량 800㎜의 분계선이다. 이 때문에 이 라인의 남쪽에서는 벼농사를, 북쪽은 주로 밀이나 수수같은 밭농사를 많이 짓는다. 물론 북쪽에서도 벼농사를 지을 수는 있다. 심지어 헤이룽장성에서도 일부 좁은 지역에서 벼농사를 짓기도 한다. 그렇지만 대규모 벼농사는 짓기 어려우며 설사 짓는다 해도 단위 면적당 많은 수확량을 기대하기 어렵다.

이 라인은 1월 평균기온 0℃ 등온선이기도 하다. 이 라인을 기준으로 하여 남쪽으로 내려가면 1월 한 달 평균기온이 0℃ 이상이고, 북쪽으로 올라가면 0℃ 이하이다. 이러한 온도 차이 때문에 북방은 온대와 냉대 기후, 남방은 아열대와 열대 기후를 보인다.

과거에는 겨울철 중앙난방 지역도 대략 이 라인을 기준으로 정해졌다. 이 라인을 경계로 하여 북쪽으로는 아파트에 중앙난방시설의 설치가 가능하지만 남쪽으로는 허용되지 않았다. 그래서 한겨울에 중국에 가면, 베이징에서는 직장이든 가정이든 따뜻한 실내공간에서 일도 하고 수면도 취할 수 있지만, 상하이에 가면 서서히 스며드는 냉기와 싸워야 했다. 최근에는 남방에서도 중앙난방을 공급하는 사례가 생기고 있다.[12]

이에 따라 건축 양식에서도 차이를 보이는데 북쪽으로 갈수록 폐쇄적이고 창문이 작은 단층집이 많으며, 남쪽으로 갈수록 개방적이고 창문이 크며 복층집이 많다. 북방은 겨울철 보온을 위해서이고 남방은 사시사철 습한 기후로 인해 바닥에서 올라오는 습기를 피하기 위해서이다.

자연환경이 다르므로 음식 재료나 입맛도 다르다. 북방은 기름지고 짭짤한 맛을 선호하며 밀농사를 주로 하여 밀가루 음식을 많이 먹지만, 남방

---

12   上游新闻(2021.03.16.), 成都集中供暖主要使用天然气, 已有上万人报名可选择地暖或暖气片.

은 담백하고 달콤한 맛을 선호하며 벼농사를 많이 지어 쌀밥을 주로 먹는다. 물론 북쪽이라고 쌀밥을 안 먹는다는 것이 아니라 면이나 만두를 많이 먹는다는 것이며, 남쪽도 만두를 먹지만 그래도 쌀밥을 많이 먹는다는 말이다.

손님을 초대했을 때 음식을 대접하는 방식에도 차이가 있다. 현대 중국의 대표적인 지성인 가운데 한 사람인 이중텐은 북방과 남방의 접대문화의 차이를 다음과 같이 묘사하고 있다.[13]

> 중국인은 식사에 초대하는 것을 좋아한다. 하지만 남방과 북방이 전혀 다르다. 어떻게, 무엇을 먹는지가 다르기 때문이다. 예를 들어, 북방 사람들은 손님을 초대할 때 항상 상다리가 휘어지도록 한 상 가득 음식을 차린다. 요리도 매우 알차다. 닭 한 마리, 오리 한 마리, 돼지나 양의 다리가 통째로 올라온다. 술은 큰 컵으로 마시고, 고기는 통째로 뜯는다. 남방은 북방보다 접시가 훨씬 작고, 양도 매우 적다. 거의 젓가락질 한 번이면 끝이다. 하지만 요리의 모양과 색이 다채롭고 종류가 많아서 닭 한 마리로 여러 가지 음식을 만들고, 생선 한 마리로 두세 가지 맛을 볼 수 있다. 그래서 북방 사람들은 남방 사람들을 쩨쩨하다고 무시한다. 남방 사람들도 북방 사람들을 마음에 들어 하지 않기는 마찬가지다. 더 흥미로운 것은 그들이 서로 가식적이라고 생각한다는 것이다. 북방 사람들은 남방의 식탁을 보고 "이걸 음식이라고 차리다니 젓가락질할 데도 없구먼. 이게 무슨 손님 초대라는 거야? 어쩔 수 없이 차렸구먼, 억지로 차렸어."라고 한다. 남방 사람들은 북방의 식탁을 보고 "다 먹지도 못할 게 뻔한데, 계속 음식을 내오면 이걸 먹으라는 거야, 구경하라는 거야? 허세 부리기는, 쯧쯧!" 이라고 한다.

---

13   이중텐(2008:07-08).

물론 이 말은 어디까지나 중국인끼리 하는 이야기다. 우리 같은 외국인은 이 말을 곧이곧대로 믿어서는 안 된다. 외국인 관점에서 볼 때에는 북방 사람들뿐 아니라 남방 사람들이 음식 대접을 할 때에도 요리의 가짓수나 분량이 너무 많게 느껴진다.

기후 환경은 해당 지역에 사는 사람들의 체형, 외모, 성격에도 영향을 미친다.[14] 예를 들어 체격을 보면 확실히 북방 사람과 남방 사람 사이에 차이가 난다. 북방 사람은 대체로 키가 크고 적당히 근육도 있는 편이다. 이에 비해 남방 사람은 키가 그리 크지 않고 몸집도 아담한 편이다. 말투와 성격 면에서도 차이를 보이는데, 북방 사람은 다소 직설적이고 투박한 느낌이 들지만 남쪽 사람들은 부드럽고 사근사근한 느낌이 든다. 심지어 범죄 유형에서도 차이를 보이는데 북방은 성미가 급하여 폭력범이 많은데 남방은 머리를 쓰는 지능형 범죄가 많다고 한다.

주의해야 할 점이 있다. 이상의 내용이 해당 지역 사람들 모두에게 백 퍼센트 적용된다고 봐서는 안 된다. 이것은 대체적인 경향을 기술한 것에 불과하다. 세상 어디에 가든 예외가 존재한다. 예를 들어 한때 미국 NBA의 최장신 농구선수였던 야오밍(姚明)은 키가 226cm의 거구이다. 그는 북방이 아니라 남방의 상하이에서 태어났고 본적도 상하이 바로 근처에 있는 쑤저우(苏州)이다.

이러한 점까지 고려한다 해도 친링-화이허 라인은 여전히 현대 중국 정부에서도 공식적으로 인정하고 있는 기후, 지리 및 문화적 남북 분계선이다.

14 　후자오량(2003:204-209)과 후자오량(2005:107-110, 202-211) 참조.

1.4 세 번째 가상선: 헤이허-텅충 라인

중국을 동과 서로 나누는 선

중국의 인구분포를 간명하게 파악하는 데 도움이 되는 선이 있다. 중국의 동북쪽 헤이룽장성에 있는 헤이허(黑河)라는 도시와 중국의 서남쪽 윈난성에 있는 텅충(騰冲)이라는 도시를 잇는 선인데, 이것을 헤이허-텅충 라인(黑河-腾冲线 Hēihé-Téngchōng xiàn)이라고 한다. 중국은 이 라인을 기준으로 하여 크게 인구 과밀지역과 인구 희박지역으로 나뉜다.

이 라인이 처음 제안된 것은 1935년 중국의 역사지리학계의 대가인 후환융(胡煥庸, 1901-1998)에 의해서였다.[15] 그는 1933년 각 지역의 인구밀도를 조사하고 이를 바탕으로 하여 전국 인구분포 지도를 그렸다. 이 과정에서 그는 하나의 중요한 사실을 발견하게 된다. 헤이허와 텅충을 잇는 선을 기준으로 할 때 그 양쪽으로 인구분포가 확연하게 차이난다는 것이었다. 이 라인의 동남쪽은 중국 전체 면적의 36%밖에 안 되는데 인구는 전체 인구의 96%나 분포하고 있으며, 이 선의 서북쪽은 중국 전체 면적의 64%인데 전체 인구의 인구는 4%밖에 살지 않았다. 그는 이 연구결과를 1935년에 학계에 발표하였다. 서쪽에는 사는 사람이 적고 동쪽에는 사는 사람이 많다고 사람들이 막연히 생각해오던 것을 구체적인 기준과 수치로 명확하게 보여준 것이다.

---

15   바이두, '黑河—腾冲线', '胡煥庸线' 참고.

[도표 1-13] 헤이허-텅충 라인

그로부터 50년쯤 뒤 이미 80대의 고령에 접어든 후환용은 젊은 시절에 조사했던 수치를 다시 확인하고 싶었다. 1930년대는 중국 전체가 혼란의 시기라서 조사내용에 오류가 있을 수도 있었기 때문이다. 그는 1982년에 시행된 전국인구조사자료를 입수하여 과거와 동일한 방식으로 연구를 하였다. 그 연구결과는 1987년에 발표되었다. 헤이허-텅충 라인의 동남쪽은 면적이 중국 전체 면적의 42.9%인데 전체 인구의 94.4%가 거주하며, 이 라인의 서북쪽은 중국 전체 면적의 57.1%를 차지하면서도 인구는 고작 전체 인구의 5.6%밖에 되지 않았다. 이때 헤이허-텅충 라인의 서북쪽의 면적 비율이 많이 줄어든 이유는 2차 세계대전 이후 몽골공화국이 독립하여 중국의 영토에서 제외되었기 때문이다.[16]

---

16   몽골인민공화국까지 포함된 지도는 [도표 1-11]을 볼 것.

[도표 1-14] 헤이허-텅충 라인 서북부와 동남부의 인구 분포

연도	서부		동부	
	면적	인구	면적	인구
1935	64.0%	4.0%	36.0%	96.0%
1982	57.1%	5.6%	42.9%	94.4%
1990	57.1%	5.8%	42.9%	94.2%
2000	57.1%	5.8%	42.9%	94.2%
2020	56.2%	5.5%	43.8%	94.5%

출처: 1935년에서 2000년까지의 수치는 저우이친(2013:259-260)에 있는 내용을 정리했고, 2020년의 수치는 니펑페이 등(2022:337)에서 가져왔다.

그렇다면 그 이후의 상황은 어떠할까. 2010년에는 헤이허-텅충 라인을 기준으로 한 인구 분포 상황이 공개된 자료가 없어서 정확한 수치를 알 수 없다. 그러나 2020년의 조사자료를 보면 서북쪽의 인구 비율은 감소하고 동남쪽의 인구 비율이 증가했음을 알 수 있다. 이러한 변화를 좀 더 세밀하게 보여주는 것이 [도표 3-18]에서 살펴볼 '2010~2020년 지역별 인구 변화'이다. 이렇게 흐름이 역전된 까닭은 무엇일까?

두 가지 이유가 있다. 하나는 소수민족에게만 부여되던 둘째 또는 셋째 아이 출산이 한족에게도 허용되었기 때문이다. 동남쪽에 몰려 살고 있는 한족의 출산율이 높아짐에 따라 동남쪽의 인구가 더 많이 증가하고 있기 때문이다.

또 하나는 인구 이동에서 기인한다. 서부 내륙의 중소도시나 농촌보다는 동부 평야 및 해안의 대도시가 삶의 질이 더 높다. 이에 따라 서부 내륙에 살던 사람들이 동부 평야 및 해안 도시로 이동하고 있다. 3장의 [도표 3-18]에서 알 수 있듯 중국의 인구는 일관되게 서쪽에서 동쪽으로, 북쪽

에서 남쪽으로 이동하고 있다. 이에 따라 헤이허-텅충 라인의 서북쪽보다 동남쪽의 인구비율이 더 높아지고 있는 것이다.

헤이허-텅충 라인의 서북부의 인구 비율이 감소하고 동남부의 인구 비율이 증가하는 추세는 앞으로도 지속될 것으로 전망된다. 이러한 현상 은 3장에서 다루는 도시화 및 산업화와 밀접하게 관련되어 있다.

가장 큰 이유는 지형과 기후의 차이

중국은 인구밀도가 높다. 외국인 입장에서 중국을 여행하다 보면 어디 에 가나 사람이 차고 넘침을 느낄 수 있다. 그런데 사실 인구밀도가 높은 곳은 도시에 한정되며, 더 거시적으로 보면 헤이허-텅충 라인의 동남쪽에 국한된다. 이러한 차이는 크게 지형과 기후에서 기인한다.

[도표 1-15] 중국 지형도

출처: 이 지도는 게티이미지뱅크(https://www.gettyimagesbank.com/)에서 가져와 가공한 것임.

지도에서 알 수 있듯 헤이허-텅충 라인의 서북쪽은 해발 4,000m가 넘는 칭짱고원, 히말라야산맥, 쿤룬산맥과 같은 고지대와 타클라마칸사막, 고비사막과 같은 불모의 지대, 그리고 해발 1000m가 넘는 고원지대로 구성되어 있다. 이곳은 연평균 강수량이 400㎜가 안 돼서 밀 농사조차 어렵다. 그러므로 원천적으로 많은 사람이 살 수 있는 땅이 아니다. 반대로 헤이허-텅충 라인의 동남쪽은 연평균 강수량이 많다. 해발고도가 높더라도 연평균 강수량이 많으면 동물과 식물과 사람이 많이 살 수 있다. 해발 2,250m의 고원에 광역인구 2,000만 명이 넘게 사는 멕시코시티가 그 예이다. 반대로 해발고도가 낮아도 물이 없으면 동물과 식물과 사람이 살기 어렵다. 중국의 신장 위구르 자치구에 있는 해발 마이너스 154m의 투르판 분지가 그 예이다. 그러므로 지형과 기후 조건이 변하지 않는 한 인구가 헤이허-텅충 라인의 오른쪽에 더 많이 분포하는 양상은 향후 많은 시간이 지나도 크게 달라지지 않을 것이다.

중국은 땅이 넓다. 이 방대한 대지 위를 살아가는 주인공은 14억이 넘는 중국 국민이다. 다음 장에서 만나보자.

[도표 1-16] 세 개의 가상선

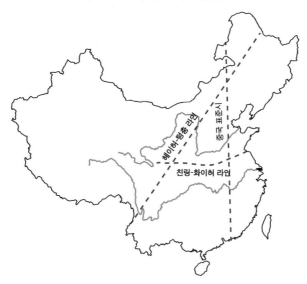

- 중국은 땅이 넓다. 약 960만㎢로서 러시아와 캐나다에 이어 미국과 함께 공동 3위이다. 중국의 넓이는 그냥 상상만 해서는 안 되고 직접 경험해보아야 한다.

- 이렇게 넓은 땅을 쉽고 단순하게 이해하는 데 도움이 되는 3개의 가상선이 있다. 중국 표준시, 친링-화이허 라인, 헤이허-텅충 라인이 그것이다. 이 세 개의 가상선은 우리가 크고 넓고 많고 복잡한 중국을 간명하게 이해하는 데 도움이 된다.

- 첫 번째 가상선은 중국 표준시인데, 이것은 인위적인 통일의 선이다. 중국은 동쪽 끝에서 서쪽 끝까지 약 5,200㎞로서 협정세계시(UTC)를 기준으로 할 때 5개의 시간대에 걸쳐 있다. 그러나 중국은 전국에 걸쳐 베이징 시간(UTC+8) 1개만 쓰고 있다. 각 지역의 편리함보다는 국가적 통일을 우선시하기 때문이다.

- 두 번째 가상선은 친링-화이허 라인이다. 중국을 자연환경과 문화면에서 북방과 남방으로 나누는 기준선이다. 이 라인을 기준으로 하여 북쪽과 남쪽의 기후가 다르고 식물

의 분포가 다르다. 이에 따라 사람들이 먹는 음식이나 외모와 더불어 생각과 행동 방식
에서도 차이를 보인다.

• 세 번째 가상선은 헤이허-텅충 라인이다. 이 선을 기준으로 하여 동남쪽은 전 국토의
43.8%에 불과한데 중국 인구의 94.5%가 몰려 살고, 서북쪽은 전 국토의 56.2%인데
중국 인구의 5.5%만 살고 있다. 헤이허-텅충 라인의 동남쪽의 인구가 증가하고 이에
따라 인구밀도가 높아지는 추세는 앞으로도 계속될 것인데, 이는 중국 사회와 정부에
작지 않은 도전이 되고 있다. 이에 대한 논의를 2장과 3장에서 하게 될 것이다.

2장

인구: 많아지면 달라진다

중국을 빨리 읽는 데 도움 되는 두 번째 방법은 중국의 거대한 인구의 힘을 이해하는 것이다. 마케팅 전략을 설계할 때 시장 매력도 분석을 하는데, 이때 첫 번째로 고려하는 것이 시장의 규모이다. 시장의 규모는 소비자의 수로 표시된다. 어느 나라든 국가의 인구가 많으면 시장의 규모도 커지고 시장 매력도도 높아진다. 그래서 인구에 대한 지식은 국가나 시장에 대한 이해의 기초이다. 중국은 인구 강국이다. 압도적으로 많은 수의 인재들이 특히 과학 기술 분야로 진입하여 중국의 산업 경쟁력 강화에 기여하고 있다. 중국도 꽤 빠르게 저출산 고령화 사회로 이행하고 있다. 이것은 중국의 사회와 경제 발전에 위협요인으로 작용한다. 중국 정부와 기업도 이 문제를 인식하고 이에 대한 방안을 모색하고 있다. 매우 민감한 질문 하나를 던져보자. 중국의 적정인구는 얼마일까.

2.1 인구 대국: 인구는 애플도 겸손하게 만든다

중국 시장 매력도

마케팅 전략에서 신상품을 출시하여 새로운 시장을 만들거나 또는 기존의 시장에 들어가고자 할 때 따지는 것 중의 하나가 시장 매력도(market attractiveness)이다. 시장 매력도를 따지는 항목이 여러 개 있는데 그중에서 가장 먼저 검토되는 것이 시장의 크기이다. 시장의 크기는 소비자의 수로 측정된다. 중국은 세계적인 인구 대국으로서 소비자의 규모 면에서 매우 높은 시장 매력도를 지니고 있다.

중국 인구가 지닌 시장 매력도를 지혜롭게 활용한 인물이 있다. 바로 중국 시장 개방의 주인공인 덩샤오핑(1904-1997)이다. 그가 1980년대에 굳게 잠겨있던 중국의 시장을 외국에 개방하면서 본격적으로 경제성장 정책을 추진할 때 사용한 전략이 '以市場換技术'(yǐ shìchǎng huàn jìshù 시장을 기술과 바꾼다)이다. 그가 말한 '시장'이란 바로 중국의 거대한 인구를 지칭한다. "중국에 거대한 소비시장이 있으니 중국으로 들어오라. 너희의 자본과 기술을 이용하여 제품을 만들고 판매하라. 그 과정에서 너희의 선진 기술을 중국에 이식하라. 최종적으로 중국이 기술적으로 자립하고 독자적으로 경제성장을 하게 하라."는 것이었다.

덩샤오핑의 전략이 주효했음은 1980년 이후 최근까지 경제성장을 나타내는 여러 가지 지표가 증명한다.

첫째, 중국이 2010년 세계 제조업 생산액의 19.8%를 점유해, 19.4%에 그친 미국을 제치고 세계 1위 제조업 국가가 됐다.[01] 그 후 계속 1위를 고수하여 2019년 중국은 전 세계 제조업 생산량의 28.7%를 차지했다. 이 수치는 미국을 11.9% 포인트나 앞선 것이다.

둘째, 중국은 세계적으로 산업 시스템이 가장 완벽한 국가이다.[02] 중국은 2021년 현재 세계에서 유일하게 유엔의 산업 분류에 열거된 모든 산업 부문의 제품을 생산하고 있는 국가이다. 공업 부문에서 상위 분류 41개, 중위 분류 207개, 하위 분류 666개를 빠짐없이 모두 생산하고 있는 국가

---

01   STATISTA(2021.05.04.), 'China Is the World's Manufacturing Superpower'.
02   인민망 한국어판(2021.09.16.), '中 제조업 부가가치 11년 연속 세계 1위'.

는 중국 이외에 어디에도 없다.

셋째, 중국의 국가 GDP는 1980년 3061.7억 달러에서 2023년 19.4조 달러로 63배나 성장했다.[03] 1인당 GDP 역시 획기적으로 증가했다. 1980년 1인당 GDP 312달러에서 44배 증가하여 2023년에는 1만 3천 달러를 넘었다.

넷째, 이에 따라 중국 소비자의 소비 지출 규모도 세계 3위 수준으로 성장했다. [도표 2-1]은 세계 소비 시장 규모의 순위 중에서 상위 13개국의 목록이다.

[도표 2-1] 세계 소비 시장 규모 순위(13위까지)

순위	국가	가계 최종 소비 지출(명목, 백만 달러)	GDP 점유율	연도
1	미국	18,526,973	69%	2023
2	유럽연합	8,762,887	51%	2021
3	중국	6,804,921	38%	2021
4	일본	2,356,919	56%	2018
5	인도	2,224,255	65%	2023
6	독일	2,022,746	52%	2019
7	영국	1,835,014	65%	2019
8	프랑스	1,458,961	54%	2019
9	이탈리아	1,205,038	60%	2019
10	캐나다	1,003,438	58%	2019

---

03   Wikipedia, Historical GDP of China. 2023. 06. 30. 접속.

11	브라질	980,935	65%	2021
12	러시아	856,329	50%	2019
13	한국	799,470	49%	2019

출처: Wikipedia, 'List of largest consumer markets'. 2023.06.30. 접속.

하나의 진정한 경제공동체로 보기 어려운 유럽연합을 제외한다면, 중국 소비시장의 규모는 실질적으로 미국에 이어 세계 2위이다.[04] 중국의 소비시장의 매력도가 대단히 높다는 말이다.

애플(Apple)의 비밀

시장을 기술과 바꾸는 전략은 오늘날 시진핑 주석에 의해서도 반복해서 사용되고 있다. 전형적인 사례가 애플(Apple) 길들이기다.

최근 애플은 다른 나라에서는 하지 않는 행동들을 중국에서 하고 있다. 미국의 기술 전문지 더 인포메이션의 2021년 12월 7일자 보도에 따르면, 애플은 2016년 중국 정부와 모종의 비밀계약을 맺었다고 한다.[05] 중국 정부가 애플의 결제 서비스인 애플페이와 클라우드 서비스인 아이클라우드, 앱 장터인 앱스토어에 대한 중국 정부의 제재를 면제해주는 대신, 애플은 중국 제조업체에 최첨단 제조 기술 개발을 지원하고, 중국의 인재 양성을 위한 교육 훈련을 지원하며, 중국 공급업체의 부품을 더 많이 사용

---

04 중국 정부는 중국의 소비시장 규모가 세계 2위라고 밝히고 있는데, 유럽연합을 하나의 단일시장으로 보고 있지 않다는 뜻이다. 中国新闻网(2021.08.23.), 商务部: 中国已成为全球第二大消费市场, 第一贸易大国.

05 The Information(2021.12.07.), 'Inside Tim Cook's Secret $275 Billion Deal with Chinese Authorities'. 조선일보(2021.12.08.), "중국서 사업할 수 있게…" 애플, 320조원 짜리 비밀계약 맺었다.

하고, 중국산 소프트웨어를 더 많이 사용한다는 것이었다. 이 계약에 따라 애플은 중국에 2016년부터 5년간 2,750억 달러(324조 원)가 넘는 자본을 투자한 것으로 확인되었다.

사실 애플은 이것보다 더 큰 것을 중국 시장과 바꾸었다. 중국 내 아이폰 사용자의 개인 정보와 데이터를 중국 정부에 넘긴 것이다. 2021년 5월 17일자 뉴욕타임스의 보도에 따르면,[06] 애플은 중국 아이폰 사용자의 개인 정보와 데이터를 구이저우(貴州) 성에 있는 중국 국영의 빅데이터 기업에 넘겼다. 또한 암호화된 고객 데이터를 풀 수 있는 디지털 키도 중국에 남겨둠으로써 중국 정부가 언제라도 고객 정보를 들여다 볼 수 있도록 허용했다. 세계 시장에서 고객의 정보 보호를 무엇보다 소중히 여긴다고 공언했던 애플이 중국에서는 정부의 검열과 감시에 적극적으로 협력한 것이다.

애플이 중국 정부의 요구에 고분고분 따른 것은 바로 그들의 사업이 중국에 크게 의존하기 때문이다.[07] 애플은 일차적으로 기기의 제조 측면에서 중국을 떠날 수 없다. 아이폰이나 아이패드, 매킨토시 등은 중국 내에서 부품이 생산되며 또한 중국에서 조립된다. 중국은 매출 측면에서도 애플에게 중요하다. 애플은 2020년 10월부터 2021년 9월까지 12개월 동안 홍콩, 타이완, 마카오를 포함한 중국에서 총 680억 달러(816조 원)를 벌었는데, 이는 중국에 있는 미국 기업 중 단연 최고이다. 애플의 2020년 연간 세계 매출이 2,743억만 달러였으니 이를 기준으로 계산하면 애플은 중국에서만 전체 매출의 25% 정도를 벌어들인 셈이다.

---

06   The New York Times(2021.05.17.), The New York Times reports on Apple's Compromises in China that includes censorship and surveillance.

07   앞에서 인용한 더 인포메이션과 조선일보의 보도 자료 참고.

애플은 중국의 13차 5개년(2016-2000년) 경제 발전 계획에 적극적으로 동참함으로써 중국 정부의 환대를 받고 있다. 애플의 최고경영자 팀 쿡은 2016년에 앞에서 말한 계약을 체결한 이래 매년 중국을 방문하여 계속 새로운 선물을 중국에 안겨주고 있다. 애플의 중국 매출은 2019년의 코로나 바이러스 대유행으로 촉발된 중국 국산품 구매 운동과 공급망의 제약으로 인하여 2년 연속 감소했으나 2021년 다시 활기를 되찾았다. 2021년 현재 중국에서의 매출은 애플 전체 매출의 19%를 차지하고 있다. 이는 미국에 이어 두 번째로 큰 매출 규모이다. 팀 쿡은 중국이 결국 애플의 최고 시장이 될 것이라고 공언하고 있다. 이 말의 이면에는 애플과 중국 정부와의 끈끈한 관계에 대한 자신감이 깔려있다.

이러한 정황을 볼 때 세계 스마트 기기 시장에서 애플의 성장은, 애플이 중국 정부의 '시장과 기술을 바꾸는 전략'에 순응하면서 얻어낸 결과라고 해도 지나친 말이 아니다.

중국의 인구는 전 세계의 18%나 된다

전국인구조사

"人太多了"(rén tài duōle 사람이 너무 많다). 중국에 가면 도처에서 많은 사람들을 볼 수가 있다. 휴일에 만리장성 같은 유명 관광지나 유명 작품 전시회장에 가면 늘 사람이 북적인다. 심지어 앞 사람의 등과 머리만 보고 왔다는 이들도 많다. 평상시라도 대도시라면 어디에서나 출퇴근 시간에 심각한 교통체증 현상을 경험할 수 있다.

중국의 인구는 얼마나 될까. 국가 차원에서 전국적으로 실시하는 인구조사를 중국어로 '人口普查(rénkǒu pǔchá)'라고 한다. 중국 역사상 최초의 현대적인 인구조사는 1953년에 실시되었는데, 당시의 인구는 6억 194

만 명이었다.[08] 그 후 최근까지 모두 7차례 진행되었다. 가장 최근의 조사는 2020년 11월 1일에 진행되었고, 그것을 정리한 최종 결과가 2021년 5월 11일에 발표되었다. 이에 따르면 2020년 11월 1일 현재 중국의 인구는 14억 1,178만 명이다. 여기에는 타이완과 홍콩, 마카오의 인구가 포함되지 않았다. 이들까지 합한다면 14억 4,434만 명이다.

이는 당시 세계 전체 인구 78억 명의 18%에 해당하는 수치이다. 중국이 인구 대국인 줄은 익히 알고 있었지만 전 세계의 18%에 이른다는 것은 놀라운 일이다.

[도표 2-2] 중국의 전국인구조사

	연도	인구(명)
1차	1953년	6억 0,194만
2차	1964년	7억 2,037만
3차	1982년	10억 0,818만
4차	1990년	11억 6,002만
5차	2000년	12억 9,533만
6차	2010년	13억 7,054만
7차	2020년	14억 1,178만

출처: 1차에서 6차까지의 인구 수치는 바이두의 '人口普查'에 있는 자료를 정리했고, 7차의 인구 수치는 바이두의 '中华人民共和国'에 있는 자료를 참고했음. 2023.06.30. 접속.

---

08 1953년의 인구조사는 과학적으로 진행된 조사가 아니었다. 이 때문에 이 시기의 인구는 연구자에 따라 인구 수치가 다르다. 예를 들어 후양팡(2001:281)은 당시의 인구를 약 5억 8천만 명으로 보고 있다. 1953년의 인구는 그것이 어떤 수치든 대략적인 추정치로 보아야 한다.

중국의 인구는 특히 신중국 출범 이후 급증하였다. 1953년 6억 194만 명에서 불과 67년만에 8억여 명이 늘었다. 1953년에서 2020년까지 매해 평균 1,200만 명씩 증가한 셈이다. 그리하여 오늘날 중국 정부는 역사적으로나 세계적으로 가장 많은 인구를 부양해야 하는 책무를 떠맡고 있다.

한족과 소수민족

중국은 56개의 민족으로 구성되어 있다. 전체 56개 민족이라고 하더라도 민족 간 인구 분포가 고르지 않다. 56개의 민족은 크게 한족과 소수민족(minority)으로 나뉜다. 2020년 11월 1일에 실시된 제7차 전국 인구조사 결과를 보면 한족 인구가 91.11%이고 55개 소수민족의 인구는 8.89%이다. 중국이 다민족 국가이기는 하지만 한족이 압도적으로 많다는 것이다.

[도표 2-3] 한족과 소수민족의 구성 비율

민족 구분	한족	소수민족	합계
인구	12억 8,631만 명	1억 2,547만 명	14억 1,178만 명
비율	91.11%	08.89%	100.00%

출처: 바이두, '中华人民共和国'. 2023.06.30. 접속.

[도표 2-4]는 소수민족 가운데 상위 5개 족과 하위 5개 족의 인구 현황이다. 바이두의 '中国少数民族'에서는 2020년 전국인구조사 결과에서 소수민족 전체 인구는 보여주지만 55개 소수민족 각각의 인구는 여전히 2010년에 집계된 것을 보여주고 있다. 이와 같은 정황은 중국의 최근 인구 정보를 제공하는 红黑人口库(https://www.hongheiku.com)에서도 동일하다. 정확한 이유는 알 수 없지만, 소수민족에 대한 중국 정부의 관심과 배려가

갈수록 줄어들기 때문인 것으로 추정된다.

[도표 2-4] 소수민족의 인구(2010년)

순위	민족 이름	인구(명)
1	좡족(壯族)	16,926,381
2	후이족(回族)	10,586,087
3	만주족(満族)	10,387,958
4	위구르족(维吾尔族)	10,069,346
5	먀오족(苗族)	9,426,007
51	두룽족(独龙族)	6,930
52	허저족(赫哲族)	5,354
53	가오산족(高山族)	4,009
54	러바족(珞巴族)	3,682
55	타타르족(塔塔尔族)	3,556

출처: 바이두, '中国少数民族'. 2023.06.30. 접속.

인구가 가장 많은 소수민족은 좡족(壯族)이고, 가장 적은 소수민족은 타타르족(塔塔尔族)이다. 바이두에 들어가서 '少数民族'을 검색하면 각 소수민족의 인구, 지리적 분포, 언어, 풍습, 역사 등을 알 수 있다.

인구의 공간적 분포

14.1억여 명의 인구가 960만㎢에 골고루 분포되어 있는 것은 아니다. 대부분의 인구는 1장에서 말한 바와 같이 텅충-헤이허 라인의 동쪽에 몰려있다. 이 라인의 동쪽은 인구가 많은 만큼 인구밀도가 높다.

실제 인구 분포 상황을 알기 위해 성급 행정구역별로 인구의 수와 밀도를 조사해보았다. 중국의 성, 자치구, 시에 관한 정보를 하나하나 찾아 인구와 면적을 추출하고, 이를 바탕으로 인구밀도를 계산한 후, 인구밀도의 높낮이에 따라 배열했다. 중국 정부가 이번 7차 전국인구조사에서 홍콩과 마카오, 타이완을 별도로 계산하였으므로, 여기에서도 이 지역을 포함시키지 않았다.

[도표 2-5] 성급 행정구역(직할시, 성, 자치구) 별 인구 분포

지역	성급 단위	인구(명)	면적(㎢)	인구밀도(명)
상하이	시	24,870,895	6,341	3,922
베이징	시	21,893,095	16,410	1,334
톈진	시	13,866,009	11,966	1,159
장쑤	성	84,748,016	107,200	791
광둥	성	126,012,510	179,725	701
산둥	성	101,527,453	157,900	643
저장	성	64,567,588	105,500	612
허난	성	99,365,519	167,000	595
안후이	성	61,027,171	140,100	436
허베이	성	74,610,235	188,800	395
충칭	시	32,054,159	82,402	389
푸젠	성	41,540,086	124,000	335
후난	성	66,444,864	211,800	314
후베이	성	57,752,557	185,900	311
랴오닝	성	42,591,407	148,600	287

하이난	성	10,081,232	35,400	285
장시	성	45,188,635	166,900	271
산시	성	34,915,616	156,700	223
구이저우	성	38,562,148	176,167	219
광시	자치구	50,126,804	237,600	211
샨시	성	39,528,999	205,600	192
쓰촨	성	83,674,866	486,000	172
지린	성	24,073,453	187,400	128
윈난	성	47,209,277	394,100	120
닝샤	자치구	7,202,654	66,400	108
헤이룽장	성	31,850,088	473,000	67
간쑤	성	25,019,831	425,800	59
네이멍구	자치구	24,049,155	1,183,000	20
신장	자치구	25,852,345	1,660,000	16
칭하이	성	5,923,957	722,300	8
시짱	자치구	3,648,100	1,228,400	3
현역군인		2,000,000		
전국		1,411,778,724	9,638,411	146

출처: 온라인에 있는 각 성, 시, 자치구의 정보를 개별적으로 조사한 후 정리했음. 2021.08.20. 접속.

[도표 2-5]를 보면 지역별로 인구밀도의 차이가 대단히 크다는 것을 알 수 있다.[09] 텅충-헤이허 라인의 동쪽은 어디에 가나 사람이 넘쳐난다.

09 　도표에 있는 성급 행정구역의 면적을 모두 합하면 960만㎢를 넘는다. 왜 이러한 차이가 발생하는지 정확한 이유는 알 수 없다.

물론 이 지역에서 산악이나 구릉 지역이 아닌 평야 지대를 두고 하는 말이다. 동쪽 해안 지대에 있는 베이징, 톈진, 상하이시와 산둥, 장쑤, 저장, 광둥성의 인구밀도는 모두 1㎢당 거주 인구가 600명이 넘는다. 광둥성의 경우 약 18만㎢ 땅에 1억 2,600만 명이 산다. 1㎢당 701명이나 사는 것이다.

헤이허-텅충 라인의 서쪽에서는 사람 구경하기 어려운 곳이 많다. 네이멍구, 신장, 칭하이 지역의 인구밀도가 1㎢당 100명도 안 된다. 신장은 면적이 자그마치 166만㎢(한국의 약 16배)나 되는데 인구는 한국의 절반 수준인 2,600만 명 정도밖에 되지 않는다. 이곳은 대부분 산맥과 고원과 사막으로 되어 있어서 사람이 살기 어렵기 때문이다.

인구밀도가 200명이 넘는 지역은 모두 텅충-헤이허 라인의 동쪽에 몰려있다. 우리가 중국에 가서 "사람이 정말 많다."고 느끼는 것은 사실 사람이 정말 많이 사는 곳에 갔기 때문이다. 내륙의 농촌이나 소수민족이 주로 사는 곳으로 깊숙이 들어간다면 오히려 "사람이 거의 보이지 않는다."는 말을 하게 될 것이다.

규모의 힘: 많아지면 달라진다

어느 나라든 인구는 '힘'인 동시에 '짐'이다. 중국도 그러하다. '짐'으로서의 인구 문제는 그들이 해결해야 할 몫이다. 우리가 더 많이 알아야 하는 것은 '힘'으로서의 인구이다.

전통 농업 사회에서 인구는 늘 부국강병의 기초였다. 『국부론』의 저자인 아담 스미스가 오래 전에 말했듯, 고대 세계에서는 "어떠한 국가에서건 번영의 가장 결정적 징표는 거주민 수의 증가"이다.[10] 농기구와 농업기

---

10   아담 스미스(1776), 1976년판, pp. 87-88.

술이 발달하지 않은 상태에서 농업의 생산성과 생산량은 기본적으로 인간의 노동력에 좌우되었기 때문이다.

오늘날에도 인구는 힘이다. 국가 차원에서 볼 때 지금도 인구가 많은 나라가 힘이 세다. 마시모 리비-바치는 『세계 인구의 역사』에서 이러한 사실을 미국과 프랑스의 인구 대비를 통해 명확하게 보여주고 있다.[11]

"1870-2000년 사이에 미국과 프랑스의 1인당 연평균 GDP 증가율은 동일하였지만(1.9%), 인구증가율은 완전히 다르게 나타났다(미국 1.5%, 프랑스 0.3%). 그 결과 GDP를 통해 측정된 두 국가의 경제규모를 비교하면, 1870년에는 미국과 프랑스의 비율이 1.4 대 1이었으나 오늘날에는 6.5 대 1로 격차가 크게 증가하였다. 많은 사람들은 1인당 소득이 중요한 것이며 따라서 프랑스는 미국만큼이나 좋은 성과를 냈다고 볼 것이다. 그러나 지정학적 관점에서 본다면 가장 중요한 것은 경제의 규모라 말할 수 있다. 경제의 규모가 프랑스의 6배인 미국은 GDP로부터 동일한 비율을 사용해서 비행기, 미사일, 선박 등 전쟁 수행에 필요한 물품을 6배나 많게 구입할 수 있다. 만약 미국의 인구가 지금보다 훨씬 적었다면 과연 미국이 서방 세계의 리더가 될 수 있었을까?"

이러한 상황은 21세기에도 마찬가지다. 인구가 많으면 국가가 할 수 있는 일이 많아진다. 예를 들어, [도표 2-6]에서 알 수 있듯 중국은 1인당 GDP는 적지만 인구가 많아서 국가 GDP가 19조 3,740억 달러에 달하는데, 싱가포르는 1인당 GDP는 많지만 인구가 적어서 국가 GDP는 중국의 3%도 되지 않는 5,156억 달러에 불과하다.

---

11   마시모 리비-바치(2009:211-212). 앞뒤 문맥을 고려하여 일부 문장을 수정했음.

[도표 2-6] 중국과 싱가포르의 경제 규모 비교(2023년도. 명목 GDP)

국가	인구	1인당 GDP(명목)	국가 GDP(명목)
중국	14.1억 명(2위)	1만 3,721달러(64위)	19조 3,740억 달러(02위)
싱가포르	564만 명(115위)	9만 1,100달러(05위)	5,156억 달러(30위)

출처 : Wikipedia, 'China', 'Singapore'. 2023.06.30. 접속.

이 때문에 중국은 우주 탐사선 발사, 항공 모함 건조, 코로나 19 백신 개발 등과 같은 거대한 규모의 사업을 할 수 있지만 싱가포르는 하지 못한다. 중국은 우주 분야만 보아도 세계적인 기술 강국으로서 여러 차례 유인 우주선을 우주로 쏘아 올렸으며 인류 최초로 달의 뒷면에 인공위성을 착륙시켰다. 싱가포르는 이러한 꿈을 꾸지 못한다. 14.1억여 명의 중국 인구는 오늘날에도 강한 중국의 기초가 되고 있다.

중국은 연구 분야에서도 세계 1위가 많다

중국은 인구가 많은 만큼 대학도 많으며 연구개발자의 수에서도 타의 추종을 불허한다. 어떤 분야든 중국인 연구자의 수가 한국인 연구자보다 압도적으로 많다. 게다가 한국에서 외면받는 분야까지도 중국에서는 국가로부터 연구비를 지원받아 연구한다.

이 중에서 공학 분야만 살펴보도록 하자. 다음은 서울대학교 공과대학 교수들이 한국의 공학계에 대한 진단과 고민을 담아 출간한 『축적의 시간』에서 발췌하여 재구성한 것이다.[12]

오늘날 중국은 엄청난 인구 중에서 영어도 잘하고 머리가 비상한 젊은 이들이 공학의 길로 나서고 있다. 한국의 수능 우수자들은 의대, 치대, 한

---

12   서울대학교 공과대학(2015:238, 452-455).

의대로 간다. 그러나 중국은 한국과 달리 의사란 직업의 대우가 그다지 좋지 않다. 칭화대와 같이 좋은 공과대학을 졸업하면 안정된 미래가 보장되므로 전국의 우수 학생들이 대부분 공과대학으로 몰려든다. 중국에는 소위 C9(C9 League 또는 China 9)이라고 하는 9개 우수 대학(베이징대학, 칭화대학, 저장대학, 푸단대학, 상하이교통대학, 난징대학, 중국과학기술대학, 하얼빈공업대학, 시안교통대학)이 있다. 숫자가 정확하지는 않지만 비교를 위해서 대략 살펴보면, C9대학이 대학별로 공과대학 학생을 평균 3,000명 정도씩 선발한다고 할 때 9개 대학을 합하면 약 2만 7,000명이다. 이들은 치열한 경쟁을 뚫고 선발된 학생들인 만큼 평균적으로 수학 능력, 문제해결 능력, 창의력이 굉장히 뛰어나고 상당히 적극적이다. 14억여 명의 인구 중에서 뽑힌 가장 우수한 2만 7,000명과 한국의 5,000만 인구 중에서 3,000등 안에 있는 학생 중 의대 등으로 빠져나간 인원을 제한 학생이 경쟁을 벌이고 있는 것이 오늘날의 현실이다.

연구자의 숫자가 많아지다 보니 연구의 질도 함께 올라간다. 그래서 세계적 수준의 연구 실적이 중국인 학자의 손에서 나온다. 동아 사이언스의 보도에 따르면,[13] 중국의 과학 분야 주요 논문 발표 수가 2019년 미국을 처음으로 추월한 것으로 나타났다. 중국인 학자의 SCI 논문 발표 수가 세계에서 가장 많다. SCI(Science Citation Index)란 과학기술분야 학술지 중에서 엄격한 기준에 의하여 선정된 저명 학술지를 말한다. 중국은 2019년에 SCI 논문을 49만 1,960편 발표해 전 세계 논문의 24.37%를 점유했고, 미국이 48만 4,819편으로 뒤를 이었다. 논문의 질과 연관된 피인용 횟수에서도 미국을 앞질렀다. 2019년 논문을 기준으로 할 때 SCI 논문 피인용 수가 중국이 115만 3,128회로 가장 많아 처음으로 1위를 기록한 것이다.

---

13   동아사이언스(2021.04.06.), 중국 과학 논문 수와 인용 수 미국 제쳤다.

미국이 103만 2,592회로 2위이다.

중국은 4차 산업혁명과 관련되는 여러 산업 분야에서도 세계적으로 앞서 나가고 있다.[14] 학술지에 실리는 인공지능 관련 논문 인용 실적에서도 2020년에 중국이 미국을 앞섰다. 인용된 중국인 논문의 비율은 20.7%이고 미국은 19.8%이다. 2012년 이후 2021년까지 나온 인공지능 관련 논문 누적 편수는 중국이 24만 편에 달해 세계 2위인 미국의 15만 편을 크게 앞서고 있다. 또한 인공지능 관련 연구원수에서도 중국 출신 점유율이 29%를 차지해 20%인 미국 출신을 크게 웃돌았다.

많아지면 달라진다(more is different). 물리나 화학의 세계에서도 그렇지만 다음에서 논의할 인간 세계에서도 그러하다.

2.2 인구구조: 인구가 줄어들면 경제가 망할까?

중국의 저출산과 고령화를 걱정하는 사람들

중국이 늙어가고 있다고 일찍부터 많은 이들이 걱정해 주고 있다. 저출산에 따른 인구 감소와 인구의 고령화가 소비 감소를 불러오면서 국가 경제와 산업이 위축되고 그 결과 일자리가 줄어들고 젊은이의 취업이 어려워지면서 결혼을 미루게 되고 이에 따라 출생률이 저하되는 악순환의 고리로 접어들고 있다는 것이다.

내가 보기에 중국의 저출산 및 고령화를 가장 비관적으로 기술한 것은 『수축 사회』를 쓴 홍성국이다. 그의 주장을 간략히 정리하면 다음과 같다.[15]

---

14   YTN(2021.08.08.), "中, AI 연구 인용 실적 美 앞서"...연구원 비율도 美 추월.

15   홍성국(2018:127-130)을 요약했음.

중국의 출생률이 빠르게 하락하고 있다. 그 이유는 첫째, 경제 발전으로 여성들의 사회진출 증가, 여권신장, 여성의 교육 수준 상승 등에 따른 출생률 저하이며, 둘째, 중국이 1979년부터 도입한 한 자녀 출산정책 때문이다. 지금은 인구 감소보다 고령화 문제가 더 시급하다. 노동력 부족은 기계로 대체한다고 해도 사회안전망을 갖추기도 전에 너무 많은 사람들이 너무 빨리 늙어가고 있다. 수명 연장에 따른 의료비용까지 추가하면 중국은 너무 많은 노인을 부양하다가 쓰러질 수도 있다.

이런 종류의 글은 주위에서 쉽게 발견할 수 있다. 한재현은 『중국 경제 산책』에서 다음과 같이 주장하고 있다.[16]

중국의 고령화 문제가 심각하다. 중국은 1인당 GDP가 1,042달러에 불과한 2001년에 고령화 사회에 들어섬으로써 다른 나라와 다르게 부자가 되기 전에 늙어버리는 '未富先老'(wèi fù xiān lǎo) 현상이 일어나고 있다. 중국의 고령화 문제가 심각한 이유가 여기에 있다. 고령화와 출생률 저하 등 인구구조의 문제는 지금 당장은 크게 문제가 되지 않을 수 있다. 하지만 장기적으로는 그동안 인구 대국으로 불렸던 중국의 명운을 판가름할 가장 중요한 요인이 될지 모른다.[17]

실제 중국의 인구구조가 이렇게 위험한 상황에 처해 있을까? 앞에서 계속 강조해 왔듯 중국은 한국인의 눈으로 판단하기엔 영토가 대단히 크고 인구가 대단히 많은 나라이다. 혹시 인구구조 면에서도 우리가 미처 보지 못하고 놓치고 있는 것은 없을까?

---

16 한재현(2021:231-237)을 요약했음.

17 중국의 인구구조의 변화를 부정적으로 분석하는 의견은 서구에서도 넘쳐난다. 구글에서 검색해 보면 중국의 저출산을 걱정하는 글(예를 들면 "The challenges of the low birth rate in China.")이나 고령화를 염려하는 글(예를 들면 "Population ageing in China: crisis or opportunity?")을 아주 쉽게 구할 수 있다.

보이지 않는 고릴라

인간은 관찰 대상의 특정 부분에 주의를 기울일 경우 그곳을 더 자세하고 생생하게 파악할 수 있지만 그곳을 제외한 나머지 부분은 거의 또는 전혀 인지하지 못하는 경우가 많다. 이른바 '보이지 않는 고릴라' 현상이다.

이것은 1999년 미국의 심리학자 크리스토퍼 차브리스와 대니얼 사이먼스가 실행한 연구 결과를 일컫는 말이다.[18] 1999년, 크리스토퍼 차브리스와 대니얼 사이먼스는 하버드 대학 심리학 과정 학생들을 대상으로 간단한 실험을 했다. 이들은 우선 두 팀의 학생들이 농구공을 패스하는 장면을 동영상으로 찍었다. 한 팀은 흰 셔츠를, 다른 한 팀은 검은 셔츠를 입었다. 이들은 서로 이리저리 움직이며 공을 패스했다. 그리고 실험 참가자들에게 검은 셔츠 팀의 패스는 무시하고 흰 셔츠 팀의 패스 횟수만 말없이 세어달라고 부탁했다. 손에서 손으로 옮긴 패스와 바운드 패스를 모두 세면 된다. 동영상의 재생 시간은 1분이 채 되지 않았다. 동영상이 끝나자마자 실험 참가자들에게 패스의 횟수가 몇 번인지 물었다. 그다음에 더 중요한 질문을 던졌다. "패스 횟수를 셀 때 뭔가 이상한 걸 느끼지 못했나요?", "선수들 말고 뭔가 눈에 띄는 게 없었나요?", "고릴라 보셨나요?" 놀랍게도 실험에 참여한 이들 중 약 절반이 고릴라를 의식하지 못했다. 실제 동영상 중간에 고릴라 의상을 입은 학생이 약 9초간 무대 중앙으로 걸어 나와 선수들 가운데에 멈춰 서서 카메라를 향해 두 팔로 가슴을 친 후 걸어 나갔는데도 말이다. 사람들은 눈에 보이는 세상의 특정 부분의 모습이나 움직임에 주의를 집중하고 있을 때 예상치 못한 사물이 나타나면 이를 알

---

18 크리스토퍼 차브리스 등(2011:5-22)에 있는 내용을 요약했음. 이 실험 영상은 유튜브에서 쉽게 찾아볼 수 있다. 이들이 쓴 『보이지 않는 고릴라: 우리의 직관이 우리를 속이는 방식』은 심리학을 넘어서 다양한 분야의 사람들에게 영감을 주고 있다.

아차리지 못하는 경향이 있다. 실험대상자들은 패스 횟수를 세는 데 너무 집중한 나머지 바로 눈앞에 있는 고릴라에는 눈이 먼 것이다.

잠시 그림 이야기를 해 보자. 네덜란드 출신의 판화가인 모리츠 에셔(Maurits C. Escher)의 유명한 그림으로 「오르고 내림」(Ascending and Descending, 1960)이 있다. 이 안에는 끝없이 이어지는 계단이 그려져 있는데, 부분적으로 보면 어떤 문제도 보이지 않는다. 그런데 그림 밖으로 나와서 전체를 보면 무언가 이상하다는 느낌이 든다. 어느 한 방향으로 계속 올라가도 제자리로 돌아오고 계속 내려가도 결국에는 제자리로 돌아온다. 어느 경우든 실질적인 상향 이동이나 하향 이동이 일어나지 않는다. 이러한 모순된 상황은 의식적으로 부분에서 빠져나와 전체를 바라볼 때 비로소 관찰되는 것이다.

중국의 인구구조 역시 마찬가지다. 어느 한 부분만 집중해서 보면 나머지 부분을 놓치기 쉽다. 부분을 보지 말라는 말이 아니다. 부분을 보면서도 의식적으로 시야를 넓혀서 전체를 함께 보려는 노력을 해야 한다는 것이다.

사실 확인(1): 출생자의 감소

[도표 2-7]에 있는 인구조사 자료를 보면 특히 2016년을 기점으로 하여 출생자의 수가 빠르게 감소하고 있음이 확인된다. 2012년의 출생자를 기준으로 한다면 2022년의 출생자는 반이하로 줄었다.

사실 중국 정부는 일찍부터 출생자의 감소 상황을 인지하고 그 속도를 늦추기 위해 노력을 해 왔다. 1980년대부터 실행해 온 산아제한정책 제도를 점차적으로 완화한 것이 그것이다. 2002년에는 부모가 모두 외동일 때 둘째를 허용했고, 2013년에는 부모 중 한쪽이 외동일 때 둘째를 허용하는 정책을 실시했다. 그리고 2015년에는 둘째를 허용하는 정책을 전면적으로 실시했다. 고령화는 피할 수 없지만 출생률 하락은 막아야겠다는 결연한 의지를 보여온 것이다.

그 결과 2011년부터 2016년까지 출생자가 다시 늘어나는 모습을 보인다. 이는 새롭게 시행된 인구 증가정책이 일정한 효과를 발휘한 것으로 판단된다.

[도표 2-7] 최근 13년간 출생자와 사망자 수의 변화(2010-2022년)

연도	출생자(명)	사망자(명)	증가(명)
2010	1,592만	951만	641만
2011	1,797만	960만	837만
2012	1,973만	966만	1,007만
2013	1,776만	972만	804만
2014	1,897만	977만	920만
2015	1,655만	975만	680만
2016	1,786만	977만	809만
2017	1,723만	986만	737만
2018	1,523만	993만	530만
2019	1,465만	998만	467만
2020	1,202만	997만	205만
2021	1,062만	1,014만	48만

출처: Wikipedia, 'Demographics of China'. 2023.06.30. 접속.

그러나 2017년을 기점으로 하여 출생자 수가 계속하여 감소하고 있다. 2022년에는 출생자보다 사망자가 많아지면서 중국의 인구가 드디어 감소세로 돌아섰고, 18세기 말에 시작된 '세계 1위의 인구 대국'이라는 칭호를 다시 인도에 내주게 되었다.[19] 최근 13년 간의 추이를 볼 때 2011년에서 2017년 사이에 출생자 수가 늘어난 것은 일시적인 현상으로 볼 수밖에 없다.

단순히 한 자녀 낳기 정책을 포기하고 출산을 장려한다고 해서 출생률이 높아지지 않는다. 청년들에 대한 복지 정책과 사회경제적 구조를 근본적으로 바꿔야 한다. 중국 정부와 기업과 학자들도 이미 문제의 심각성을 깊이 있게 인식하고 정책 마련에 고심하고 있다. 한국과 동일하게 중국의 청년들에게 필요한 복지 정책의 핵심은 세 가지로 요약된다. 주거 비용 절감, 자녀 교육 비용 절감, 그리고 이 모든 것에 선행하는 일자리 제공이 그것이다. 단기적으로 볼 때 이 중에서 해결 가능한 것은 한 가지도 없다. 그러므로 한국과 마찬가지로 중국에서도 저출생과 고령화는 막을 수 없는 추세가 될 것이다.

이제까지 중점적으로 살펴본 것은 출생자 수의 감소이다. 이 부분에만 관심을 쏟다 보니 자기도 모르게 빠트리고 있는 사항은 없을까? 내가 볼 때는 '있다'고 생각한다. 바로 출생자 수의 절대적인 수치이다.

중국의 총 출산율(여성 1인당 출산 수)은 1980년대 후반 2.6명이었는데, 한 자녀 낳기 정책을 펼친 이후 1994년 이후 1.7명 이하로 급격히 떨어졌으며, 2020년에는 1.3명, 2021년 1.16명, 2022년 1.08명으로 하락했다.[20] 그 결과 2022년에는 역대 최저치인 956만 명이 태어났다. 앞으로는 어떠할

19 Wikipedia, 'Estimates of historical world population', 'Population history of China', 'Demographics of India' 참조. 2023.06.30. 접속.

20 출처: BBC(2022.06.06.), Could China's population start falling?; Wikipedia, 'Demographics of China'. 2023.06.30. 접속.

까? 2022년 6월 6일 영국의 BBC에서는, 중국의 총출산율이 2030년까지 1.1명으로 떨어지고 그 수치가 2100년까지 유지될 것으로 예측하였다.[21] 이것은 중국의 연 출생자 수가 더 이상 1,000만 명 위로 올라가는 일은 없겠지만 여전히 매년 900만 명 내외가 새로 태어난다는 것을 의미한다. 그런데 900만 명 내외의 인구가 과연 적은 수치인가? 중국의 과거 출생자와 비교한다면 많이 줄어들었다고 말할 수 있지만, 다른 나라의 인구 상황과 비교한다면 결코 적은 수치가 아니다. 이 수치는 이스라엘(917만 명)이나 오스트리아(896만 명) 같은 나라의 전체 인구에 해당한다. 이 질문과 답변의 의미는 뒤에서 말할 '생산활동가능인구'와 함께 고찰할 때 더 잘 이해될 것이다.

사실 확인(2): 고령화

유엔의 기준에 따르면,[22] 65세 이상의 인구가 7% 이상이면 고령화 사회(aging society), 14% 이상이면 고령 사회(aged society), 20% 이상이면 초고령 사회(super-aged society)이다. 뒤에 있는 [도표 2-9]에서 알 수 있듯, 중국은 2000년대 초에 고령화 사회가 되었고 2025년 안에 고령 사회에 진입할 것으로 보인다.

그런데 이 세상에는 중국보다 고령화가 더 많이 진행된 나라가 매우 많

21　출처: BBC(2022.06.06.), Could China's population start falling?

22　유엔에서는 고령화 사회에 대한 분류를 한 적이 없으며, 또한 65세 이상의 고령자가 차지하는 인구 비율을 7%, 14%, 20%라는 수치로 설정한 것도 논리적 근거가 없다는 주장이 있다(출처: '고령화 사회' 분류는 유엔이 한 것 아니다. http://www.100ssd.co.kr/news/articleView.html?idxno=53470. 2023.06.30. 접속). 이에 대해서는 좀 더 명확하게 확인할 필요가 있다. 이 책에서는 일단 고령화 사회에 대한 전통적인 분류 방식을 따랐다.

다. [도표 2-8]은 2019년도의 조사자료인데, 65세 이상의 인구의 비율이 중국보다 높은 나라가 매우 많다. 눈을 돌려 한국을 보면, 한국은 2018년에 이미 고령화 사회를 넘어 고령사회에 들어섰고 2025년에 초고령사회로 진입할 것이 확실시되고 있다. 분명한 것은 중국은 고령화 정도가 아직 높지 않으며 고령화 속도 역시 한국보다 훨씬 느리게 진행되고 있다는 점이다.

[도표 2-8] 고령자 인구 비율 국제 비교(2019년 기준)

국가	총 인구(만)	65세 이상 인구(만)	65세 이상 인구 비율(%)
일본	12,618	3,558	28.2
이탈리아	6,034	1,376	22.8
그리스	1,070	233	21.8
포르투갈	1,027	224	21.8
독일	8,310	1,778	21.4
프랑스	6,483	1,316	20.3
스웨덴	1,029	205	19.9
스페인	4,707	899	19.1
네덜란드	1,734	327	18.9
영국	6,683	1,224	18.3
캐나다	3,741	644	17.2
미국	32,915	5,276	16.0
한국	5,185	783	15.1
러시아	14,673	2,142	14.6
중국	139,803	16,637	11.9

출처: Population Reference Bureau, 'Countries With the Oldest Populations in the World(2019)', 일부 국가를 발췌했음. 2023.06.30. 접속.

한편 '일본, 이탈리아, 독일, 프랑스' 등은 이미 초고령 사회에 진입해 있으면서도 경제적으로 높은 소득수준을 유지하고 있다. 만약 인구가 경제성장 여부에 결정적으로 작용하는 요인이라면 이 나라들은 일찌감치 부도가 났어야 한다. 그럼에도 불구하고 이 나라들이 여전히 건재한 이유는 무엇일까. 이 질문에 대한 답 안에 중국 정부가 참고할 수 있는 문제 해결의 열쇠가 들어있다.

이들이 놓치고 있는 것: 생산활동가능인구

저출산에 주목하면 인구 감소를 걱정하게 되고 고령화에 주목하면 복지 비용의 증가를 우려하게 된다. 이는 매우 자연스러운 일이다. 그 과정에서 종종 어린이와 고령자 사이에 있는 생산활동가능인구를 놓치게 되는데 이 또한 자연스러운 일이다. 인간의 뇌가 그렇게 작동하기 때문이다.

생산활동가능인구(working age population)란 경제활동을 할 수 있는 연령대의 인구를 말하며 일반적으로 근로기준법상 근로가 가능한 나이인 15세 이상에서 은퇴할 나이인 64세까지의 인구를 말한다. 중국은 고령자의 숫자도 많지만 생산활동가능인구의 절대적 수치도 높다.

[도표 2-9]를 보면, 1953년에서 2020년까지 중국의 전체 인구 중에서 생산활동가능인구가 차지하는 비율은 평균 66.5%이다. 2020년의 경우 생산활동가능인구는 전체 인구의 68.55%인 9.68억 명이나 된다. 이 인구는 2030년까지 9.6억 명 내외를 유지할 것이며, 2050년이 되어도 여전히 8억 명을 넘을 것으로 추산되고 있다.[23]

---

23 장셴링 등(2020:11). 한편 노동활동가능인구를 15세에서 64세로 규정한 것도 다소 낡은 사고방식이다. 신체와 정신, 지적 수준 등을 고려할 때 최대 연령을 70세로 재정의할 수도 있다. 이럴 경우 노동활동가능인구의 수치는 훨씬 더 늘어난다.

[도표 2-9] 중국의 인구구조의 변화

연도 \ 연령	0~14세(%)	15~64세(%)	65세 이상(%)
1953	36.28	59.31	4.41
1964	40.69	55.75	3.56
1982	33.59	61.50	4.91
1990	27.69	66.74	5.57
2000	22.89	70.15	6.96
2010	16.60	74.53	8.87
2020	17.95	68.55	13.50

출처: 1953년에서 2000년까지는 천둔센(2002)를 참고하였고, 2010년의 수치는 바이두 '2010年第六次全国人口普查主要数据公报', 2020년의 수치는 바이두 '中华人民共和国'의 인구관련 정보를 참고하였음. 2023.06.30. 접속.

중국의 인구구조를 걱정하는 이들에게는 이렇게 절대적으로 많은 생산활동가능인구가 보이지 않는 것 같다. 크리스토퍼 차브리스 등이 설계한 실험과 같이 농구공 돌리기에 집중하다 보니 덩치 큰 고릴라를 놓치고 있는 것이다.

또 다른 관점: 인구결정론 해체하기

그런데 생산활동가능인구의 절대적 수치가 높다고 해도 그것이 전체 인구에서 차지하는 비율이 줄어드는 것은 문제가 아닐 수 없다. 다시 [도표 2-9]를 보자. 이에 따르면 0-14세 인구는 감소하고 65세 이상의 인구가 증가하는 추세를 보인다. 그렇다면 생산활동가능인구의 비율은 감소할 수밖에 없다. 생산활동가능인구의 감소는 결국 국가 경제의 성장에 악

영향을 미치지 않겠는가.

이 질문은 여전히 국가 경제의 성장과 인구구조가 강한 상관관계가 있다는 것을 전제하고 있다. 최근의 연구는 국가의 경제성장을 생산활동가능인구의 종속 변수로 보아왔던 기존의 인식을 바꿀 것을 요구한다. 홍춘욱은 『인구와 투자의 미래』에서 생산활동인구의 변화와 경제성장률 사이의 상관관계를 자세히 분석하고 있다.[24] 전 세계 주요국의 생산활동인구 변화와 실질경제성장률의 관계를 살펴볼 때 생산활동인구 비중이 높아지는 나라가 경제성장률이 다소 높아지는 것은 사실이다. 다만 결정계수(R^2)는 0.17에 불과하다. 결정계수란 쉽게 말해서 설명변수(생산활동인구 변화)가 종속변수(경제성장률)의 변화를 얼마나 설명하는지 보여주는 것이다. 결정계수의 값은 0에서 1 사이에 있으며, 1에 가까울수록 설명변수와 종속변수 사이에 상관관계가 높고, 0에 가까울수록 그 상관성이 떨어진다고 보면 된다. 결정계수가 0.17이라는 이야기는 전체 경제성장률 변화의 17%를 설명한다는 이야기다. 물론 낮은 비중은 아니다. 그렇지만 나머지 83%는 설명하지 못한다. 인구만 보지 말고 다른 요소, 즉 도시화율 수준, 수출 비중 변화, 교육의 질과 기업의 연구 개발 투자 등도 함께 살펴봐야 한다는 이야기다.

요시카와 히로키 역시 『인구가 줄어들면 경제가 망할까』라는 눈길 끄는 제목의 책에서 선진국의 경제성장에서 인구증가보다 더 중요한 것이 공업화와 기술 혁신임을 강조하고 있다.[25] 일본의 경제는 메이지 시대(1868-1912) 초반부터 오늘날까지 150년 동안 경제성장과 인구 사이에는

---

24   홍춘욱(2017:186-194).

25   요시카와 히로키(2017:90-109)의 내용을 요약했음. 요시카와 히로키가 설계한 선진국의 경제성장 모델에 대한 자세한 설명은 3장의 [도표 3-2]를 보라.

거의 상관관계가 없다고 할 수 있을 정도로 서로 괴리된 모습을 보여 왔다. 경제가 인구증가율을 훨씬 능가하는 비율로 성장했는데, 이 말은 노동력 인구보다는 노동 생산성에 따라 경제성장의 귀추가 결정된다는 것을 의미한다. 기술 혁신이 인구 요소와 완전히 독립적이라고는 할 수 없지만 사회가 선진국으로 이행할수록 그 관련성이 약화된다. 한 가지는 분명하다. 바로 선진국의 경제성장은 사람의 수로 결정되는 게 아니라 기술 혁신에 의해 이루어진다는 것이다.

중국 정부와 기업은 이미 인구 증가의 둔화 및 인구의 고령화에 대한 대비책의 하나로 기술 혁신을 통하여 생산활동가능인구의 노동생산성을 높이는 정책을 적극적으로 펼치고 있다.[26] 2021년의 1인당 GDP 1만여 달러를 2050년까지 3만 달러 이상으로 올리기 위해서는 기술 혁신을 통한 생산성 증가가 거의 유일한 방책임을 잘 알고 있기 때문이다.

기술 혁신은 농촌과 같이 인구가 분산된 상태가 아니라 도시와 같이 인구가 밀집된 곳에서 더 많이 그리고 더 빨리 일어난다. 이 때문에 중국은 도시화 정책을 적극적으로 추진하고 있다. 이에 대해서는 3장에서 자세히 다룰 것이다.

급진적 기획: 무인-로봇화

가장 급진적 기획은 무인화 프로젝트이다. 산업의 모든 분야에 인공지능 기술이 스며들게 하여 그 기술이 인간의 일자리를 대체하도록 하는 것이다. 인공지능 기술이 활용되는 바탕에는 빅데이터, 클라우드, 사물 인터넷, 로봇, 블록 체인, 3D 프린팅 등과 같은 4차 산업혁명의 각종 요소들이

---

26   마훙메이 등(2021)과 허위충 등(2021) 참고.

깔려 있다.

중국에서는 무인 식당, 무인 편의점, 무인 창고 등 무인 서비스가 빠르게 확산되고 있다.[27] 중국의 대도시에서는 알리바바와 징둥닷컴이 내놓은 무인 편의점을 쉽게 찾아볼 수 있다. 알리바바는 본사가 있는 항저우시에 무인 호텔을 운영하고 있다. 고객이 들어서면 프론트에는 직원 대신 로봇이 앉아있고 지정받은 룸이나 식당, 헬스장으로 이동할 때 자율주행 로봇의 안내를 받을 수 있다. 중국 최대 음식 체인점 하이디라오는 2018년부터 무인 식당을 운영하고 있다. 상하이에는 징둥닷컴이 운영하는 100% 무인 창고가 있다. 축구장 6개 넓이(약 1만 2,100평)의 이 무인 창고에는 샤오훙런(小红人)으로 불리는 로봇 300대가 곳곳을 누비며 포장된 물품을 배송 주소에 따라 분류한다. 징둥닷컴이 운영하는 스마트 레스토랑에서는 요리사 로봇들이 정해진 요리법대로 음식을 볶아낸다. 중국 광저우시에서 자율주행 업체 위라이드(WeRide)가 시범 운영하고 있는 로보택시는 매일 오전 8시부터 오후 10시까지 총 145㎢ 넓이의 지역을 커버하고 있다. 사용자는 일반 택시를 호출하듯 스마트폰 앱으로 도착지를 입력하고 차량을 호출하면 된다. 중국에서 로보택시 시범 사업을 시작한 대표적인 기업은 바이두, 지리(吉利 GEELY) 자동차, 위라이드, 디디추싱(滴滴出行) 등이다. 중국의 우버로 불리는 디디추싱은 2020년 6월 27일 상하이 교외에서 로보택시 시범 운행을 시작했다. 같은 해 바이두는 4월 창사시에서, 위라이드는 광저우시에서 서비스를 시작했다.

중국은 무인 고속열차의 분야에서도 한발 앞서고 있다.[28] 1장에서 중국의 고속철도의 건설 거리나 운행속도가 세계 최고임을 말한 바 있다. 중

---

27   무인 기술에 관한 소개는 이벌찬·오로라(2021:141-145)를 요약 정리했음.

28   조주(2021:58).

국은 2020년 초 베이징과 장자커우(張家口)를 잇는 174㎞의 구간에 시속 350㎞의 무인 고속열차의 운행을 개시함으로써 스마트 고속철도 시대의 서막을 열었다. 베이징에서 장자커우까지는 일반 열차로 3시간 넘게 걸리는데 최첨단 무인 고속열차로는 1시간 이내에 도착한다. 고속열차 푸싱호(复兴号)를 개량한 이 열차는 위성항법시스템과 운행 중 자기 점검 장치가 도입돼 기관사 없이 자동으로 달린다. 기관사는 오직 열차 운행을 감독하는 역할만 수행한다.

이때 인간보다 뛰어난 능력을 발휘하는 인공지능과 로봇의 등장은 인구문제에 또 다른 질문을 던진다. 세상은 인간의 노동 없이도 부가가치를 낼 수 있는 새로운 시대로 접어들고 있다. 인공지능과 로봇으로 인해 일자리가 줄어든다면 많은 인구가 부담이 될 수밖에 없다. 중국 공산당 정부는 일찍부터 4차 산업혁명의 심오한 의미와 아울러 그것이 초래할 여러 가지 문제에 대해 학습하고 또한 연구하고 있다.[29]

요약: 부분과 전체

중국은 한국뿐만 아니라 세계 어느 나라와도 다르다. 중국은 거대한 인구가 힘으로도 작용하기 때문에 선택지가 더 많고 다양하다. 이 사실을 인식하려면 현상을 관찰하는 시점을 '부분에서 전체로, 전체에서 부분으로' 옮기는 과정을 반복해야 한다. 어느 한 가지 접근에만 고착되어 있으면 현실을 정확하게 보지 못한다.

중국의 인구구조를 보면 일차적으로 눈에 띄는 것이 저출산과 고령화

---

[29] 아주경제(2021.01.14.), '[中 석학에게 듣는다 ②] 자오후지 "中 공산당, 서구 시각으로 설명 안돼"에서 그 일단을 엿볼 수 있다. 중국 공산당 일당 통치체제가 지닌 엄청난 힘과 효율성에 대해서는 5장을 볼 것.

다. 그러나 더 넓은 시야로 보면 출생자의 절대적인 수가 적지 않다. 고령화 역시 빠른 속도로 진행 중인데 선진국과 같은 초고령 사회로 접어들 때까지는 아직 여유가 있다. 저출산과 고령화라는 특정 부분만 보는 이들이 놓치고 있는 사항이 있다. 바로 노동활동가능인구의 수이다. 중국의 인구 구조를 보면 노동활동가능인구가 절대적으로 많아서 2050년이 되어도 8억 명을 넘을 것으로 추정되고 있다. 중국 정부는 노동활동가능인구의 생산성을 높이기 위한 방안의 하나로 인공지능, 빅데이터, 클라우드, 사물 인터넷, 로봇, 블록 체인, 3D 프린팅과 같은 4차 산업혁명의 각종 요소들을 생산 현장에 도입하고 있다.

부분과 전체를 함께 고려하는 접근은 중국 안에서뿐만 아니라 중국과 세계 사이에서도 실행되어야 한다. 다음 절을 보자.

2.3 인구 규모: 중국의 적정인구는 얼마일까?

적정인구 문제

적정인구(optimum population)란, 주어진 생태계에서 그 이상으로 인구가 증가하면 평균적인 복지 수준이 향상되지 못하고 오히려 떨어지는 인구 수준을 말한다.[30] 다시 말하면, 적정인구란 1인당 평균 복지 수준을 최대로 유지할 수 있는 인구다.

---

[30] 요시카와(2017:58)와 INED의 정의(https://www.ined.fr/en/glossary/optimum-population)를 참고하여 재구성했다. 'optimum population'의 정확한 번역어는 '최적 인구'이다. 그런데 한국의 인구학계에서는 '적정인구'로 번역하여 쓰고 있다. 이 책에서는 한국의 인구학계의 관행을 따라 '적정인구'라는 용어를 사용할 것이다.

사실 적정인구라는 말은 매우 추상적이다. 도대체 생활 수준이 어느 정도 되어야 '적정하다'고 말할 수 있을까. 적정인구에 대한 정의도 매우 많다. 인구를 어떠한 관점에서 볼 것인가 혹은 무엇을 기준으로 인구를 생각하느냐에 따라 그때그때 다르게 정의되기 때문이다. 이렇듯 적정인구는 고정적인 개념이 아니라, 바로 뒤에서 알 수 있듯, 학문 분야와 연구자에 따라 다르게 정의되며 이에 따라 연구 방법과 연구 결과가 달라지는 유동적인 개념이다.

이렇게 실체가 불분명한 것을 왜 연구하는 걸까. 그 이유는 국가의 지속 발전을 위한 장기적인 정책을 설계하고 국민의 삶을 개선하기 위한 방안을 마련하기 위해서다.

한국의 적정인구는?

한국과 중국은 똑같이 1980년대에는 과잉 인구를 걱정하고 2000년대에 들어서서는 인구 감소를 근심하고 있다. 도대체 이 나라들의 적정인구는 얼마일까?

한국의 적정인구에 대한 첫 번째 대규모의 연구는 한국인구학회에서 2004년 보건복지부의 용역을 받아 진행되었다. 이 연구의 목적은, 출생률이 세계 최저수준으로 낮아지고 고령화가 빠르게 진행되는 한국이 사회 전체의 복지 수준을 최대한도로 유지하기 위해서는 어느 정도의 인구를 유지해야 하는지 알아보는 것이다. 2004년 10월에 연구가 시작되었으며 그 결과가 2005년과 2006년에 발표되었다. 한국인구학회의 연구는 인구, 경제, 복지, 환경의 4가지 관점에서 4명의 연구자가 진행하였는데 이 중에서 인구와 경제학적 접근은 적정인구성장률만 계산했으므로 논외로 하고 사회복지와 환경학적 관점에서 수행된 연구만 살펴보도록 하자.

사회복지적 관점에서의 적정인구는 '어느 사회에서 1인당 복지 수준 또는 사회 전체의 복지 수준이 극대화되는 지점'으로 정의된다.[31] 이 연구에서는 OECD 가맹국의 1980-2000년대 인구구조에 주목하여 이 시기의 인구구조를 한국의 최선의 선택이라고 보았다. 그럴 경우 한국의 적정한 인구구조는 1-14세 인구 14-21%, 15-64세의 생산활동가능인구 64-69%, 65세 이상의 노인 인구 15-17%이다. 이 비율을 2006년도의 인구에 적용하여 계산할 경우 한국의 적정인구 규모는 4,850-4,950만 명이다.

환경 측면에서의 적정인구는 '어느 지역이 자연환경과 인공환경을 모두 고려하면서 거주민의 삶의 풍요성, 편리성, 능률성, 안정성, 쾌적성을 충족시키는 것을 전제로 하여 수용가능한 인구'로 정의된다.[32] 이 연구에서는 13개의 인공 및 자연환경 관련 사항을 독립변수로 하여 한국의 적정인구 규모를 예측하는 회귀방정식을 만들었다. 그리고 여기에 국민들이 주관적 관점에서 생각하는 적정인구 규모와 정부에서 환경개선에 적극적으로 나설 때의 수용가능한 인구 규모를 함께 조사하였다. 그럴 경우 한국의 적정인구는 4,750만-5,050만 명으로 추산된다.

이 두 개의 연구를 종합하면, 한국 사회가 낮은 출생률과 높은 고령화의 부정적 영향을 극복하기 위해서는 최소한 4,750만-5,050만 명의 인구를 유지해야 한다.

한국의 적정인구에 대한 두 번째 대규모 연구는 2011년 보건복지부 산하의 한국보건사회연구원 소속의 연구원들에 의해 진행되었다.[33] 이 연구에서는 당시 한국 사회가 처해 있는 국내외적 경제 환경을 감안하여 한

---

31   김승권(2006:242) 참고.

32   정대연(2006:272-273)의 설명을 정리하여 재구성한 것.

33   이삼식 등(2011).

국의 적정인구의 산출을 위한 조건 3가지를 설정하였다.

첫째, 국제정치적으로 적정의 위상을 가질 수 있는 인구 규모를 유지한다. 둘째, 경제적 측면에서 국내적 경제를 지속 성장시키면서 대외적으로 국제사회를 선도하는 중요한 의사결정 과정에 참여할 수 있는 경제 규모를 유지한다. 셋째, 국가 재정의 안정적인 수준을 유지한다.

이들은 이 3개의 조건을 바탕으로 적정인구를 '국가 경제를 지속 성장시키면서 대외적 위상을 확보할 수 있는 경제 규모를 유지하면서 동시에 높은 복지수준을 누릴 수 있는 수준의 인구 규모 및 구조'로 정의했다.

이들은 한국의 적정인구를 추산하기 위해 인구부문과 경제부문 및 복지부문이 상호의존관계로 설정될 수 있도록 연구 모형을 개발하였다. 이는 2004년 한국인구학회가 각각의 주제를 연구자들이 나누어서 수행했던 것과 다른 점이다. 다만 환경을 고려한 접근은 배제했다.[34] 그들은 인구의 증가와 인간의 각종 활동이 인간을 둘러싼 환경을 파괴함으로써 인간의 지속 가능한 성장을 어렵게 만든다는 주장을 지나치게 과장된 것으로 보았다. 그들이 보기에 그러한 불안감은 인간의 기술적 및 사회적 변화를 통한 사회적 적응 능력을 무시하거나 과소평가한 데서 비롯된 것이다. 자원의 고갈 또한 반드시 인구 증가와 연결되어 있다고 볼 수 없으며, 이미 한국의 인구 증가율이 감소하고 있기 때문에 그러한 접근은 이미 실효성을 상실한 것으로 보았다.

이들의 연구에 따르면, 저출산 고령화 사회에서 '지속가능하면서도 대외적 위상을 유지할 수 있는 경제 규모와 복지수준을 누릴 수 있는 적정인구의 규모'는 2020년 4,960만명, 2040년 5,031만명, 2060년 4,747만명, 2080년 4,299만명이다. 만약 2060년까지의 인구만 따진다면 이들이

---

34   이삼식 등(2011:2-3, 56-58).

도출한 적정인구는 한국인구학회의 적정인구 범위 안에 포함된다.

중국의 적정인구는?

최초의 조사

개혁 개방이 시작된 초기 덩샤오핑에게 중국의 많은 인구는 늘 근심거리였다. 1981년 덩샤오핑은 다음과 같이 말한 바 있다.

"우리는 지금 인구의 증가를 통제하고 있다. 건국 이후 지금까지 우리나라의 인구는 거의 두 배로 증가했다. 건국 당시에는 5억 7천만 명이었는데 지금은 거의 10억 명이다. 30년 사이에 4억 명이 넘는 인구가 증가한 것이다. 인구가 너무 많아도 문제이다. 아이들이 자라면 취업을 해야하는데, 이 숫자가 매년 7,8백만 명이다. 취업 문제는 세계 모든 나라의 관심거리이지만 우리 중국은 더욱 복잡하다. 인구가 많은 대국에는 우월한 점도 있지만 어려움도 많은 것이다."[35]

그로부터 8년이 지난 1989년에도 중국의 인구과잉 상황은 덩샤오핑에게 여전히 큰 걱정거리 중의 하나였다.

"우리는 지난 18년간 산아제한정책을 통해 중국의 인구 증가를 2억여명 줄였다. 그렇지 않았다면 지금 13억 명이 되었을 것이다. 이 2억여 명은 우리가 감당할 수 없다. 우리가 취득한 발전 성과를 모두 먹어 치워버렸을 것이다. 그러므로 우리는 기존의 산아제한정책을 계속 흔들림 없이 추진해야 한다."[36]

나의 조사에 따르면, 중국의 최대 수용 가능한 인구에 대한 최초의 연

---

35   시샤오핑 등(1998:30) 재인용.

36   시샤오핑 등(1998:28) 재인용.

구는 중국과학원(1991)의 『中国土地资源生产能力及人口承载量研究』(중국의 토지자원 생산 능력 및 부양 가능한 인구에 관한 연구)이다. 이는 정부 차원에서 수행된 것이다. 다만 이때의 연구주제는 적정인구가 아닌 최대 수용 가능 인구였다. 중국 정부에서는 중국이라는 대지가 과연 최대 어느 정도의 인구를 부양할 수 있는지 알고 싶었던 것이다.

이 연구는 총 74명의 연구원이 참가한 초대형 프로젝트이다. 이들은 1986년부터 1989년까지 3년 동안 연구를 진행하여 보고서 초고를 만들었고, 이것을 2년간 보완하여 1991년 최종적으로 총 1,551쪽에 해당하는 방대한 분량의 보고서를 출판했다.

이들은 농경 면적의 크기, 단위 면적당 생산량, 인구 개인의 식량 소비량 등에 근거하여 중국이 수용 가능한 최대 인구를 측정하였다.[37] 여기에서 '식량'은 기본적으로 '밀, 쌀, 옥수수, 감자, 수수, 좁쌀'과 같은 농작물을 가리킨다. 육류와 같은 동물성 식품은 농작물의 종속변수로 보았다. 가축은 주로 농작물을 사료로 하여 양육되기 때문이다. 기준년도는 미래의 2025년이다. 그때까지 인구가 계속 증가한다고 할 때 어느 수준까지 허용할 수 있는가를 알아보고자 했다. 대규모의 연구 인력이 투입되어 작성한 방대한 분량의 책자의 결론은 다음과 같다.

2025년을 기준으로 할 때, 중국의 최대 식량 생산 가능 능력은 약 8.3억 톤으로 추정된다. 이를 통해 미래 중국이 수용 가능한 인구를 계산할 수 있다. 만약 중국인 1명이 매년 500kg의 식량을 소비한다면 중국의 최대 수용 가능 인구는 16.6억 명이고, 550kg이라면 15.1억 명이고, 600kg이라면 13.8억 명이다. 따라서 중국의 인구는 최대 16억 명 내외에서 통제해야 한다. 절대로 17억을 넘겨서는 안 된다.

---

37   중국과학원(1991:14, 17, 28, 82, 292).

연구 방향의 변화

이러한 접근 방식은 불과 몇 년 뒤 완전히 달라진다. 그 이유는 다음 2가지 때문이다.

첫째, 화학비료, 농약, 기계화 및 재배 기술의 발달로 인하여 농업 생산성이 기대 이상으로 증대되었다. 덩샤오핑이 세상을 떠나기 1년 전에 발표된 논문에서 주궈훙은 다음과 같이 말하고 있다.[38]

중국과학원(1991)에서는 2025년 중국의 최대 식량 생산량을 너무 낮게 예측했다. 향후 기술 진보에 의해 식량 생산량은 더 증가될 확률이 높다. 식량 생산량이 증가하면 인구 부양 능력 역시 증가한다. 토지 자원의 식량 생산 잠재력과 사람들의 평균 음식섭취량의 상관관계를 따져볼 때 인구가 16억 명이 넘어도 위기 상황은 발생하지 않으며, 소비수준을 다소 낮춘다면 최대 20.75억 명까지도 수용 가능하다. 그러므로 중국과학원(1991)의 주장과 다르게 인구가 16억 명을 넘더라도 문제가 발생할 가능성은 없다.

[도표 2-10] 부양 가능 인구와 실제 생활 인구

연도	1995년	2000년	2005년	2010년
실제 생활인구(명)	11.43억	12.50억	12.00억	13.04억
부양 가능 인구(명)	19.72억	20.18억	20.26억	20.22억
비율(%)	58%	64%	63%	65%

출처: 쉬위칭 등(2019:88).

최근에 쓰인 쉬위칭 등(2019)은 중국의 최대 수용 가능 인구 논쟁에 종

---

38 주궈훙(1996:21)을 요약했음.

지부를 찍는 내용을 담고 있다. 이들은 경작지의 기후 상황을 토대로 하여 잠재적 식량 생산 능력을 새로 측정하였으며 이를 바탕으로 부양 가능한 인구를 계산하였다.

이에 따르면 중국은 1995년에 이미 19.72억 명을 수용할 수 있었고 2010년에는 20.22억 명을 수용할 수 있었다. 그러므로 중국과학원(1991)이 한계로 삼았던 17억 명 남짓의 인구는 더 이상 문제가 될 것이 없다.

둘째, 오늘날 최대 수용 가능 인구에 대한 논의도 무의미해졌다. 앞에서 언급했듯 1980년대부터 강하게 시행한 산아제한 정책의 결과로 출생률이 눈에 띄게 하락하면서 중국의 인구가 중국과학원 (1991)이 우려했던 17억 명을 넘을 일이 없어져 버렸기 때문이다. 최근의 연구에 따르면 중국 인구의 미래는 출생율의 변화에 따라 다음의 세 가지로 예측되고 있다.[39] 출생률이 지금보다 많이 하락할 경우 중국 인구의 정점은 2025년이고 이때의 인구는 14.13억 명이다. 출생률이 다소 느리게 하락할 경우 중국 인구의 정점은 2027년이고 이때의 최고 인구는 14.18억 명이다. 출생률이 더 천천히 하락할 경우 중국 인구의 정점은 2032년이고 최고치는 14.26억 명이다. 어떤 시나리오에서든 중국의 인구는 14.3억 명을 넘어서지 못한다.

각각의 시나리오에 따라 정점의 시기가 다르기는 하지만 인구의 감소 국면은 기정사실로서 역전 불가능한 현실이다. 이에 따라 걱정거리가 정반대로 바뀌었다. 한국과 중국 모두 인구 과잉이 아니라 인구 감소를 우려하는 국면으로 전환된 것이다.

---

[39]　장셴링 등(2020:9).

기존 연구의 문제점

적정인구에 관한 연구는 한국이나 중국 학자의 연구 논문 모두 명확한 문제를 지니고 있다.

한국의 경우, 인구 감소와 고령화에 대한 대비책으로서 최소 적정인구를 연구했다. 그렇게 해서 4,750만-5,050만 명이라는 수치를 도출했다. 여기에는 한국을 둘러싸고 있으며, 또한 한국을 존재하게 만드는 지구의 생태계에 대한 충분한 고려가 빠져 있다. 인간이 쾌적하고 행복하게 살기 위해서는 자연환경의 도움이 필요하다. 맑은 물, 깨끗한 공기, 적절한 온도와 습도, 푸른 산과 푸른 들, 석탄이나 석유와 같은 에너지원 등이 그것이다.

중국의 경우 주로 식량 관점에서 최대 부양 가능 인구를 조사하였으며, 그 결과 14억여 명의 인구가 중국에 사는 데는 기본적으로 문제가 없다고 보고 있다. 그런데 인간은 밥만 먹고 사는 존재가 아니다. 인간이 쾌적하고 행복하게 살려면 식량 이외에 구비해야 할 것이 많다. 안전하고 편안하게 거주할 수 있는 집이 있어야 하고, 집에는 전화와 인터넷도 설치되어 있어야 하고, 따뜻한 물도 나와야 하고, 에어컨도 있어야 하고, 아프면 갈 수 있는 병원과 약국도 있어야 하고, 이동하기 위해서는 자동차나 지하철도 있어야 하고, 직업을 갖기 위해서는 회사도 있어야 한다. 이 목록은 꽤 길게 이어질 것이다. 개개인이 지금보다 더 쾌적한 삶을 추구할 경우 자연스럽게 비용이 추가된다. 중국 정부는 2021년의 1인당 GDP 1만여 달러를 2050년까지 3만 달러 이상으로 올리는 것을 목표로 삼고 있다. 이것은 1인당 자원의 소비량이 2021년보다 약 3배 증가한다는 것을 의미한다. 중국 땅과 지구의 생태계가 그것을 어느 정도 허용할까.

지구의 적정인구는?[40]

기후 변화, 환경 오염, 생물 다양성 파괴와 같은 문제는 특정 국가에 국한되지 않는 세계적인 문제이다. 세계적인 문제는 세계적 차원에서 논의하고 풀어나가야 한다. 지구의 생태계는 모든 나라의 모든 국민, 모든 개인을 보듬고 있는 요람이다. 그러므로 중국이나 한국뿐 아니라 세계 어느 나라든 자국의 적정인구를 논할 때는 반드시 지구의 생태계를 고려 대상 안에 포함해야 한다. 지구 생태계가 파괴된다면 어느 나라도 원하는 삶을 살 수 없기 때문이다.

불변의 사실은 세계의 인구가 2023년 6월 말 현재 약 79억 명에서 향후 30년 안에 100억 명을 돌파한다는 것이다.[41] 과연 지구가 그 인구를 감당할 수 있을까. 인류 개개인의 삶의 질을 높은 수준으로 유지하면서 지구의 생태계를 건강하게 유지할 수 있는 적정인구는 얼마일까.

대니얼 오닐 연구팀의 과학적인 연구

2018년, 위의 질문과 관련하여 매우 눈길을 끄는 논문이 과학저널 『네이처 지속가능성』(Nature Sustainability)에 실렸다. 이 연구의 목적은 모든 인류가 인간답게 살면서 동시에 지구의 생명 유지시스템을 안전하게 보호하기 위해서 어떻게 해야 하는가에 대한 해답을 찾는 것이다.

영국 리즈대의 경제학자 대니얼 오닐(Daniel O'Neill) 연구팀은 150여 개국을 대상으로 하여, 나라별로 2018년 현재 삶의 수준이 어느 정도이며,

---

40 이 주제에 관해 서술하는 데, 곽노필 한겨레신문 기자의 깊이 있는 관련 자료 모음집('지구의 적정인구? 그리고 한국은…'. http://plug.hani.co.kr/futures/3197732)이 큰 도움이 되었다.

41 Wikipedia, 'World population'. 2023.06.30 접속

그 수준의 삶을 살면서 지구의 자원을 얼마나 소비하고 있는지 조사하였다.[42] 대니얼 오닐 연구팀의 조사는 케이트 레이워스(2018)의 『도넛 경제학』의 철학과 접근 방식에 전적으로 의존하고 있다.

케이트 레이워스는 물, 식량, 보건, 교육, 소득과 일자리, 주거, 정치적 발언권 등 인간이 인간답게 사는 데 필요한 사회경제적 지표로 12가지 항목을 설정하고, 지구의 생명 유지 시스템을 보호하기 위해 지켜야 할 생태적 한계를 9가지 항목(기후변화, 해양산성화, 담수 사용, 토지 개간, 대기오염, 생물다양성 손실 등)을 설정한 후 사회경제적 지표를 충족하면서 동시에 생태적 한계를 넘지 않는 이상적인 영역을 도넛 모양으로 도식화하였다.

대니얼 오닐 연구팀은 케이트 레이워스의 모델을 조금 더 정교하게 다듬었다. 사회적 가치와 생태학적 경계에 포함된 항목들을 처음부터 다시 하나하나 검토한 후 최대한 정량화할 수 있도록 지표를 재구성했다. 그들은 인간의 삶의 질을 측정하기 위해 11개의 지표(삶의 만족도, 건강 수명, 영양 섭취, 위생 시설, 소득 수준, 에너지 사용, 교육, 사회의 지원, 민주주의 질, 경제적 평등, 고용 수준)를 설정하였다. 그리고 생태계의 상황을 측정하기 위해 7개의 지표(기후 변화, 토지 시스템 변화, 담수 사용, 질소와 인이라는 두 개의 생물지구화학적 흐름, 생태 발자국, 물질 발자국)를 설정하였다. 여기에서 생태 발자국(ecological footprint)이란 인간 개개인이 이 지구에서 삶을 영위하는 데 필요한 자원의 생산과 폐기에 드는 비용을 토지로 환산한 지수를 말하고, 물질 발자국(Material Footprint)이란 인간 개개인이 삶을 영위하는 데 들어가는 원자재 소비량을 말한다. 여기에서 '발자국'이란 실제 발자국이 아니라 인간이 어떤 물건을 만들고 소비하는 동안 자연에 남긴 영향을 비유적으로 표현한 것이다.

---

42   대니얼 오닐 등(2018).

[도표 2-11]은 대니얼 오닐 팀이 최종적으로 도출한 사회경제적 기초와 생태학적 지표를 케이트 레이워스의 도넛 모델에 넣어서 내가 새로 그린 것이다.

[도표 2-11] 안전하고도 정의로운 세계를 나타내는 도넛 모델

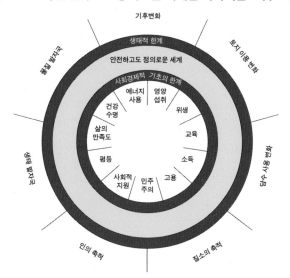

도넛의 안쪽 원은 사회경제적 기초의 한계이다. 여기에 표시된 11개의 지표는 모든 사람에게 보장되어야 하는 것으로서 만약 어느 하나라도 보장되지 않으면 도넛의 안쪽의 해당 부분이 파괴되도록 그려진다. 바깥쪽 원은 생태적 한계로서, 인간이 지구에 가하는 압력이 지구의 생명 유지 시스템들이 감당할 수 있는 수준을 넘어서면 그 부분이 붕괴되어 위험한 상황이 벌어진다는 것을 보여준다. 가장 이상적인 모습은 사회경제적 지표는 사람들의 욕구를 충족시킬 수 있을 만큼 높은 동시에, 그것을 충족시키기 위한 자원 사용은 지구의 생태적 경계를 넘지 않을 만큼만 높은 것이다.

[도표 2-12]는 대니얼 오닐 팀이 자신의 연구 결과를 좌표로 정리한 것이다.

[도표 2-12] 나라별 사회경제적 성취와 생태 환경 침범 정도

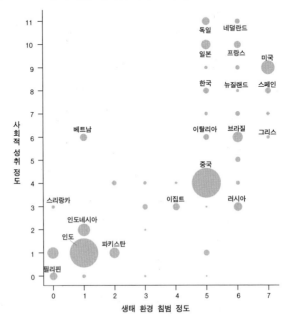

출처: 대니얼 오닐 등(2018)에 있는 도표에서 일부 국가만 뽑아 다시 그렸음.

좌표의 세로축은 사회경제적 기초, 즉 인간의 삶을 질적으로 충족시키는데 필요한 요인들의 개수이다. 그 수치가 높을수록 개인들이 더 풍요로운 삶을 누리고 있음을 의미한다. 가로축은 생태계의 한계를 넘어섰는지 여부를 측정하기 위해 설정된 항목들의 개수이다. 이 수치가 높을수록 개인들의 삶이 생태계의 한계를 더 많이 초과했음을 의미한다. 원의 크기는 그 나라 인구의 규모를 나타낸다.

대니얼 오닐 연구팀의 연구 결과는 다음과 같다. 첫째, 분석된 국가 대부분이 생태계의 한계를 1개 이상의 침범하는 수준에서 자원을 사용하고 있다. 6개 이상이 48개국이며, 그중에서 7개 이상이 16개국이다. 지구 전체의 시각으로 볼 때 도넛의 바깥쪽이 계속 뜯겨나가고 있는 것이다. 둘째, 11개의 사회경제적 지표를 모두 달성한 나라는 3개국(오스트리아, 독일, 네덜란드)에 불과하며, 10개 이상을 달성한 나라는 모두 10개국인데 대부분 유럽 지역 국가이다. 1개 이하의 사회경제적 지표밖에 달성하지 못한 나라가 35개국이나 된다. 개별 국가 차원에서 볼 때 도넛의 안쪽이 부실한 나라가 매우 많다는 뜻이다. 셋째, 선진국일수록 생태환경의 경계선을 더 많이 넘어서고 있다. 미국의 경우 11개의 사회지표 중 9개에서 좋은 삶의 영역에 진입했지만 7개의 생태환경 지표에서는 모두 경계선을 넘어섰다. 다른 나라보다 상대적으로 높은 삶의 질을 구현하고 있지만 지속가능성에서는 모든 항목이 낙제점이라는 말이다. 넷째, 한국도 환경 깡패에 속한다. 경제적 지표 11개 중에서 8개를 만족시키는 삶을 살기 위해 생태환경의 5개 범주에서 과잉 소비하고 있다. 다섯째, 중국은 사회경제적 지표의 성취 수준이 11개 중에서 4개에 불과하다. 그런데 생태환경 지표는 7개 중에서 5개나 침범하고 있다. 중국은 2021년의 1인당 GDP 1만여 달러를 2050년까지 중진국 수준인 3만여 달러로 올리는 것을 목표로 삼고 있다(3.2 참조). 이럴 경우 좌표에서 중국의 위치가 우상방으로 이동하게 된다. 현재 중국은 환경오염 물질 배출량이 세계 1위이다. 2050년이 되면 그 배출량이 얼마나 될까.

결론적으로 지속가능한 방식으로 시민들의 기본 욕구를 충족시키는 나라는 한 곳도 없다. 이상적인 국가라면 그래프의 왼쪽 상단 모서리에 위치할 텐데, 그런 나라가 하나도 없다는 것이다. 많은 나라가 국민에게 좋은 삶의 기초를 제공하지 못하거나 또는 과도하게 자원을 사용하거나, 또는 지구의 자원을 과도하게 사용하면서도 국민들의 기본 욕구를 충족시키지 못하고 있다. [도표2-11]의 도넛 모델에 현대 인류가 처한 상황을 표시하면 생태적으로 안전하고도 사회적으로 정의로운 공간은 사라질 정도로 얇은 고리일 가능성이 많다는 것이 그들의 판단이다.

대니얼 오닐 연구팀은 지구상의 모든 사람에게 좋은 삶의 질을 제공하려면 자원이 지속가능한 수준의 2-6배가 필요하다고 지적했다. 그것은 현재의 인류가 2-6개의 지구를 더 소비하고 있다는 뜻이며, 그것은 지구 생태계의 관점에서 볼 때 인류의 수가 적정 수준의 2배 내지 6배 많다는 것을 의미한다. 이러한 사실을 좀더 직관적으로 보여주는 연구 자료가 있다.

국제생태발자국 네트워크

국제생태발자국 네트워크에서 지구 생태계 보호를 목적으로 개발한 생태발자국 개념도 지구의 차원에서 인류의 삶의 방식을 선택하는 데 하나의 접근방법이 될 수 있다. 국제생태발자국 네트워크(Global Footprint Network)는 전 세계가 어떻게 자연자원을 관리하는지, 또 어떻게 기후변화에 대응하는지 연구하는 기관이다.[43] 이 기관은 2003년에 설립되었으며 세계 여러 나라와 도시에 지부를 두고 지구의 한계 내에서 인류가 함께 번영할 수 있는 미래를 모색하는 단체이다.

생태발자국이란, 앞에서 말했듯, 인간이 소비하는 자원의 양을 그 자원 생산과 폐기에 필요한 땅의 면적으로 환산한 것이다. 생태발자국을 계

---

43 안혜진 등(2016). 세계자연기금 한국본부 소속의 안혜진 등(2016)이 쓴 「한국 생태발자국 보고서 2016: 지구적 차원에서 바라본 한국의 현주소」에는 이 단체의 활동 목적, 활동 내용, 주요 용어에 대한 설명, 한국의 현황, 이웃 국가들의 상황, 지속가능한 발전을 위한 대안 등이 자세히 기술되어 있다.

산하는 방법은 다음과 같다.[44] 2018년을 기준으로 하여 미국의 생태발자국은 1인당 8.1gha이고 전 세계 생물용량은 1인당 1.6gha이다.[45] 따라서 모든 사람이 미국인처럼 산다면 5개(8.1/1.6 = 5.0)의 지구가 필요하다.

국제생태발자국 네트워크에서는 또 다른 흥미로운 데이터를 제공한다. 예를 들어 일본은 자연에 대한 주민들의 요구를 충족시키기 위해 얼마나 많은 일본이 필요할까? 일본의 생태발자국은 1인당 4.6gha(2018년)이고 일본의 생물용량은 1인당 0.6gha(2018년)이다. 따라서 자연에 대한 거주자의 요구를 충족하려면 (4.6/0.6) = 7.8개의 일본이 필요하다. 일본 국민은 일본의 자연이 제공할 수 있는 자원의 7.8배를 소비하고 있다는 것이다.

[도표 2-13]은 이 2가지 정보에 대한 조사 결과를 전체 188개국 가운데 일부만 뽑아서 제시한 것이다.[46]

싱가포르의 경우를 보자. 싱가포르는 1인당 GDP가 세계 5위인 매우 잘 사는 나라이다([도표 2-6] 참조). 이 나라는 적도 바로 위에 있다. 그래서 더위 때문에 1년 내내 에어컨을 틀어야 한다. 싱가포르 사람들은 지금과 같은 풍요로운 삶을 살기 위해 싱가포르 영토가 제공할 수 있는 자원의 104.6배를 소비하고 있다. 그리고 만약 모든 사람이 싱가포르인처럼 살려면 지구가 3.7개나 필요하다. 적도 근처에 위치한 나라가 의식주 모든 면에서 세계적으로 상위 수준의 삶을 영위하기 위해서는 그만큼 지구 생태

---

44 국제생태발자국 네트워크, 'How many Earths? How many countries?', 2022.03.13. 접속.

45 gha는 글로벌 헥타르(Global hectares)의 축약어이다. 생태발자국과 생태용량 수치는 모두 글로벌 헥타르(gha)로 표시하는데, 이는 해당 연도의 생물학적 생산성의 세계 평균을 구해 이에 해당하는 면적을 헥타르 단위로 나타낸 것이다. 이에 대한 자세한 설명은 안혜진 등(2016)을 볼 것.

46 이 단체의 홈페이지에서는 조사 대상 국가 전체의 자료가 들어있는 엑셀 파일을 제공하고 있다.

계에 많은 빚을 질 수밖에 없다.

[도표 2-13] 나라별 지구 자원 소비 정도

국가	필요한 지구 수	필요한 국가 수
싱가포르	104.6	3.7
아랍 에미리트	15.7	5.1
룩셈부르크	10.7	8.2
한국	9.8	4.0
일본	7.8	2.9
이탈리아	5.2	2.7
중국	4.1	2.4
영국	4.1	2.6
독일	3.1	3.0
인도	2.7	0.8
프랑스	1.9	2.8
네팔	1.9	0.8
인도네시아	1.4	1.1
러시아	0.8	3.4
스웨덴	0.7	4.0
핀란드	0.5	4.1
브라질	0.3	1.6
세계 평균	1.75	1.75

출처: 국제생태발자국 네트워크, 'How many Earths? How many countries?'. 2023.06.30. 접속.

북유럽 스웨덴이나 핀란드는 행복지수가 매우 높은 나라에 속한다. 이 나라들은 인구는 적고 영토는 매우 넓기 때문에 자기네 영토가 제공할 수 있는 자원의 범위 안에서 소비가 이루어지고 있다. 그러나 이들은 1년 중 겨울이 가장 긴 고위도에 위치해 있기 때문에 그곳의 거주민들이 쾌적한 삶을 영위하기 위해서는 지역 곳곳에 사우나 시설을 해 놓는 등 많은 비용을 치러야 한다. 자원의 소비량이 기본적으로 많다는 뜻이다. 그래서 지구에 사는 모든 사람이 이들처럼 살려면 지구가 4개나 필요하다.

한국의 사정은 어떠할까. 한국인들은 한국의 생태계가 제공할 수 있는 자원의 9.8배를 소비하고 있다. 이것이 가능한 이유는 한국인이 소비하고 있는 자원의 많은 부분을 국제 무역을 통해 해외에서 들여오기 때문이다. 지구 인류가 모두 한국인처럼 살기 위해서는 지구가 4개가 필요하다. 따라서 한국인의 라이프 스타일을 기준으로 할 경우 지구의 적정인구는 약 20억 명이다. 지금보다 대략 60억 명을 줄여야 한다는 얘기다. 한국의 적정인구를 4,750만-5,050만 명으로 추산한 것은 오직 한국의 입장만 고려한 것이다. 지구 자원의 소비 관점에서 보면 이 수치는 적정 수준을 많이 넘었다. 이러한 논리는 중국에도 적용된다.

중국은 세계 3~4위의 영토를 자랑하지만 못 쓰는 땅이 많고 게다가 인구가 매우 많기 때문에 현재 중국의 영토가 제공하는 자원의 4.1배나 쓰고 있다. 중국인의 1인당 GDP와 소비 수준을 고려할 때 세계의 모든 사람이 중국인 수준으로 살려면 지구가 2.4개 필요하다. 따라서 중국인의 라이프 스타일을 기준으로 할 경우 지구의 적정인구는 33.3억 명이 된다. 숫자상으로만 본다면 중국의 적정인구도 이 비율을 감안하여 산출해야 한다.

이 수치를 가지고 지구 차원에서 적정인구를 계산해보자. 인류는 지구의 생태 용량이 제공할 수 있는 것보다 1.75배 더 많은 자원을 사용하고 있다. 이는 1.75개의 지구 자원을 사용하는 것과 같다. 그렇다면 2023년 6월 현재 지구의 적정인구는 약 45.7억 명(80억/1.75=약 45.7억)이므로 세계 인구 약 80억 명 중에서 34.3억 명을 줄여야 한다. 물론 이 수치는 상황의 심각성을 일깨우기 위해 지극히 단순한 셈법으로 도출한 것이다.

이제부터는 인구의 증가가 아니라 인구의 감소를 위해 노력해야 한다. 그 노력을, 지구 자원을 과도하게 많이 쓰고 있는 선진국이 먼저 해야 한다. 그런데 어느 나라가 자국의 인구를 줄이려 할까. 인구 증가를 억제하려면 출생률을 낮춰야 하는데, 별도의 인구 정책을 쓰지 않는다면, 이는 곧바로 인구의 고령화로 이어지면서 사회 전반적으로 성장에 필요한 활기를 잃게 되는데 말이다.

공짜 점심은 없다

다시 중국 이야기를 해 보자. [도표 2-11]의 도넛 모델을 놓고 볼 때 중국도 사회경제적 지표 11가지를 모두 최대한 성취하기 위해 노력할 것이다. 2021년 6월 말까지 등록된 중국의 자동차는 약 3억 8,400만 대이다.[47] 1983년 12월부터 2019년까지 매년 평균 1,800여 만 대가 증가했다. 이 추세대로 증가한다면 2030년이 되면 중국 내 자동차 등록 대수는 5억 대를 넘게 된다. 중국은 이에 따라 생태환경 침범 지표 7개 모두에서 높은 순위를 차지하게 될 텐데, 중국은 도넛의 안쪽의 확장을 위해 도넛의 바깥쪽이 파괴되는 쪽을 어쩔 수 없이 묵인할 것이다. 중국은 온실효과를 일으키는 주요 기체인 이산화탄소, 메탄, 오존과 같은 가스 배출량이 세계 제

---

47 Gasgoo의 모니카(2021.07.07), https://autonews.gasgoo.com/m/70018392.html; CEIC 데이터, https://www.ceicdata.com/en/indicator/china/number-of-registered-vehicles. 2022.03.22. 접속.

일이다.[48] 2019년 한 해 동안 101억 7,500만톤을 배출했다. 이는 세계 2위인 미국(52억 8,500만 톤)의 거의 2배에 가까운 수치이다.

그러나 1인당 온실가스 배출량이 가장 많은 미국을 비롯하여 이미 지구의 자원을 과도하게 소비하고 있는 선진국들이 중국에게 에너지 절약을 설득하는 것은 매우 위선적이라고 말할 수밖에 없다.[49] 중국에게 온실가스 배출량을 줄이라는 말은 개인들에게 자동차 운전을 줄이고 냉난방 시설의 사용도 자제하고 육류와 같은 맛있는 음식도 많이 먹지 말라는 것이나 마찬가지다.

중국에 무언가를 요구하기 전에 알아 두어야 할 사항이 두 가지 있다. 하나는 중국이 세계의 공장이라는 사실이다. 중국은 2.1에서 말했듯 유엔의 산업 분류에 열거된 모든 부문에서 제품을 생산하고 있는 국가이다. 이 말은 중국이 세계의 수많은 사람들이 필요로 하는 모든 물품을 위탁 생산하고 있다는 뜻이다. 그러므로 중국에서 양산되는 환경오염물질과 온실가스의 상당 부분은 지구 인류 모두에게 책임이 있다.

또 하나는 단순히 최근의 이산화탄소 배출량만 볼 것이 아니라 산업혁명 이후 지금까지 누적된 이산화탄소 배출량을 함께 보아야 한다는 것이다. 경희대학교 물리학과의 김상욱 교수의 강의에 따르면,[50] 2019년 현재 이산화탄소 배출량은 중국(115억 톤)이 미국(51억 톤)보다 2배 이상 많지만, 1751년에서 2017년까지 이산화탄소 누적 배출량을 보면 중국을 포함한

---

[48] 한겨레신문(2020.12.13.), "한국 이산화탄소 배출량 세계 9위"…전년보다 한 계단 내려와.

[49] 에드워즈 글레이저(2021:387).

[50] 유튜브, 김상욱 교수 | 지구 온난화의 주범은 '인간'일까 '태양'일까? 과학적 팩트로 알아보는 기후 위기의 핵심, 2022.01.21. https://www.youtube.com/watch?v=qLXJlHoSz8w&list=WL&index=3&t=111s.

아시아 국가(4,570억 톤)보다 유럽(5,140억 톤)과 북미(4,570억 톤)가 배출해온 양이 압도적으로 많다. 그렇다면 실제 오늘날의 지구 온난화의 주범은 경제 선진국인 유럽과 북미인 것이다. 중국에 문제를 제기하기 전에 선진국이 먼저 삶의 양식을 바꿔야 한다.

이것은 우리에게 문제를 바라보는 시각을 바꿀 것을 요구한다. 부분에서 전체로 관점을 옮기는 것이다. 특정 국가가 아니라 전 지구인의 삶의 관점에서 전체를 조망해야 한다. 그렇게 해야 문제해결의 실마리를 찾을 수 있다.

두 개의 대안이 있다. 하나는 세계 인류 모두가 새로운 성장 공식, 새로운 삶의 방식을 선택하는 것이다. 그것은 '지속가능한 성장'이 아니라 '탈성장을 통한 지속'이다.[51] 인간 개개인의 보편적 욕망을 억제하는 것이다. 문제의 핵심을 명확하게 적시하고 해결방안을 가장 간단명료하게 제시한 것으로 요르고 칼리스 등이 쓴 『디그로쓰』(The Case for Degrowth)가 있다. 이 책에서는 일반 시민들이 덜 일하고 덜 생산하며 덜 소비하는 반면, 더 많이 나누고 더 많은 자유시간을 누리며 자존감과 기쁨을 느끼면서 살아가는 미래를 만들기 위한 5가지 유형의 개혁을 제안한다. 경제성장 없는 그린 뉴딜, 보편 기본 소득과 서비스, 커먼스 되찾기, 노동시간 단축, 그리고 이 4가지 개혁을 뒷받침하는 공공 금융이 그것이다.[52]

읽어보면 가슴이 뛰는데 실현 가능성을 따져보면 마음이 무거워진다.

---

51 요르고스 칼리스 등(2021)의 『디그로쓰』와 사이토 고헤이(2021)의 『지속 불가능 자본주의』 참고.

52 요르고스 칼리스 등(2021:107) 참조. 요르고스 칼리스 등(2021:47)에 따르면, 커먼스(commons)란 자원을 관리하고 공유하는 활력 넘치는 시스템을 말한다. 커먼스에는 여러 가지 형태가 있는데, 산림, 어장, 도시 공간, 디지털 도구, 지식, 테코놀로지, 음악 공연 목록 등이 그런 것들이다.

개인 차원에서 보면, 누구나 더 많이 갖고 더 많이 누리길 원한다. [도표 2-11]에 있는 11개의 사회경제적 지표는 인간의 보편적 욕구라서 세계 어느 곳에 사는 사람이든 누구나 그것을 최대한 갖추려고 노력할 것이다. 그러다 보면 자연스럽게 7개의 생태학적 경계를 넘어서게 된다. 국가 차원에서 보면, 성장을 멈춘다는 것은 자본주의 시장에서 경쟁에서 뒤쳐진다는 것을 의미한다. 그런데 『디그로쓰』에서는 한발 더 나아가 마이너스 성장을 제안한다. 그것이 가능할까.

또 하나는, 윤리적인 영역이어서 말을 꺼내기 조심스럽지만, 전 세계적으로 인구증가를 억제하는 것이다. 유엔의 인구 예측에 따르면 2050년까지 세계 인구가 97억 명, 2100년까지 112억 명으로 늘어날 것이라고 한다. 인구가 늘어날수록 더 많은 물, 식량, 에너지, 주거 공간 등이 필요해진다. 지구의 개수가 늘어날 수 없으니 인구를 줄여야 한다. 이탈리아 피렌체 대학교의 인구학 교수인 마시모 리비-바치는 『세계 인구의 역사』에서 인구와 자연환경 사이의 관계를 깊이 있게 분석 기술한 후 다음과 같이 말하고 있다.[53]

"다음의 세 강조점은 꼭 기억해야 한다. 첫째, 인구 증가의 효과는 중립적이지 않다. 둘째, 인구 증가가 늦추어지면 많은 문제들이 해결하기 쉽게 된다. 셋째, 지구의 생명 시스템을 위협하는 인간의 힘이 과거 어느 때보다 강하다. 우리에게는 위험을 줄이는 것이 사려 깊은 판단일 것이고, 인구 증가를 제한하는 것이 이 목표에 부합하는 일일 것이다."

기온상승, 홍수, 가뭄, 폭풍, 강추위와 같은 기후변화와 아울러 생태계의 심각한 오염의 직접적인 원인이 인간의 활동이라는 것이 많은 연구를

---

53   마시모 리비-바치(2007:336).

통해 과학적으로 입증되고 있다.[54] 스웨덴의 기후환경 운동가 그레타 툰베리를 포함하여 104명의 전문가들이 쓴 『기후 책』(2023)에서는 이러한 문제의 발생 원인, 진행 과정 및 이 문제들에 대한 해법을 기술하고 있다 (이 책의 2023년 판의 부제가 'the facts and the solutions'이다). 한 가지 아쉬운 점이 있다. 이러한 문제들을 발생시키는 직접적 원인(Proximate causation)의 근저에 있는 근원적 원인(Ultimate causation)인 인간의 수, 즉 인구의 조절에 대한 언급이 보이지 않는다는 것이다. 그레타 툰베리는 지구에 사람이 너무 많은 게 근본적인 문제가 아니라고 생각한다. 기후와 생태 위기를 빚어내고 심화하고 있는 것은 극소수 부유층 사람들의 소비 습관과 행동 탓이라는 것이 그의 생각이다.[55]

이 세상에 공짜 점심은 없다. 인류 모두가 쾌적한 환경에서 안전하게 살아가려면 삶의 양식을 바꿔야 한다. 앞에서 말했듯 '지속가능한 성장'이 아니라 '탈성장을 통한 지속'이라는 새로운 공식을 선택해야 한다. 이와 함께 인구에 대한 인식도 바꿔야 한다. 인구의 증가가 정상이고 인구의 감소가 비정상이라는 사고를 정반대로 바꿔야 한다. 인구의 감소가 재앙이 아니라 축복이라 여기고, 그 상황을 기초 값으로 하여 이에 맞는 적절한 삶의 양식을 새롭게 구축해야 한다. 이 일을 개별 국가가 아니라 세계 인류 차원에서 실행해야 한다. 반기문 전 유엔총장도 말했듯 "기후 행동에 관해서는 플랜 A만 있을 뿐 플랜 B는 없다. 우리에게는 두 번째 지구 행성(Planet B)이 없기 때문이다."[56]

---

54   앞의 각주 50에서 말한 경희대학교 물리학과 김상욱 교수의 강의 자료를 볼 것.

55   그레타 툰베리 등(2023:41)을 볼 것.

56   UN News(2014.09.21.), FEATURE: no 'Plan B' for climate action as there is no 'Planet B', says UN chief. https://news.un.org/en/story/2014/09/477962.

- 인구에 대한 지식은 국가나 시장에 대한 이해의 기초이다. 중국은 세계 1위의 인구 대국이다. 인구가 많지 않은 한국인의 눈으로 중국을 바라보면, 중국과 같은 나라를 정확하게 관찰하고 진단할 수 없다. 인구 면에서도 중국을 바라보는 척도를 의식적으로 늘이고 넓혀야 한다.

- 중국은 또한 인구 강국이다. 수많은 뛰어난 인재들이 국가적 주요 사업과 연구 개발 현장에 투입되고 있다. 천하의 애플도 중국 앞에서는 겸손해진다. 중국이 지닌 인구의 힘 때문이다.

- 중국의 저출산과 인구의 고령화에 대해 걱정하는 목소리가 많다. 중국 내부보다는 외부에서 더 크게 외치는 것 같다. 그들이 놓치고 있는 부분이 있다. 여전히 많은 출생자 수와 노동활동가능인구, 그리고 4차 산업혁명과 관련되는 여러 가지 기술 혁신을 통한 생산성 향상이 그것이다. 인구 문제는 비록 해결하기 쉬운 과제는 아니지만 인구가 많은 중국은 그렇지 않은 나라보다 선택지가 많다.

- 적정인구란 모든 사람이 최적의 생활 수준을 유지할 수 있는 최대 인구 규모를 말한다. 적정인구를 연구하는 이유는 국가의 지속 발전을 위한 장기적인 정책을 설계하고 국민의 삶을 개선하기 위한 방안을 마련하기 위해서다.

- 중국에서는 적정인구보다는 최대 수용 가능 인구 관점에서 연구가 진행되어 왔다. 중국 학자의 연구에 따르면 중국의 영토는 20억 명 이상을 충분히 수용할 수 있다고 한다.

- 한국이나 중국의 적정인구에 대한 논의는 지구 생태계의 변화라는 큰 틀에서 진행되어야 의미있는 결론에 도달할 수 있다. 대니얼 오닐 연구팀과 국제생태발자국 네트워크의 연구가 이러한 논의에 도움될 것이다.

- 공짜 점심은 없다. 세계 인류가 다같이 함께 먼 미래까지 쾌적한 환경에서 안전하게 살아가려면 인구에 대한 인식과 삶의 양식을 바꿔야 한다. 쉽지 않지만 반드시 해야 할 일이다.

3장

도시: 도시는 모든 것의 플랫폼

중국을 빨리 읽는 세 번째 방법은 도시의 관점에서 중국을 바라보는 것이다. 도시는 거의 모든 것의 플랫폼이다. 국가의 중요한 정책들이 도시를 중심으로 기획되고 실행되며, 국민 다수의 삶이 도시에서 시작되고 도시에서 종료된다. 도시화는 세계적인 메가트렌드이다. 농민들은 도시로 이동하고 중소도시 사람들은 대도시로 이동한다. 도시화는 오늘날 중국에서 일어나고 있는 대단히 거대한 변화 중의 하나다. 중국은 도시화를 동력으로 하여 과잉 인구나 저출산 고령화 문제 및 지역 간의 빈부 격차 문제를 해결하려 한다. 중국에는 도시가 몇 개 있을까. 600개가 넘는다. '중국에서 돈을 벌려면 2-3선 도시에 주목하라, 중국 소비시장 3-4선 도시가 뜬다'라는 말이 있다. 도대체 어떤 도시를 말하는 것일까. 이렇게 구분하는 근거는 무엇일까. 한국과 다르게 중국에서는 국가기관에서 공식적으로 도시의 우열을 평가하여 발표한다. 이러한 평가 자료가 우리에게 주는 함의는 무엇일까.

3.1 도시화는 세계적 메가트렌드

도시화의 시대

도시화(urbanization)란 농촌의 인구가 줄어들고 도시의 인구가 증가하는 현상을 말한다. 도시화가 진행되면 농촌의 인구가 도시로 이동하고, 그 과정에서 개개인의 직업 및 생활공간, 지역별 산업 구조 및 토지 이용 상황 등 많은 것이 변화한다. 농촌의 면적이 줄어들고 도시의 면적이 늘어나며, 국가의 전체 인구 중 도시 인구가 차지하는 비율이 증가하고, 산업의 구조가 농업에서 공업 및 서비스업으로 바뀌고, 도시의 개수가 증가하고, 작은 도시가 점차 큰 도시로 커진다.

도시화는 세계적인 메가트렌드이다. 어느 특정 국가에서만 일어나는 현상이 아닌 세계 거의 모든 곳에서 일어나는 일반적인 현상이다. 산업의 근대화가 시작된 이후 세계 인류는 끊임없이 농촌에서 도시로 이동해 왔다.

유엔의 연구 보고서에 따르면, [도표 3-1]과 같이 1950년의 도시 거주자는 7.5억 명으로서 전 세계 인구의 29.5%에 불과했지만 오늘날에는 전 세계 인구의 50%가 넘는 사람들이 도시에서 산다. 그리고 이 추세는 앞으로도 지속될 것으로 예측되고 있다. 2030년이 되면 전체 인구 85.5억 명 중에서 60.5%인 51.7억 명이 도시에서 살 것이고, 2050년이 되면 전체 인구 97.7억 명의 68.4%인 66.8억 명이 도시에서 살 것이다.

도시화는 전 지구적 차원에서 진행되고 있는 거대한 트렌드이다. 도시를 떠나 근교나 농촌으로 돌아가는 이들도 있겠지만 사람들 다수는 지속적으로 도시로 이동하여 도시의 삶을 살아갈 것이다.

[도표 3-1] 세계 도시화율의 변화

(단위: 명)

	1950	1970	1990	2018	2030	2050
도시 인구	07.5억	13.5억	22.9억	42.2억	51.7억	66.8억
농촌 인구	17.9억	23.5억	30.4억	34.1억	33.8억	30.9억
세계 인구	25.4억	37.0억	53.3억	76.3억	85.5억	97.7억

출처: UN(2019), 'World Urbanization Prospects: The 2018 Revision', p.9.

도시의 승리

사람들이 도시로 집중되고 있는 이유는 도시가 농촌보다 살기 좋기 때문이다. 농촌은 분산이 기본이고 도시는 집중이 기본이다. 도시에는 백화점, 기업, 관공서, 우체국, 편의점, 수퍼마켓, 아스팔트, 지하철, 극장, 병원, 은행, 호텔, 미술관, 박물관, 음식점 등의 편의시설이 두루 모여있다.

이와 같은 도시 집중화는 에드워드 글레이저(2021)가 『도시의 승리』에서 말했듯 마술 같은 효과를 낼 수 있다.[01] 도시는 사람들을 한 곳에 모으고 경제성장에 도움이 되는 협력적 생산 활동을 할 수 있게 해준다. 기술혁신은 농촌이 아니라 도시에서 더 많이, 그리고 더 빨리 일어난다. 오늘날 우리가 사용하고 있는 인터넷, 자동차, 인쇄, 영상 스트리밍, 인공지능 등 대부분의 기술은 도시에서 만들어졌다.

인접성은 중요한 발명품들의 확산 속도를 높여주는 한편, 초보자를 전문가로 바꿔주는 학습도 가능하게 해준다. 사람들은 살아가는 데 필요한 지식과 경험을 학교를 졸업한 후 더 많이 얻는다. 우리는 사회로 나아가 일을 하면서 기업과 동료 직원및 경쟁하는 회사 사람들로부터 배운다. 그

---

01   에드워드 글레이저(2021:7, 77, 435)를 요약 정리했음.

리하여 오늘날에는 어느 한 사람의 인생을 결정하는데 어느 부모에게서 태어났느냐 못지않게 어느 도시에서 태어났느냐도 매우 중요하다.

요시카와(2017)의 경제성장 모델

2장에서 짧게 소개했듯, 요시카와(2017)는 『인구가 줄어들면 경제가 망할까』라는 책에서 선진국의 고도성장을 이끈 것은 많은 인구가 아니라 기술 혁신이라고 주장한다.[02] 요시카와는 농촌에서 도시로의 인구집중, 공업화, 기술 혁신이 경제성장을 유발하는 과정을 [도표 3-2] 같이 도식화하고 있다.

[도표 3-2] 고도성장의 메커니즘(국내 순환)

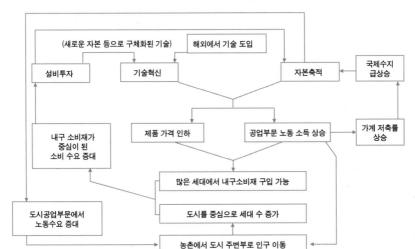

출처: 요시카와(2016:98)

---

02   요시카와(2017:98-109).

이 도표에 대한 요시카와의 설명은 다음과 같다. 일본의 경우 고도성장을 이끈 것은 도시의 공업이었다. 1950년대에는 일본 취업자의 48퍼센트가 농업, 임업, 수산업 등 1차 산업에서 일을 했다. 이 당시만 해도 일반 서민들은 흑백 텔레비전, 전기냉장고, 전기세탁기가 너무 비싸서 감히 구매할 엄두를 내지 못했다. 공업 분야에서 이루어진 왕성한 기술 혁신과 설비 투자는 제품의 가격을 떨어뜨렸다. 공업의 발전에 힘입어 도시 샐러리맨의 월급도 올라갔다. 이에 따라 국내 소비가 증가했다. 일자리 수요와 임금 압력에 따라 자연스럽게 더 많은 인력이 필요해졌고, 농촌의 젊은이들이 도시로 이동했다. 도시의 인구가 증가하면서 세대수가 증가했다. 이것이 다시 국내 수요를 증가시켰다. 냉장고나 세탁기와 같은 생활용품을 가구당 1대씩 필요로 했기 때문이다. 이러한 과정이 선순환 구조를 이루면서 일본의 경제가 고도로 성장하게 되었다. 선진국의 경제성장의 핵심 동인은 노동 인구 증가가 아니라 기술 혁신이다. 경제성장에 대한 인구결정론은 이제 버려야 한다는 것이 요시카와의 결론이다.

그의 주장에 기본적으로 동의하면서도 한 가지 보충해야 할 사항이 있다. 바로 다음 항에서 논의하듯, 인구의 수로 표시되는 도시의 규모는 여전히 중요하다는 것이다. 요시카와는 경제성장의 핵심 동인으로서 기술 혁신을 강조하지만 정작 그러한 혁신이 만들어지는 곳은 많은 인구가 밀집되어 있는 도시이다. 도시의 크기는 산업의 발달 및 경제의 성장과 강한 상관관계가 있다. 산업혁명은 농촌이 아니라 도시에서 일어났다. 공업화와 기술 혁신이 이루어지는 플랫폼이 바로 도시다. 그러므로 경제 성장에 대한 인구결정론을 버린다고 해서 도시에 사는 인구의 중요성까지 폐기되는 것은 아니다. 사실 요시카와가 강조한 것은 개발도상국에서 선진국으로 진입하면 기술 혁신에 의해 경제성장 동력으로서의 인구에 대한 의존도가 감소한다는 것이지 도시의 중요성을 경시하거나 폄하한 것은 아니다. [도표 3-2]를 보면 "도시를 중심으로"라는 표현을 통해 요시카와도 도시의 역할을 정당하게 평가하고 있음을 알 수 있으며, 또한 "일본의 경우 고도성장을 이끈 것은 도시의 공업"이라는 말에서도 그러한 인식을 유추해 낼 수 있다.

15퍼센트 규칙

거시적으로 볼 때 도시가 경제 발전의 주된 추진력임을 수학적으로 보여주는 흥미로운 책이 있다. 이론물리학자인 제프리 웨스트(2018)의 『스케일』이 그것이다. 그는 이 책에서 어떤 것이든 규모가 증가함에 따라 그 안에서 일어나는 일들이 선형(linear)이 아니라 비선형(non-linear)으로 증가 또는 감소함을 수학적으로 보여주고 있다. 이 책에 예시된 여러 사례 중의 하나가 도시의 규모와 관련된 것이다.

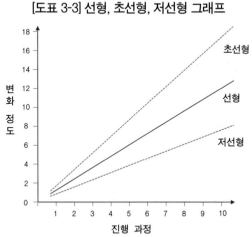

[도표 3-3] 선형, 초선형, 저선형 그래프

참고: x축과 y축의 눈금의 간격을 동일하게 할 경우 초선형과 저선형은 휘어진 곡선으로 그려진다. 이 점을 감안하여 이 도표를 볼 것.

그의 연구에 따르면 도시의 규모가 커짐에 따라 평균 임금도 올라가고, 전문직의 수, 특허 건수, 식당 수, 도시 총생산과 같은 사회경제적 양들도 더 많아지는데, 그 비율이 단순히 1 대 1로 선형적으로 증가하는 것이 아니라 대략 1 대 1.15의 비율로 초선형적(superlinear)으로 증가한다.[03]

예를 들자면 이렇다. 도시의 규모가 커질수록 1인당 및 도시 전체 GDP도 더 커진다. 그런데 증가하는 비율을 조사해보면 우리의 상식을 뛰어넘는 면이 있다. 미국의 1인당 국내총생산은 2013년에 약 5만 달러이다. 미국 경제 전체에 걸쳐 평균을 내면, 한 사람이 5만 달러 가치의 상품을 생산했다는 뜻이다. 인구 약 120만 명의 대도시인 오클라호마시티는 GDP가 약 600억 달러이므로, 1인당 GDP는 실제로 미국 평균인 5만 달러(600억 달러/120만 명)에 가깝다. 이 결과를 인구가 10배 더 많은 1,200만 명의 도시에 확대 적용한다면, 그 도시의 GDP는 오클라호마시티보다 10배 더 많은 6,000억 달러(1인당 GDP 5만 달러에 1,200만 명을 곱한 값)가 되어야 할 것이다. 그러나 실제로 오클라호마시티보다 10배 더 큰, 인구 1,200만 명의 대도시인 로스앤젤레스는 GDP가 7,000억 달러를 넘는다. 즉 1인당 척도를 쓸 때 단순한 추정을 통해 얻은 예측값보다 15퍼센트 남짓 더 많다.[04]

요시카와가 강조했던 기술 혁신을 측정하는 방법 중의 하나가 등록된 특허 건수를 살피는 것이다. 제프리 웨스트는 미국에서 도시의 규모(인구)와 특허 건수의 상관관계를 조사하였는데 그 비율이 1대 1이 아니라 대략

---

03 제프리 웨스트(2018:382-384). 이 주제에 대해서는 제프리 웨스트 이외에도 여러 사람이 연구해왔다. 최근 연구 논문으로는 홍인호 등(2021)을 볼 것.

04 제프리 웨스트(2018:464)에 따르면, 걷는 속도 역시 도시의 크기에 비례하여 빨라진다. 이때의 지수는 15퍼센트가 아니라 10퍼센트 정도이다. 조사 자료에 따르면 인구가 100만 명이 넘는 도시는 평균 보행 속도가 시간당 무려 6.5킬로미터로 인구가 수천 명에 불과한 소도시보다 거의 2배 빠르다고 한다.

1대 1.15로 증가함이 확인되었다.[05] 그리고 이 비율은 1975년에서 2006년까지 시간의 흐름과 관계 없이 거의 일정하게 유지되었다. 기술혁신과 도시의 성장은 서로가 서로를 강화하는 관계에 있다. 그러나 인류의 역사를 길게 보면 도시라는 플랫폼의 탄생이 더 먼저이다. 인간은 혼자일 때보다는 많은 사람이 함께 모여있을 때 새로운 생각과 새로운 발견을 더 많이 하는 존재이기 때문이다.

이와 반대되는 현상도 있다. 도시의 규모가 커질수록 각종 에너지 효율이 높아진다.[06] 이 때에도 우리의 직관에 반하는 상황이 벌어진다. 도시가 커질수록 1인당 필요한 주유소의 수가 같은 비율로 증가하지 않는다. 조사를 해보면 인구가 2배 늘어날 때마다 도시에 필요한 주유소는 약 85퍼센트만 늘어난다. 소박하게 2배라고 예상했을지 모르지만 그렇지 않다. 이 경우도 역시 15퍼센트 규칙을 따르는데, 이 경우는 저선형적(sublinear)으로 증가한다고 말한다. 인구가 2배로 늘어날 때마다 약 15퍼센트가 체계적으로 절약된다는 것인데, 인구가 약 5만 명인 소도시를 그보다 100배 큰 인구 500만 명의 대도시와 비교할 때 이 효과가 아주 크다는 점을 알게 된다. 주유소를 겨우 약 50배 늘이는 것만으로도 100배 더 많은 사람들에게 연료를 공급할 수 있다.

놀라운 점은 이러한 절감 효과가 전선, 도로, 수도관과 가스관의 총 길이 같은 도시의 기반시설에서도 동일하게 일어난다는 것이다. 이들도 역시 약 0.85에 맞추어서 거의 동일한 양상으로 절감효과를 보인다. 인구 1,000만 명의 도시는 인구 500만 명의 도시 두 곳에 비해 동일한 기반시설을 15퍼센트 덜 필요로 하며, 이에 따라 쓰이는 물질과 에너지의 양이

---

05   제프리 웨스트(2018:16, 384-385).

06   제프리 웨스트(2018:377-382).

상당히 절약된다. 이 절감에 따라 배출량과 오염도 상당히 줄어들게 된다. 따라서 크기의 증가에 따른 효율의 증가는 평균적으로 도시가 더 클수록 더 환경친화적이고 1인당 탄소 발자국이 더 작다는, 직관에 반하지만 아주 중요한 결과를 낳는다. 이런 의미에서 인구 842만 명의 뉴욕은 미국에서 가장 환경친화적인 반면, 인구 8.4만 명의 샌타페이는 에너지를 더 많이 낭비하는 도시 중 하나다. 이러한 규모의 경제는 너무나 체계적이어서 자료를 얻을 수 있는 곳이면 세계 어디에서나 동일한 양상을 보인다.

도시 안에서 벌어지는 모든 것들이 초선형이나 저선형으로 변화하는 것은 아니다. 주택 수, 가계 전력 소모량과 같이 가계와 관련된 지표들의 증가율은 도시의 인구와 1 대 1의 선형적인(linear) 관계를 갖는다.[07]

우리의 관심은 초선형과 저선형의 15퍼센트 규칙에 있으므로 이들에 대해서만 논의를 좀 더 진전시켜보자.

그렇다면 왜 여러 사회경제적 지표들은 인구에 대해 초선형, 또는 저선형이라는 서로 다른 정도의 관계를 갖게 되는 걸까? 이 질문에 대한 답은 다음과 같다.

도시 물리학자들의 연구에 따르면,[08] 일반적으로 초선형적 변화는 사람과 사람 사이의 사회적 상호작용의 결과로 설명되고, 저선형적 변화는 규모의 경제로 인한 효율성의 결과로 설명된다. GDP, 임금, 특허 등과 같이 인간의 사회활동과 연관된 지표들은 도시에 사는 사람들의 상호작용의 결과이다. 에드워드 글레이저가 『도시의 승리』에서도 말했듯, 대도시에서는 어느 개인이든 농촌에서보다 더 많은 사람들과 상호작용하기 때문에 인간의 사회활동과 관련되는 지표들은 인구의 증가 정도보다 더 큰

---

07   제프리 웨스트(2018:389), 홍인호 등(2021:2).

08   홍인호 등(2021:6-7).

산출량이 나오게 된다. 반면, 주유소 수, 전력선의 길이, 도로 면적 등과 같은 인프라 시설들은 규모의 경제로 인해, 증가하는 인구에 따라 추가로 설치되는 시설들이 더 효율적으로 설치되어 인구와 저선형적인 관계를 갖게 된다.

결론적으로 도시의 규모가 커짐에 따라 인간의 사회활동과 관련되는 사회경제적인 양들은 대략 1.15라는 지수 값으로 증가하고, 인간의 사회활동의 기반이 되는 인프라 시설은 0.85라는 지수 값으로 증가한다. 그러므로 도시화는 세계 어디서든 지역 경제의 성장에 기여한다고 말할 수 있다. 중국 정부의 도시화 정책의 이론적 기반이 여기에 있다.

도시화의 양면성

도시화는 경제성장에 긍정적인 기여를 하는 동시에 부정적 영향도 끼친다.[09] 자연환경 측면에서 도시화는 생물의 다양성 감소와 숲의 파괴, 공기 오염, 토지 오염, 식수 오염, 지면 파괴, 과잉 산업화로 인한 경지 축소, 도심 열섬(heat island) 효과, 수질 저하에 따른 수자원 부족 현상 등을 발생시킨다. 사회문화 측면에서는 과잉 노동 공급으로 인한 일자리 부족, 주거 환경 악화나 교통체증, 심각한 공해, 사회질서 유지 곤란 같은 다양한 문제를 발생시킨다. 과도한 인구 밀집은 거주지의 지가와 원자재 가격을 상승시킬 뿐만 아니라 식량 확보의 문제가 발생하기 때문에 도시 사회 전체가 감당해야 할 부담을 가중한다.[10]

09　　이종찬 등(2017:3076).

10　　도시의 규모가 커질수록, 즉 도시의 인구가 많아질수록 부작용도 역시 초선형적으로 증가한다. 예를 들어 인구로 표시되는 도시의 규모와 범죄 건수 사이의 상관관계를 조사하면, 도시의 인구가 증가함에 따라 범죄 건수가 선형적으로 증가

중국 역시 예외가 아니다. 중국의 도시화 과정에서 나타나는 문제점에 대한 연구 보고서는 매우 많다.[11] 여기에서는 도시화에 따른 기후 변화 문제만 소개하려 한다.

천밍싱 등(2021)에 따르면, 기후 변화를 촉진하는 중요한 요인이 전 지구적 대규모 도시화 과정으로 대표되는 인간 활동이라는 것이 많은 사실들을 통해 증명되었다. 그 내용을 소개하면 다음과 같다.[12]

급속한 도시 인구 증가, 토지 이용의 변화, 대량의 화석 에너지 개발 및 이용과 같은 인간 활동이 기후 시스템의 변화를 촉진하고 있다. 중국의 도시화는 비나 눈이 많이 내리는 지역을 한 곳에서 다른 곳으로 이동시켰다. 1970년대부터 최근까지 베이징의 도시화 과정과 기후 변화의 상관관계를 조사하여 분석한 결과, 베이징에서 강수량이 많은 지역이 도시의 서쪽에서 북동쪽으로 이동했다. 중국의 도시화는 폭염과 같은 이상기후의 현저한 증가를 초래하였다. 1950년대 이후 대량의 온실가스 배출과 급속한 도시화로 인해 도시의 열섬(heat island) 현상이 심화되었으며 이로 인해 중국 동부에서 여름 폭염 발생 빈도가 60배 이상 증가했다. 또한 지난 20여 년 동안 베이징과 톈진, 그리고 허베이성에 있는 도시의 규모가 지속적으로 확장되면서 이 도시들 일대의 평균 기온이 약 0.60℃ 상승했다. 이로 인해 이 일대에서 극심한 폭염이 자주 발생하고 있다.

하는 것이 아니라 15퍼센트 규칙에 따라 초선형적으로 증가한다. 제프리 웨스트 (2018:385).

11 주디스 샤피로(2017)의 『중국의 환경 문제』와 같이 이 문제를 집중적으로 다룬 것이 있지만, 하버드대학 중국연구소(2018)의 『하버드대학 중국 특강』과 같이 중국 내의 여러 가지 사정을 다루면서 그중의 하나로 중국의 환경 문제를 고발하는 책들이 매우 많다.

12 천밍싱 등(2021)에 소개된 여러 학자의 연구 결과를 정리했음.

중국 정부도 공업화와 도시화로 인해 발생하는 각종 문제를 잘 알고 있다. 그렇지만 중국이 성장 전략을 취하고 있는 한 이 문제가 근본적으로 해결될 가능성은 없다. 그들도 자연환경을 보존하고 각종 오염물질의 배출을 줄이며 도시를 더 인간친화적인 생활 공간으로 만들고자 노력하고 있다(3.4 참조). 그러나 중국이 공업화와 도시화를 멈추는 일은 없을 것이다. 중국공산당 정부의 최고의 화두는 경제의 성장이기 때문이다(5장 참조).

3.2 중국의 도시화 전략

도시화 정책의 목표와 과정

추진 목적

중국의 도시화 정책 추진의 가장 큰 목적은 지속적인 경제성장에 있다.[13] 2013년 출범한 시진핑 정부는 중국 경제의 새로운 성장동력의 하나로 도시화를 선택하고, 취임 초기부터 도시화를 적극적으로 추진해 왔다. 이 전략은 13차 5개년(2016-2020년) 경제개발 계획에 이어 14차 5개년 (2021-2025년) 경제개발 계획에서 일관되게 유지되고 있다.

14차 5개년 경제개발 계획에서도 도시화가 중시되고 있는 까닭은 최근 몇 년간 국제 정세의 변화와 관련이 있다.[14]

1980년대 덩샤오핑 주석이 개혁개방 정책을 실시한 이후 대외 무역은

---

13 중국 정부가 도시화 전략을 강력하게 추진하는 이유에 대해 이미 많은 연구가 되어왔다. 후자오량(1999:312), 최필수 등(2012:22), 왕쯔웬(2016:237), 이종찬 등 (2017:3977), 박장재(2021:147-148), 리추이니 등(2021:9) 등 참고.

14 차이이페이 등(2021:37).

중국 경제를 비약적으로 발전시키는 데 중요한 역할을 해왔다. 그러나 최근 중국은 세계 경제성장 속도의 저하, 무역보호주의의 대두, 미국과의 무역 마찰의 심화, 코로나 바이러스 팬데믹으로 인한 국제 시장의 수요 감소라는 새로운 상황에 직면해 있다. 이처럼 대외 무역이 부진한 상황에서 경제성장을 유지하려면 내수시장을 더욱 활성화할 필요가 있다. 시진핑 정부가 도시화를 거듭 강조하며 역점을 두고 있는 것은 도시화가 중국의 내수 확대에 그만큼 중대한 역할을 할 것으로 기대하기 때문이다.

2장의 [도표 2-1]에서 말했듯 중국의 소비시장의 규모는 미국과 유럽연합에 이어 세계 3위이다. 이 도표는 중국의 소비시장의 규모 외에 또 다른 정보를 알려준다. 바로 중국의 내수시장의 성장가능성이 매우 높다는 것이다. 미국은 국가 GDP 대비 소비시장이 차지하는 비율이 68%인데 중국은 39%에 불과하다. 중국의 국가 GDP에서 소비가 차지하는 비중이 낮다는 것은 역설적으로 중국의 내수시장이 성장의 여지가 많다는 것을 의미한다. 중국의 도시화율을 높이면 인력 자본의 집중, 혁신 자금의 증가 및 투자의 확대, 도시 기반시설의 확충 과정에서 다양한 일자리와 수많은 건설 관련 수요가 발생하며, 이에 따라 새로운 소비시장이 탄생한다. 이 과정에서, 2장에서 말했던 저출산과 인구 고령화의 부정적 영향도 약화시킬 수 있다.

추진 성과

중국 정부는 도시화를 촉진하기 위해 농촌 인구의 도시 호적 취득 제도를 변경하는 등 도시 전입 규제를 완화하여 농촌 인구의 도시 이동을 적극적으로 독려해 왔다.[15] 상주인구 500만 명 이하의 모든 도시에 대해

---

15   중국의 도시화 정책의 추진 과정에 대한 상세한 기술은 왕쯔웬(2016:236), 이종찬

도시 호적 취득 제한을 전면적으로 철폐하고, 교육, 의료, 주택 등 공공서비스를 강화하는 등의 정책을 시행함으로써 도시화율 제고를 위해 노력하고 있다.[16]

[도표 3-4] 도시 등급별 호적 취득 조건의 변화

도시 등급	인구 규모(명)	2014년	2019년
초대형 도시	1,000만 이상	엄격히 통제	일부 조건만 완화
특대형 도시	500만~1000만	인구 유입 적정 수준 통제	호적 취득조건 전반적 완화
제1형 대도시	300만~500만	취득조건 합리적으로 규정	호적 취득조건 완전 폐지
제2형 대도시	100만~300만	절차를 밟아 제한적 완화	위와 같음
중형 도시	50만~100만	호적 취득조건 완전 개방	위와 같음
소도시	50만 미만	위와 같음	위와 같음

자료: 대외경제정책연구원 북경사무소(2019b:5)가 만든 도표를 일부 수정하여 재인용하였음.

이에 따라 중국의 도시화율도 지속적으로 증가해 왔다. 도시화율은 도시의 상주인구를 전체 인구로 나눈 값이다. 상주인구에는 무호적 인구도 포함된다.

중국의 도시 인구와 농촌 인구의 비율의 추이를 보면, 개혁개방이 갓 시작된 1982년만 해도 농촌 인구가 압도적으로 많았다. 그로부터 18년이

등(2017:3075, 3083), 대외경제정책연구원 북경사무소(2019a:2-8)와 대외경제정책연구원 북경사무소(2019b:2-7)를 참고할 것.

16   박장재(2021:119-160).

지난 2010년에는 양자가 비슷해졌으며, 그 후 이 비율이 역전되어 2020
년의 전국인구조사에서는 도시의 인구가 농촌의 인구를 훨씬 넘어섰다.

[도표 3-5] 중국의 도시화율 추세

조사 연도	1953	1964	1982	1990	2000	2010	2020
도시 인구 (%)	13.26	18.36	20.91	26.44	36.22	49.68	63.89
농촌 인구 (%)	86.74	81.64	79.09	73.56	63.78	50.32	36.11
전체 인구 (만 명)	58,260	69,458	100,818	113,368	126,583	133,972	141,178

출처: 량훙(2021:49).

이에 따라 도시의 개수도 매년 증가해왔다. 중국에서 그런대로 도시다
운 면모를 보이는 것은 현급시 이상의 도시이다. 2023년 현재 중국의 도
시는 4개의 직할시, 2개의 특별행정구(홍콩, 마카오), 293개의 지급시(地级
市), 393개의 현급시를 합하여 모두 692개이다.[17] 직할시, 지급시, 현급시
중에서 중국의 도시 성장 상황을 가장 잘 보여주는 것은 지급시이다. 지급
시의 위상에 대해서는 뒤에서 기술할 것이다.

중국의 도시는 규모가 커지고 중요도가 높아짐에 따라 향진급 소도시
에서 현급시로, 현급시에서 지급시로, 지급시에서 직할시로 승격되어 왔
다. 현급시는 향진급 소도시에서 승격되어 올라오거나 지급시로 빠져나
가는 일이 늘 생긴다. 그래서 그 개수가 일정하지 않다. 지급시는 도시 승
격의 거의 마지막 단계이므로 증가만 있을뿐 감소는 없다. 지급시는 1982

---

17   [도표 3-8] 참조.

년의 112개에서 2021년까지 39년간 293개로 증가하였다. 지급시의 수가 증가하고 있다는 것은 현급시가 지급시로 승격되는 경우가 늘어나고 있음을 의미하며, 이는 바로 중국의 도시 규모가 지속적으로 커지고 있음을 의미한다.

[도표 3-6] 지급시 수의 증가 추세

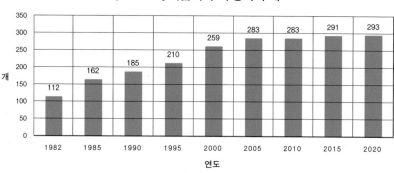

출처: 1982년~2015년의 수치는 양빈(2018:68)을 참고하고, 2020년도의 수치는 바이두의 '中华人民共和国'을 참고하여 그렸음.

미래의 목표

2021년 3월 전국인민대표대회에서 「중화인민공화국 국가경제사회발전을 위한 14차 5개년 계획과 2035년까지 장기 목표 개요」('14차 5개년 계획'으로 약칭)가 통과되었다.[18] '14차 5개년 계획'이란 2021년에서 2025년까지 5년 동안의 거시 경제성장 전략과 실행 방안을 말한다. '2035년'은 2021년과 2050년 사이의 징검다리에 해당한다. 중국은 2021년의 1인당

18　바이두, '中华人民共和国国民经济和社会发展第十四个五年规划和2035年远景目标纲要', https://www.gov.cn/xinwen/2021-03/13/content_5592681.htm?pc, 2023.06.30. 접속.

GDP 1만여 달러를 2050년까지 중진국 수준인 3만여 달러로 올리는 것을 목표로 삼고 있다. 그 중간 지점인 2035년까지 1인당 GDP 2만여 달러를 달성하고자 한다. 이 목표를 달성하기 위한 여러 가지 정책 방안 중의 하나가 도시화율의 제고이다.

중국의 도시 정책을 집중적으로 연구하고 있는 곳은 중국사회과학원 재정경제전략연구원(中国社会科学院财经战略研究院)이다. 이 연구원에서는 '도시 경제, 도시 관리, 도시화, 도시 경쟁력, 도시 간 연결성, 교육 경쟁력, 인재 경쟁력, 비즈니스 환경, 부동산 경제, 부동산 금융' 등과 같은 주제의 연구를 통하여 중국의 중앙정부 및 각급 지방정부가 펼치고 있는 도시 발전 정책의 실행 과정을 조사하고 평가하며, 또한 새로운 정책을 제안하는 매우 중요한 일을 하고 있다.

이 연구원에서는 '도시 관점에서 중국 바라보기'(从城市看中国)를 핵심 주제로 하여 매년 말에 『中国城市竞争力报告』(중국 도시 경쟁력 보고서)라는 두툼한 연구보고서를 출간하고 있다. 이 보고서는 중국 국가기관의 연구보고서라는 측면에서 주의 깊게 바라볼 필요가 있다. 중국의 도시화 전략과 진행 과정의 과거, 현재, 미래를 알고 싶다면 이 보고서를 보면 된다.

이 보고서는 2003년 제1호가 나왔으며 2022년 12월에 제20호가 출간되었다. 이중에서 2019년의 17호와 2020년의 18호는 2021년부터 시작되는 14차 5개년 경제개발 계획에 실릴 도시 정책의 핵심 내용을 담고 있다. 특히 2020년에 출간된 18호의 특집의 제목이 「중국 도시 경쟁력 2020년 총론: 14차 5개년 계획과 미래 15년을 향한 도시화 중국」이다. 2019년에서 2021년의 보고서에 실린 방대한 내용 중에서 중국 도시의 미래 모습을 가늠할 수 있는 세 가지 사항을 뽑아보았다.

첫째, 중국의 도시화율을 지속적으로 제고한다.[19] 중국사회과학원 재정경제연구원의 제안에 따라 2021년 3월에 통과된 '14차 5개년 계획'에 포함된 2035년까지 중국의 도시화율의 최종 목표는 75%이다. 이럴 경우 약 1.6억 명의 농촌 인구가 새로 도시로 이주하게 된다.

둘째, 중소도시 중심의 도시화 전략에서 대도시 중심의 도시화로 전환한다.[20] 1980년 이후 40년간 실행해 온 중소도시 중심 도시화 전략은 작은 규모의 인구와 시장으로 인하여 도시의 활력을 제고하는 데 도움을 주지 못했다. 그 대안은 대도시 중심으로 발전 전략을 바꾸는 것이다. 중규모 도시를 대도시로 키우고 기존의 대도시는 거주 환경을 개선하여 도시의 효율을 더 높이는 것이다.

셋째, 2020년의 도시화율 63.89%를 2035년까지 75%로 올린다고 할 때, 그 시점에서 가장 이상적인 인구 분포는 대도시 인구 25%, 중소도시 인구 25%, 소도시 인구 25%, 그리고 나머지 농촌 인구 25%이다.[21]

도시화와 경제성장의 상관관계

중국에서 도시화는 실제로 경제성장에 얼마나 기여했을까. 중국 정부는 중국의 도시화율이 1% 높아질 때마다 7조 위안(1,330조 원) 정도의 내수 진작 효과가 기대된다고 하였다.[22] 실제 그러한 효과를 발휘하고 있을까.

이러한 질문에 대해 긍정적인 답변을 제시하는 연구가 많다. 최필수

---

19   니펑페이(2019:57).

20   니펑페이 등(2020:29-36).

21   니펑페이(2019:57-58).

22   中国中央·國務院, 「国家新型城镇化规划(2014-2020年)」, 2014.03.16. 일자. 박장재(2021:147) 재인용.

등(2012:58-72)은 중국의 각 성별 자료를 이용하여 도시화와 경제성장 간의 상관관계를 조사하였다. 그 결과 1978년의 개혁개방 이후 30여 년간 각 지역의 도시화는 그 지역의 경제성장에 통계적으로 유의미한 영향을 미친 것을 확인하였으며, 특히 도시 지역이 중국 소비시장의 발전을 주도했음을 통계적으로 확인하였다.

이종찬 등(2017:3075-3076)은 2006년부터 2015년의 10년간의 자료를 바탕으로 하여 중국의 도시화율이 경제성장에 끼친 영향을 실증적으로 분석하였다. 분석 결과 중국 대다수의 권역에서 도시화율이 경제성장에 양(+)의 영향을 주고 있는 것을 확인했다. 이들의 주장에 따르면 도시화와 경제성장은 서로 촉매제 역할을 한다. 도시화는 경제성장으로 연결되고 경제 발전은 도시의 확장을 유발한다. 도시의 발전과 확장을 통해 소도시가 대도시로 성장하며 대도시는 정보와 자본의 교류 센터로서 지역 전체의 경제 수준을 향상시킨다.

이와 같은 맥락의 연구 결과가 최근 중국인 학자들에 의해서도 발표되고 있다. 그 중에서 차이이페이 등(2021)의 연구가 특히 참고할 만하다. 다음은 그 내용을 요약한 것이다.

2017년 10월에 열린 중국공산당의 19차 전국인민대표대회의 보고에 따르면, 중국 정부는 2035년까지 기본적으로 도농간의 발전 격차와 거주민의 생활 수준의 격차를 확실하게 축소하는 것을 목표로 삼고 있다. 2035년을 중국 경제성장의 중간 디딤돌로 삼는 방안은 일찍부터 제시되었음을 알 수 있다. 이 목표를 달성하기 위해서는 현재의 도시화 전략을 양적인 측면에서 질적인 측면으로 바꿔줄 필요가 있다. 현재 중국에서는 도시화율을 상주인구를 기준으로 하여 계산하는데 이 방식에 따라 계산할 경우 무호적 전입인구까지 포함된다. 무호적 전입인구란 농촌이나 기타

향촌에서 도시로 전입했지만 아직 해당 도시로부터 호적을 부여받지 못한 사람들을 가리킨다. 도시화가 경제성장에 더 적극적으로 기여하게 하려면 무호적 전입인구 인구가 실질적으로 도시의 구성원으로 자리잡게 만드는 과정이 필요하다. 바로 질적인 측면에서의 도시화를 해야 한다는 말이다.

그들의 조사에 따르면 2012년부터 2019년까지 매년 무호적 전입인구 중에서 1,500만 명 내외가 호적을 부여받아 왔다. 그럼에도 불구하고 같은 기간에 도시에 거주하는 무호적 전입인구의 규모가 줄어들지 않고 계속하여 2.4억 명에서 2.6억 명을 유지해왔다. 그 이유는 농촌에서 도시로의 인구 이동 역시 꾸준히 이어지고 있기 때문이다.

그들은 2019년을 기준연도로 해서 이 사람들에게 호적을 부여하여 진정한 시민으로 만들 경우(이것을 '시민화'라고 한다)[23] 그것이 내수 진작에 끼치는 효과를 계산하였다. 2가지 방안을 가지고 조사했는데, 하나는 기본 방안이고 또 하나는 가속 방안이다.

[도표 3-7] 시민화의 총수요 촉진 효과 분석

지표	기본 방안	가속 방안
무호적 전입인구	1,500만 명	2,645만 명
기존 전입인구	1,500만 명	1,740만 명
신규 전입인구	-	905만 명
신규 투자 증가	12,573억 위안	17,193억 위안

---

23 시민화는 단순하게 농민이나 유목민이 도시로 이주하는 것만 의미하지 않는다. 그들이 도시의 호적을 갖고 도시의 직장에 취업하며 생활과 사고 양식까지 도시의 방식으로 바뀌는 것을 의미한다. 인하이옌(2021:13)과 차이이페이 등(2021:37) 참고.

주거 투자	11,812억 위안	14,876억 위안
교육 투자	296억 위안	916억 위안
의료 위생 투자	239억 위안	384억 위안
공공시설 투자	226억 위안	1,017억 위안
신규 소비 증가	1,713억 위안	2,494억 위안
주민 소비	1,566억 위안	2,265억 위안
정부 소비	147억 위안	229억 위안
신규 총수요 증가	14,286억 위안	19,687억 위안
국내 총수요 촉진 효과	1.46%P	2.01%P

출처: 차이이페이 등(2021:41).

먼저 [도표 3-7]에서 기본 방안에 대해 살펴보자. 2019년에 1,500만 명의 무호적 전입인구를 시민화했을 때 그것이 내수 진작에 어느 정도 영향을 미쳤는지 살펴보자. 이에 따른 지방정부의 신규 투자 촉진 효과는 1조 2,573억 위안(약 239조 원)으로 추산된다. 여기에는 주거시설, 교육, 의료와 위생, 도시 인프라 시설 투자가 포함된다. 그리고 신규 소비 촉진 효과는 1,713억 위안(약 33조 원)으로 추산된다. 여기에는 정부의 소비 지출과 시민의 소비 지출이 포함된다. 신규 투자와 신규 소비를 합하면 모두 1조 4,286억 위안(약 272조 원)이다. 이것은 국내 총수요를 1.46%P 끌어올리는 수치이다. 이 기본 방안을 2035년까지 지속할 경우 매년 국내 총수요가 1.46%P 더 증가하는 효과를 얻을 수 있다. 이때 무호적 전입인구는 모두 2억 2,500만 명이 진정한 시민이 되고, 약 1억 7,000만 명은 여전히 무호적 상태로 남게 된다.

다음에 가속 방안에 대해 살펴보자. 차이이페이 등(2021)은 기본 방안보다 좀 더 적극적인 시나리오도 구상했다. 2021년부터 2035년까지 단계적으로 기존의 무호적 전입인구 모두를 시민화하는 동시에 새롭게 도시로 들어오는 신규 전입인구까지 모두 시민화하는 것이다. 2021년에서 2035년까지 15년 동안 기존의 무호적 전입인구를 시민화할 경우 매년 1,740만 명이 시민 호적을 받게 된다. 여기에 더하여 신규 전입인구 905만 명까지 전부 시민화할 경우 매년 2,645만 명이 새로 도시 호적을 부여받게 된다. 이에 따른 신규 투자 촉진 효과는 1조 7,193억 위안(약 327조 원)이고, 신규 소비 촉진 효과는 2,494억 위안(약 47조 원)이다. 양자를 합하면 1조 9687억 위안(약 374조 원)인데, 이것은 국내 총수요를 2.01%P 끌어올리는 수치이다. 이것은 기본 방안보다 0.55%P 높은 수치이다.

요약하면, 무호적 전입인구에게 호적을 부여하여 진정한 시민으로 만든다고 할 때 기본방안의 경우 2021년에서 2035년까지 매년 국내 수요를 1.46%P 촉진할 수 있고, 가속방안의 경우 2.01%P 촉진할 수 있다는 것이다.

그러므로 현재 대외 수출 환경이 좋지 않고 내수가 부진한 상황에서 내수를 촉진하기 위해서는 양적인 면에서의 도시화와 아울러 농촌 전입인구를 진정한 시민으로 만드는 질적인 면에서의 도시화가 필요하다. 이런 점에서 비추어 볼 때, 시진핑 정부가 경제성장을 위해 도시화 정책을 강하게 추진하고 있는 것은 합리적인 선택이라고 말할 수 있다.

3.3 도시의 구분

행정 단위에 의한 구분

중국의 지방 행정 단위

중국의 도시를 이해하기 위해서는 먼저 중국의 행정 단위를 알아야 한다. 다음은 중국의 지방 행정 단위를 도표로 그린 것이다.

[도표 3-8] 중국의 지방 행정 단위와 개수

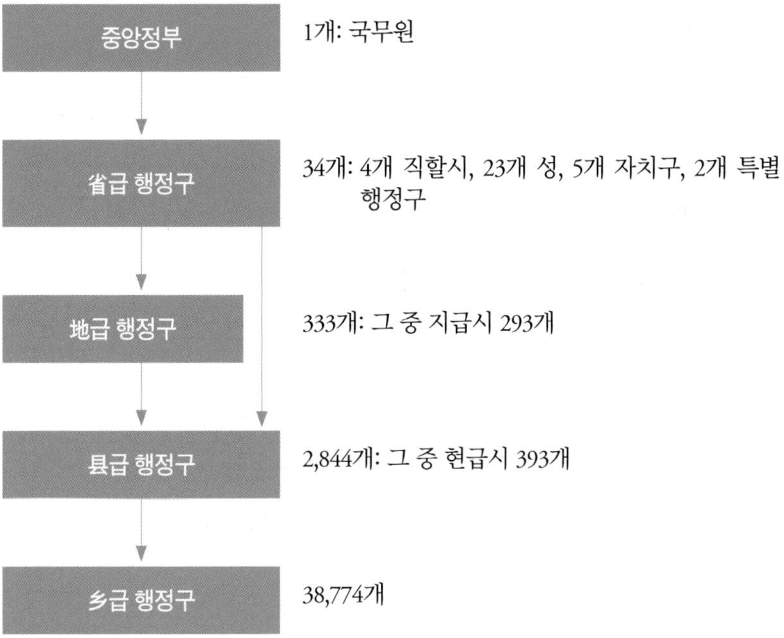

중앙정부	1개: 국무원
省급 행정구	34개: 4개 직할시, 23개 성, 5개 자치구, 2개 특별 행정구
地급 행정구	333개: 그 중 지급시 293개
县급 행정구	2,844개: 그 중 현급시 393개
乡급 행정구	38,774개

자료: 바이두, '中华人民共和国行政区划'의 자료를 바탕으로 표를 만들었음. 2023.06.30. 접속.

이 도표를 간략하게 설명하면 다음과 같다.

가장 하단에 있는 향급 행정 단위는 농민이 중심이 되는 지역으로 모두 3만 8,774개가 있다. 향급 행정구는 도시와 농촌의 중간에 위치하는 가장 말단의 행정 단위로서 현급 행정구의 통제를 받는다.

현급 행정 단위는 2,844개이며, 이 중에서 어느 정도 도시의 규모를 갖춘 현급시는 393개이다. 이들 대부분은 지급시의 통제를 받으며 그중 일부만 성의 직접 통제를 받는다. 예를 들어 저장성에 있는 이우(义乌)는 현급시인데, 중국의 대표적인 무역도시 중의 하나라는 중요성 때문에 그 주위에 있는 지급시가 아니라 저장성의 특별 관리를 받고 있다.

지급 행정구는 지급시(293개)와 기타 소수민족이 거주하는 지역(맹, 자치주, 지구)으로 구성된다. 이들은 모두 성의 통제를 받는다.

성급 행정 단위는 모두 34개로서 23개의 성, 5개의 자치구, 4개의 직할시(베이징, 톈진, 상하이, 충칭), 2개의 특별 행정구(홍콩, 마카오)로 구성되어 있다.

그리고 가장 위에 이 모든 행정단위를 총괄하는 중앙정부가 있다. 중앙정부란 국무원을 가리킨다. 국무원은 중국의 최고 국가행정기관이다. 2023년 현재 국무원의 최고 수장은 리창(李强) 총리다. 34개의 성급 행정 단위는 모두 중앙정부, 즉 국무원의 직접 통제를 받는다.

요약하면 중국의 도시는 공식적으로 모두 692개이다. 직할시 4개, 특별행정구(홍콩, 마카오) 2개, 지급시 293개, 현급시 393개가 그것이다. 그러니까 만약 누군가 당신에게 960만㎢나 되는 넓은 중국 땅에 도시가 몇 개나 되는지 묻는다면 692개라고 답하면 된다.

지급시에 주목해야 하는 이유

우리와 같은 외국인이 특히 관심을 가져야 할 곳은 지급시이다. 그 이유는 다음과 같다.

새로운 정책을 도입할 때 중국 정부가 자주 쓰는 접근 방식이 있다. 점·선·면 전략이 그것이다. 먼저 특정 지역이나 도시에서 시범 운영을 해본다. 그 과정에서 발견된 문제점을 수정 또는 보완한 후 다른 몇 개 지역이나 도시로 확장하여 적용한다. 그 과정에서 발견된 새로운 문제점을 수정 또는 보완한 후 전국으로 확대 적용한다. 이렇게 접근하는 까닭은 중국이 땅이 넓고 인구가 많기 때문이다. 1980년대 덩샤오핑 주석이 경제특구를 만들어 대외적으로 시장을 개방할 때도 그렇게 했고, 최근 디지털 화폐 정책의 추진도 그렇게 하고 있다. 이때 정책 시행의 가장 기본적인 단위가 지급시이다.

외국기업이 중국 시장에 들어갈 때도 이러한 방식이 권장된다. 먼저 특정 지역에서 거점 도시를 확보하고 점차 그 수를 늘린 후, 최종적으로 전국으로 확대하는 것이다. 이 전략은 앞으로도 유효하다. 그렇다면 첫걸음을 어느 도시에서 뗄 것인가. 우리와 같은 외국인이 관심을 가져야 할 곳 역시 지급시이다.

다음에 있는 [도표 3-9]에서 알 수 있듯 지급시와 현급시의 인구 규모를 비교해보면 지급시의 인구가 압도적으로 많다. 이뿐만 아니라 인구 밀도, 2차 산업과 3차 산업 종사자 수, 전체 생산량 가운데 제조업 부문이 차지하는 비율, 사회 기반시설 및 편의시설 면에서도 양자는 큰 차이를 보인다. 현급시는 지급시에 비해 전체 인구도 적지만 그 안에 아직 농민들 숫자가 많다. 현급 미만의 지역은 인구나 경제적 규모가 너무 작아서 중국 학자들도 굳이 도시 연구의 범위 안에 넣지 않는다. 어쨌든 중국인들이 생각하는 도시에는 현급시까지 포함되겠지만 외국인 관점에서는 최소한 지급시 정도가 되어야 한다. 3.4에서 살펴볼 도시 경쟁력 평가는 기본적으로 지급 이상의 도시를 대상으로 한다는 사실을 기억해두자.

도시의 크기에 따른 구분

도시를 구분하는 가장 단순한 방법은 인구에 따라 나누는 것이다. 인구는 도시의 크기를 규정하는 가장 간단하고도 가장 대표적인 수단이다. 중국은 인구에 따라 도시를 나누는 방법이 법률로 규정되어 있다. 2014년에 국무원에서 정한 것인데 지금도 중국 정부의 문건에서 사용되고 있다.

도시는 상주인구 규모에 따라 다음과 같이 구분된다.[24] 상주인구란 호적상의 인구뿐 아니라 무호적 인구까지 포함하는 개념이다. 상주인구 1,000만 명 이상은 초대형 도시(超特大城市), 500만 명 이상 1,000만 명 미만은 특대형 도시(特大城市), 300만 명 이상 500만 명 미만은 제1형 대도시(第I型大城市), 100만 명 이상 300만 명 미만은 제2형 대도시(第II型大城市), 50만 명 이상 100만 명 미만은 중형도시, 20만 명 이상 50만 명 이하는 제1형 소도시(第I型小城市), 2만 명 이상 20만 명 미만은 제2형 소도시(第II型小城市)라고 한다.

[도표 3-9]는 이 기준에 따라 각 등급에 해당되는 도시의 개수를 조사하여 정리한 결과이다. 우선 직할시와 지급시, 그리고 현급시의 목록과 인구에 관한 정보를 수집하였고, 이 정보를 바탕으로 각각 등급별로 도시의 개수를 계산하였다.[25]

---

24   바이두, '城市規模划分标准'. 2023.07.25. 접속.

25   [도표 3-8]에서는 '지급시 이상'(직할시, 특별행정구, 지급시)이 299개인데 [도표 3-9]에서는 특별행정구인 홍콩과 마카오를 제외하고도 304개이고, '현급시'의 경우 [도표 3-8]에서는 393개인데 여기에서는 387개이다. 그리고 이 도시들의 개수를 모두 합하면 [도표 3-9]가 더 많다. 이러한 차이가 왜 생기는지 명확한 이유는 알 수 없다. 나의 추정은 다음과 같다. 첫째, '지급시 이상'의 도시가 많아진 까닭은 도시 인구의 증가와 사회 기초 시설의 확충 및 산업화의 진전으로 최근에 현급시에서 지급시로 승격된 도시가 생겼기 때문일 것이다. 그래서 '현급시'의 개수가 줄어든 것이다. 둘째, '지급시 이상'의 도시와 '현급시'의 합이 더 많은 이유는 현급 행정구 중의

[도표 3-9] 도시의 크기에 따른 구분

도시 등급		인구 규모(명)	지급시 이상	현급시	합계
초대형 도시		1,000만 이상	17		17
특대형 도시		500만~1000만 미만	73		73
대도시	1형 대도시	300만~500만 미만	81		81
	2형 대도시	100만~300만 미만	112	55	167
중형 도시		50만~100만 미만	15	150	165
소도시	1형 소도시	20만~50만 미만	5	138	143
	2형 소도시	20만 미만	1	44	45
합계			304	387	691

출처: 지급시는 红黑人口库(https://www.hongheiku.com)에 있는 '全国各地级市人口排名'(https://www.hongheiku.com/category/shijirenkou)을 참고했고, 현급시는 红黑人口库에 있는 '全国各县级市人口排名-红黑人口库2021年'(https://www.hongheiku.com/category/xjspm)을 참고했다. 2023.06.30. 접속.

[도표 3-9]에서 특히 주목해야 할 것은 지급시와 현급시의 인구 규모의 차이다. 지급시의 경우 300만 명이 넘는 1형 대도시가 171개나 되는데 현급시 중에는 1개도 없다. 지급시의 인구는 대부분 100만 명을 넘는데 현급시는 대부분 100만 명을 넘지 않는다.[26] 지급시와 현급시가 일단 인

────────────

일부가 현급시로 승격되었기 때문일 것이다. 셋째, 이러한 변화를 '红黑人口库'는 잘 반영하고 있는데, [도표 3-8]의 '中华人民共和国行政区划'이 그렇지 못한 것으로 보인다. '红黑人口库'는 중국의 인구에 대한 각종 통계를 전문적으로 제공하는 곳으로서 2021년에 발표된 제7차 전국인구조사의 결과를 성(省) 및 도시별로 매우 상세하게 보여주고 있다.

26 홍인호 등(2021)에 따르면 세계의 도시들의 산업적 특성을 볼 때 인구 약 120만 명을 경계로 하여 전통산업 위주의 소도시와 혁신산업 위주의 대도시의 특성을 나

구 규모 면에서 차이가 크다는 것을 알 수 있다. 현급시 가운데에도 인구가 100만 명이 넘는 곳이 있는데, 이들은 경제 규모가 작거나 농업 종사자가 많아서 공업 및 서비스업 종사자의 비율이 소정의 기준을 넘지 못했기 때문에 지급시로 승격되지 못한 것이다.

인구가 1,000만 명 넘는 도시를 메가시티(megacity)라고 한다. 중국에는 이러한 메가시티가 17개나 있다.

[도표 3-10] 인구 1천만 명 이상의 초대형 도시(상주인구 기준)

순위	지역	인구(명)	순위	지역	인구(명)
1	충칭(重庆)	3,213.3	10	쑤저우(苏州)	1,291.1
2	상하이(上海)	2,475.9	11	정저우(郑州)	1,274.2
3	베이징(北京)	2,184.3	12	항저우(杭州)	1,220.4
4	청두(成都)	2,126.8	13	스자좡(石家庄)	1,122.4
5	광저우(广州)	1,881.1	14	린이(临沂)	1,101.8
6	선전(深圳)	1,768.2	15	둥관(东莞)	1,053.7
7	우한(武汉)	1,373.9	16	칭다오(青岛)	1,025.7
8	톈진(天津)	1,363.0	17	창사(长沙)	1,023.9
9	시안(西安)	1,316.3			

출처: 红黑人口库, '全国各地级市人口排名'(https://www.hongheiku.com/category/shijirenkou).

중국 도시 중에서 인구 1위인 충칭의 인구수는 3천만 명이 넘는다. 남미의 페루, 동남아의 말레이시아 인구와 맞먹는 수준이다. 인구가 1천만

타낸다고 한다. 이러한 경향성을 중국의 지급시와 현급시의 구분에서도 확인할 수 있다. 중국에서 지급시와 현급시를 나누는 기준 중의 하나가 전체 산업에서 공업생산량의 비중이다.

명이 넘는 도시가 2017년에는 13개였는데, 2023년에는 17개로 늘었다.[27] 한국은 1천만 명 이상의 도시가 한 곳도 없다. 중국은 100만 명 이상의 도시가 338개 있는데 한국은 11개에 불과하다. 중국의 인구 규모는 늘 우리의 상식의 한계를 넘어선다.

한편 인구가 20만 명이 안 되는데도 지급시 지위를 누리는 도시가 1개 있다. 바로 하이난성에 딸린 조그만 섬에 있는 싼사(三沙) 시이다. 이 시는 인구 2,300명에 불과한데 성의 특별 관리를 받는 지급시로 지정되어 있다. 조그만 어촌 지역이었던 이 지역이 시로 승격된 것은 2012년인데, 이때 처음부터 파격적으로 지급시로 지정되었다. 싼사시의 관할 범위 안에는 '시사군도(西沙群島), 중사군도(中沙群島), 난사군도(南沙群島)' 및 그 지역의 방대한 해역이 포함된다. 그래서 도시의 이름이 싼사이다. 시의 면적이 좁고 인구도 적지만 관할해야 하는 바다가 넓기 때문에 시로 승격시킨 것으로 추정된다.

소위 1선, 2선, 3선, 4선 도시

중국에서 소위 '1선, 2선, 3선, 4선 도시'라는 말이 행정 당국에 의해 공식적으로 사용된 것은 1994년이다.[28] 당시의 구분방식은 다음과 같다.

27　하얼빈시에서 발표한 「2021年哈尔滨市国民经济和社会发展统计公报」에 따르면 2021년 말 하얼빈시의 인구는 988만 5천명으로서 1천만 명 클럽에서 퇴출당했다. 그 결과 2023년 현재 말 중국에서 1천만이 넘는 도시는 17개이다. 출처: 海外网 (2022.05.26.), '千万人口城市大变局: 哈尔滨退出 武汉增最多'. 이러한 인구 감소의 원인에 대한 설명은 3.4를 볼 것.

28　바이두, '副省级市'. 2022.03.13. 접속. '1선, 2선, 3선'이라는 용어가 처음 등장한 것은 1964년 마오쩌둥 정부 때이다. 당시 중국은 미국과 소련에 의해 본토가 공격을 받을 수 있다는 두려움을 갖고 있었다. 이에 중국 전역을 전쟁의 최전선인 1선과 그 후방의 2선, 3선으로 구분 짓고 각각 방위 전략을 세웠다. 이에 대한 자세한

전통적인 1선 도시는 성급 행정 단위인 4개의 직할시를 가리킨다. 2선 도시는 15개의 부성급 도시(副省級市)를 가리킨다. 이중에서 '광저우, 우한, 하얼빈, 선양, 청두, 난징, 시안, 창춘, 지난, 항저우'는 모두 성의 수도이고, '선전, 다롄, 칭다오, 닝보, 샤먼'은 성내에서 1급의 경제적 관리를 받는 특별 도시이다. 3선 도시는 성의 수도 중에서 부성급 도시 이외의 18개 도시를 가리킨다. 나머지 모든 도시는 4선 도시이다.

[도표 3-11] 1-4선 도시의 전통적인 구분

구분	기준	도시 목록
1선 도시	성급 행정 단위인 4개의 직할시	베이징(北京), 톈진(天津), 상하이(上海), 충칭(重庆)
2선 도시	15개의 부성급 도시(副省级市)	광저우(广州), 우한(武汉), 하얼빈(哈尔滨), 선양(沈阳), 청두(成都), 난징(南京), 시안(西安), 창춘(长春), 지난(济南), 항저우(杭州). 이상 각 성의 수도 선전(深圳), 다롄(大连), 칭다오(青岛), 닝보(宁波), 샤먼(厦门). 이상 성의 경제적 관리를 받는 특별 도시
3선 도시	성의 수도 중에서 부성급 도시 이외의 18 도시	스자좡(石家庄), 푸저우(福州), 쿤밍(昆明), 란저우(兰州), 난닝(南宁), 허페이(合肥), 타이위안(太原), 인촨(银川), 난창(南昌), 정저우(郑州), 창사(长沙), 하이커우(海口), 구이양(贵阳), 시닝(西宁), 후허하오터(呼和浩特), 라싸(拉萨), 우루무치(乌鲁木齐), 타이베이(台北)
4선 도시	나머지 모든 도시	

출처: 바이두, '副省级市'. 2023.06.30. 접속.

이러한 구분방식은 2018년경 폐기되어서 중국의 행정 당국에서는 더

서술과 지도상의 표시는 공상철(2020:46-47)과 바이두의 '三线建设: 奠定新中国生产力布局坚实基础'(2022.03.03. 접속)을 참고할 것.

이상 공식적으로 사용하지 않는다. 그런데도 '1선-4선 도시'라는 용어는 지금도 공공 매체나 서적에서 습관적으로 사용되고 있다. 문제는 이 용어가 가리키는 도시들이 통일되어 있지 않다는 것이다. 앞에서 언급했던 중국사회과학원 재정경제전략연구소에서도 이 용어를 계속 쓰고 있는데, 중국의 국가기관임에도 불구하고 객관적인 기준 없이 사용하고 있으며, 게다가 매년 가리키는 도시가 달라지기까지 한다. 예를 들어 니펑페이(2019:64-5)에서는 1선 도시가 19개(베이징, 창사, 청두, 다롄, 둥관, 광저우, 항저우, 난징, 닝보, 칭다오, 상하이, 선전, 선양, 쑤저우, 톈진, 우한, 시안, 정저우, 충칭)이다. 1선 도시의 선정 근거는 보이지 않으며 나머지 2-4선 도시에 대해서는 제시하고 있는 도시 목록이 없다. 그런데 니펑페이(2020:119)에서는 1선 도시가 6개(베이징, 상하이, 광저우, 선전, 홍콩, 타이베이)이다. 역시 1선 도시의 선정 기준은 보이지 않으며 2-4선 도시의 목록도 명확하게 제시하지 않고 있다. 그리고 니펑페이 등(2021:37-38)에서는 1선 도시가 4개, 2선 도시가 30개, 3선 도시가 74개, 4선 도시가 181개이다. 이 경우에만 이 수치를 바탕으로 각 등급별 도시 목록을 만들 수 있다. 이 보고서의 맨 앞에 조사 대상 도시 전체가 경쟁력 순서로 나열되어 있기 때문이다.

이처럼 '1선, 2선, 3선, 4선 도시'라는 말은 명확한 개념 정의가 되어있지 않은 채 사용되고 있는 상당히 모호한 표현이다. 공식적으로는 폐기된 용어인데 공적 또는 사적 문건에서 습관적으로 사용되고 있다. 그러므로 누군가 '1선, 2선, 3선, 4선 도시'라는 말을 쓰면, 그때그때 그것들이 구체적으로 어떤 도시들을 가리키는지 물어서 확인할 필요가 있다.

3.4 경쟁하는 도시들

어느 도시가 더 매력적일까?

우리와 같은 외국인에게 가장 익숙한 것은 도시이다. 중국에서 도시보다 큰 단위는 성(省)이다. 중국의 성은 비현실적으로 크기 때문에 파악하기 어렵다. 우리는 중국에 갈 때 '베이징, 상하이, 항저우, 광저우'에 간다고 말하지 '허베이성, 장쑤성, 저장성, 광둥성'에 간다고 말하지 않는다. 도시의 주변에 있는 농촌은 특별한 목적이 있지 않은 한 가야 할 일이 없다. 만약 농촌 지역으로 여행을 하거나 안으로 들어가서 취재하고자 한다면 현지 행정기관의 동의를 얻어야 하는 등 불편한 점이 한두 가지가 아니다. 결국 중국 땅에서 우리에게 현실적으로 가장 가까운 것은 도시이다.

중국은 도시 간 경쟁을 정부가 나서서 부추기고 있다. 중국에서는 순위를 매길 수 있는 것은 모두 순위를 매기려 하는 것 같다. 기업의 순위를 매출 규모나 브랜드 자산 가치로 평가하여 공개하는 것은 이해가 된다. 그런데 대학교도 전국 차원에서 매년 조사를 하여 순위를 공개하며 도시도 예외가 아니다.

중국은 한국과 다르게 대단히 체계적이고 섬세하게 도시의 매력도를 진단 및 평가하고 있다. 그리고 그 결과를 유료 또는 무료로 공개하고 있다. 도시 경쟁력의 순위가 올라가면 그 지역 사람들의 체면이 서고, 행정 관료들의 업적 평가에도 긍정적인 영향을 주게 된다. 순위가 떨어지면 그 반대의 상황이 벌어진다.

여기에서는 다음의 세 곳에서 제공하는 자료를 소개하려 한다. 첫 번째는 매년 조사 결과를 온라인에 공개하기 때문에 중국 시민들에게 가장 많이 알려진 상하이의 신일선도시연구소의 자료이다. 두 번째는 베이징에 있는 중국사회과학원 재정경제전략연구소에서 2003년부터 매년 출간하는 『중국 도시 경쟁력 보고서』다. 세 번째는 중국 국영 매체와 기관의 주관하에 중국의 도시 서민들이 뽑는 '살기 좋고, 가고 싶은' 도시이다.

신일선도시연구소

조사 방법

중국의 도시에 대해 1선 도시나 2-3선 도시라는 말을 거론할 때, 중국인들이 가장 쉽게 접할 수 있는 정보를 제공하고 있는 곳은 상하이 제일재경 신일선도시연구소(上海第一财经新一线城市研究所, 약칭 신일선도시연구소)이다. 신일선도시연구소는 제일재경 미디어 그룹 예하에 있는 연구소로서 중국의 주요 도시(지급시 이상)의 경쟁력을 중점적으로 연구하는 곳이다. 신일선도시연구소에서는 2016년부터 매년 5월말에서 6월초 사이에 정기적으로 지급시 이상의 도시의 경쟁력을 조사하여 발표하고 있다.[29]

2023년의 발표 자료를 보자.[30] 조사 대상은 지급시 이상 337개 도시이다. 이 숫자는 직할시 4개와 지급 행정구 333개(지급시 293개와 기타 소수민족이 거주하는 지역의 거점도시)를 합한 것으로 보인다. 이들은 주요 소비 제품을 판매하는 200개 정도의 브랜드 매장에서 수집한 정보, 17개 주요 인터넷 기업과 337개 도시에서 수집한 빅 데이터 자료를 바탕으로 하여 도시별 비즈니스 매력도를 측정하였다. 평가 항목과 가중치는 다음과 같다. 물론

---

29   신일선도시연구소에서는 도시 경쟁력 연구보고서를 매년 5월 말에서 6월 초 사이에 발표한다. 발표 자료를 확인하는 방법은 다음과 같다. 첫째, 제일재경의 홈페이지(http://www.yicai.com/)로 들어간다. 둘째, 검색창에 '一线城市研究所'를 써넣고 검색을 한다. 셋째, 매년 5월 말에서 6월 초 사이에 발표된 자료를 찾아본다.

30   第一财经(2023.05.30.), '2023城市商业魅力排行榜发布, 昆明重回新一线'. https://www.yicai.com/news/101770503.html.

세부 항목은 훨씬 더 많고 자세하다.[31]

[도표 3-12] 신일선도시연구소의 도시 경쟁력 평가 항목

평가 항목	가중치
비즈니스 자원의 밀집도	0.22
도시의 기능적 중요성	0.19
도시인의 활동성	0.20
생활방식의 다양성	0.17
미래 적응성	0.22

출처: 第一财经(2023.05.30.), '2023城市商业魅力排行榜发布, 昆明重回新一线'. https://www.yicai. com/news/101770503.html.

1선-5선 도시

이들은 도시를 6등급으로 나눈다.[32] 1선 도시(first tier cities)는 4개이다. 최근 몇 년 간 베이징, 상하이, 광저우, 선전이 서로 순위만 바뀌면서 1선 도시의 자리를 굳게 지키고 있다. 신일선 도시(the new first tier cities)는 15개 이다. 신일선 도시란 1선 도시와 2선 도시 중간에 있는 도시로서 1.5선 도 시로 이해하면 된다. 예전에는 2선 도시로 불렸는데, 2선 도시라고 하기 에는 규모가 너무 커버려서 원래 2선 도시에 있던 다른 도시와 구별하기 위해 새롭게 항목을 설정하였다. 2선 도시(the second tier cities)는 30개, 3선 도시(the third tier cities)는 70개, 4선 도시(the fourth tier cities)는 90개, 5선 도

---

31   각주 30에 있는 인터넷 계정으로 들어가면 5개의 평가 항목 각각에 대한 세부 평 가 지표를 알 수 있다.

32   바이두, '中国一线城市'와 '新一线城市'를 참고함. 2023.06.30. 접속.

등급	도시 이름
1선 도시 (4개)	상하이(上海), 베이징(北京), 광저우(广州), 선전(深圳)
신일선 도시 (15개)	청두(成都), 충칭(重庆), 항저우(杭州), 우한(武汉), 쑤저우(苏州), 시안(西安), 난징(南京), 창사(长沙), 톈진(天津), 정저우(郑州), 둥관(东莞), 칭다오(青岛), 쿤밍(昆明), 닝보(宁波), 허페이(合肥)
2선 도시 (30개)	포산(佛山), 선양(沈阳), 우시(无锡), 지난(济南), 샤먼(厦门), 푸저우(福州), 원저우(温州), 하얼빈(哈尔滨), 스쟈좡(石家庄), 다롄(大连), 난닝(南宁), 취안저우(泉州), 진화(金华), 구이양(贵阳), 창저우(常州), 창춘(长春), 난창(南昌), 난퉁(南通), 자싱(嘉兴), 쉬저우(徐州), 후이저우(惠州), 타이위안(太原), 타이저우(台州), 사오싱(绍兴), 바오딩(保定), 중산(中山), 웨이팡(潍坊), 린이(临沂), 주하이(珠海), 옌타이(烟台)
3선 도시 (70개)	란저우(兰州), 하이커우(海口), 후저우(湖州), 양저우(扬州), 뤄양(洛阳), 산터우(汕头), 옌청(盐城), 간저우(赣州), 탕산(唐山), 우루무치(乌鲁木齐), 지닝(济宁), 전장(镇江), 랑팡(廊坊), 셴양(咸阳), 타이저우(泰州), 우후(芜湖), 한단(邯郸), 제양(揭阳), 난양(南阳), 후허하오터(呼和浩特), 푸양(阜阳), 장먼(江门), 인촨(银川), 쭌이(遵义), 화이안(淮安), 장저우(漳州), 구이린(桂林), 쯔보(淄博), 신샹(新乡), 롄윈강(连云港), 창저우(沧州), 양(绵阳), 헝양(衡阳), 상추(商丘), 허쩌(菏泽), 신양(信阳), 샹양(襄阳), 저저우(滁州), 상라오(上饶), 주장(九江), 이창(宜昌), 푸톈(莆田), 잔장(湛江), 류저우(柳州), 안칭(安庆), 쑤첸(宿迁), 자오칭(肇庆), 저우커우(周口), 싱타이(邢台), 징저우(荆州), 싼야(三亚), 웨양(岳阳), 벙부(蚌埠), 주마뎬(驻马店), 타이안(泰安), 차오저우(潮州), 주저우(株洲), 웨이하이(威海), 류안(六安), 창더(常德), 안양(安阳), 쑤저우(宿州), 황강(黄冈), 더저우(德州), 닝더(宁德), 랴오청(聊城), 이춘(宜春), 웨이난(渭南), 칭위안(清远), 난충(南充)
4선 도시 (90개)	마안산(马鞍山), 카이펑(开封) 등 90개 도시.
5선 도시 (128개)	자오퉁(昭通), 량산(凉山) 등 128개 도시.

출처: 环球网(2023.05.31.), ‘2023“新一线”城市名单来了!’. https://baijiahao.baidu.com/s?id=176739 1688641184282&wfr=spider&for=pc.[33]

---

33   이 인터넷 주소로 들어가면 1선 도시 4개와 신일선도시 15개의 평가 항목별 세부

시(the fifth tier cities)는 128개이다.[34]

도시별 비즈니스 매력도 순위의 변화

다음의 [도표 3-14]는 신일선도시연구소에서 중국의 도시 경쟁력을 분석 평가하기 시작한 2016년부터 2023년까지 1선 도시 4개와 신일선도시 15개의 순위 변화 상황이다. 도시의 배열순서는 2023년의 평가 점수를 기준으로 하였다. 도표에는 5개의 평가 항목에 대한 점수를 모두 합한 값만 기재되어 있는데, 이 도표의 출처를 따라 들어가면 항목별 평가 점수를 하나하나 확인할 수 있다.

[도표 3-14] 1선 도시와 신일선도시의 비즈니스 매력도 순위 변화

(배열순서: 2023년 순위)

	도시 명	2016	2017	2018	2019	2020	2021	2022	2023	점수
1선 도시 (4개)	상하이	2	2	1	2	2	1	1	1	142.57
	베이징	1	1	2	1	1	2	2	2	138.42
	광저우	3	3	4	3	3	4	3	3	108.03
	선전	4	4	3	4	4	3	4	4	105.23

점수를 알 수 있다. 만약 4선 도시와 5선 도시의 목록을 알고 싶다면 역시 이 인터넷 주소로 들어가 볼 것.

34 왜 1선 도시는 4개이고 신일선 도시는 15개이며 2선 도시는 30개인지 알 수 없다. 그들 스스로 그 이유와 근거를 밝히지 않고 있기 때문이다.

	청두	5	5	5	5	5	5	5	5	100.00
	충칭	10	8	7	7	6	7	6	6	86.55
	항저우	6	6	6	6	7	6	7	7	81.90
	우한	7	7	8	8	8	10	9	8	70.70
	쑤저우	17	11	9	10	11	9	10	9	66.98
	시안	11	12	10	9	9	8	8	10	66.91
신일선 도시 (15개)	난징	9	9	12	12	12	11	12	11	59.48
	창사	12	13	14	13	14	14	14	12	58.40
	톈진	8	10	11	11	10	12	13	13	56.02
	정저우	22	16	13	14	13	13	11	14	54.42
	둥관	26	18	18	15	15	15	15	15	51.49
	칭다오	13	15	16	16	17	18	19	16	46.40
	쿤밍	27	24	20	19	21	21	20	17	45.42
	닝보	18	19	17	18	20	17	16	18	45.38
	허페이	21	23	23	22	18	20	18	19	44.28

출처: 第一财经(2023.05.30.), '2023城市商业魅力排行榜发布, 昆明重回新一线'. https://www.yicai.com/news/101770503.html.[35]

1선 도시와 신일선도시의 경계는 쓰촨성의 수도인 청두이다. 그리고 청두의 점수를 100점으로 환산한 후 이를 기준으로 하여 전체 도시의 점수를 조정하였다. 그 이유는 첫째, 이미 정책이나 제도 및 사회적 기반 시설이 잘 갖춰져 있는 1선 도시 4개가 청두의 밑으로 내려갈 일이 없고, 또

---

35 과거 1회 이상 신일선도시에 포함되었던 도시로 '佛山, 沈阳, 无锡, 厦门, 大连'의 5개 도시가 있다.

한 청두 아래의 도시가 그 위로 올라갈 일이 없을 것이기 때문이다. 둘째, 상하이나 베이징과 같은 초거대도시(megacity)와 그 나머지 도시들 사이의 점수 격차가 너무 많이 나서 이들을 기준으로 점수를 배정할 경우 그 아래에 있는 도시들의 점수가 너무 낮게 표시되기 때문이다. 예를 들어 상하이를 100점으로 설정한다면 허페이의 점수는 31점이 되고, 나머지 318개 도시들이 0점에서 31점 사이에 길고도 **빽빽**하게 분포하여 서로 간의 차이를 보여주기 어렵게 된다.

이 도표와 [도표 3-11]을 비교해 보면, 1선 도시 4개와 신일선도시 15개는 대부분 성급 행정단위이거나 부성급 도시(副省級市)이거나 해당 성의 수도이다. 이 도시들은 일찍부터 지방 행정의 중심지였기 때문에 인구가 밀집되어 산업화가 용이했고 동시에 거대한 소비시장이 형성되어 있어서 경제 성장의 선순환 구조를 형성하는 데 유리했다. 다른 도시들에 비해 이미 오래전부터 정치, 경제, 사회적으로 매력적인 요소를 더 많이 갖추고 있었다는 것이다. 그러한 선발주자의 장점(First-mover advantage)이 지금도 계속하여 힘을 발휘하고 있다고 말할 수 있다.

다만 이 중에서 쑤저우와 둥관은 [도표 3-11]의 어디에도 해당되지 않는다는 점에서 예외적인 도시에 속한다. 그러나 쑤저우 역시 선발주자의 장점을 톡톡히 누리고 있는 도시이다. 쑤저우는 수나라(A.D. 581-619)와 당나라(A.D. 618-907) 때부터 이미 내륙 운하의 요지로서 강남의 풍부한 물산의 집산지였다. 쑤저우는 또한 창장강 하류에 위치하여 오늘날 대외 무역의 필수조건인 해운 네트워크와 쉽게 연결될 수 있다는 장점도 가지고 있다.

둥관은 1985년 이전만 해도 인구 120만 명 정도의 현급시에 불과했는데, 1선 도시인 광저우와 선전의 사이에 있기 때문에 이들과 함께 하나의 산업 클러스터(industrial cluster)를 형성하면서 인구 1,047만 명의 초대형도시로 성장한 운 좋은 사례에 속한다. 여기에는 둥관이 바다를 끼고 있어서 해운이 용이하다는 것도 장점으로 작용했다. 농업에서 공업으로 이행한 근대 사회에서는 공간적으로 내륙보다 해안에 있는 도시가 더 높은 경쟁력을 가지게 된다. 경제적으로 성장하는 데 대외 무역이 결정적으로 중요한데,[36] 이러한 대외 물류의 대부분을 해운이 차지하고 있기 때문이다.

[도표 3-11]에서 1-3선에 속하는 도시라고 해도 헤이허-텅충 라인의 서북쪽에 있는 도시는 [도표 3-14]의 19개 도시 안에 1개도 포함되지 않았다. 척박한 자연환경으로 인하여 인구가 많지 않아서 '비즈니스 자원의 밀집도, 도시의 기능적 중요성, 도시인의 활동성, 생활방식의 다양성, 미래 적응성' 면에서 필요조건을 채우지 못하고 있기 때문이다. 북방에 있는 동북 3성(랴오닝, 지린, 헤이룽장 성)은 역시 상황이 좋지 못하다. 한때 랴오닝 성의 수도인 선양(沈阳)과 주요 항구도시인 다롄(大连)이 신일선도시에 포함된 적이 있었는데, 선양은 2016년 14위에서 2023년 21위로 밀려났고, 다롄은 2016년 15위에서 2023년 29위로 뒤처졌다. 바다와 멀리 떨어진 내륙 깊은 곳에 위치하여 기후 환경이나 대외 무역 여건이 상대적으로 열악하기 때문이다. 최근 [도표 3-18]과 같이 중국의 서북부, 동북부와 내륙의 중부 지역의 인구는 줄어들고 서남부와 동남부의 인구는 증가하고 있다. 이러한 인구 변화 상황은 각 지역에 있는 도시의 경쟁력에 영향을 주어 도시 간 빈익빈 부익부 상황을 가속할 것이다.

도시 경쟁력 점수 차이의 이해

도표의 오른쪽에 세로로 나열된 있는 점수를 보면 허페이는 상하이

---

36   경제적 성장과 무역의 상관성에 대해서는 5장의 5.5를 볼 것.

보다 거의 100점이 낮다. 허페이는 또한 신일선도시의 맨 앞에 있는 청두의 반에도 못 미친다. 19개의 도시는 조사 대상 도시 337개 중에서 상위 5.6%(19/337≒0.056)에 속하는데도 도시 간 점수 차이가 너무 많이 난다. 게다가 허페이(合肥)의 점수가 44.28점이라면 나머지 318개 도시는 모두 44.28점보다 낮은 위치에 촘촘하고 길게 깔려있게 된다. 이것이 말하는 것은 '비즈니스 자원의 밀집도, 도시의 기능적 중요성, 도시인의 활동성, 생활방식의 다양성, 미래 적응성' 면에서 볼 때 상위의 몇 개 도시와 그 밖의 도시 사이의 격차가 실제로 매우 크다는 것이다. 다시 말하면 중국의 도시 다수가, 현대의 도시가 일반적으로 갖춰야 할 요건들을 충분히 갖추지 못하고 있다는 뜻이다.

한편 허페이가 청두의 반도 안 되는 44.28점이라고 해서 실제 이 도시의 생활 수준이 형편없이 낮다고 보면 안 된다. 허페이는 안후이성의 수도이다. 면적은 11,445km²로서 서울시(605.2km²)보다 1.9배 크고, 상주인구는 963만 4천 명으로서 서울시 인구(966만 8천 명)와 비슷한 거대 도시이다. 하나의 예를 더 보자. 다수의 한국인에게 익숙한 도시인 옌타이(烟台)는 2선 도시로서 337개 도시 중 49위에 위치해 있는데, 이곳도 상주인구가 705만 8,700명이나 되는 거대 도시이다. 한국 제2의 도시인 부산의 인구(332만 명)보다 두 배 이상이나 많은 것이다. 그러므로 중국처럼 인구가 많고 경쟁이 치열한 곳에서의 도출한 점수를 여타 작은 나라의 상황에 대입해서는 안 된다. 2장에서 말한 '많아지면 달라진다'는 표현을 잊지 말아야 한다.

그러나 5선 이하의 도시(218개)로 내려가면 사정이 달라진다. 5선 이하의 도시는 설사 지급시라 해도 도시의 기초 시설 및 성장 발전과 사업 환경 면에서는 부족한 부분이 많다는 것을 알고 있어야 한다.

사실 도시들 사이에 경쟁력이 큰 차이가 나는 것은 중국만의 특성이 아니다. 이것은 세계 어느 지역에서나 보이는 일반적인 현상이다. 도시물 리학자들의 연구에 따르면, 도시 경쟁력을 좌우하는 객관적 지표 중의 하나인 인구의 크기를 기준으로 조사할 때, 국가 안의 도시는 극소수의 대도시와 대다수의 소도시로 이루어져 있는데, 이것은 세계 거의 모든 곳에서 보편적으로 관측되는 현상이다.[37]

어느 도시든 해당 도시의 경쟁력을 객관적으로 판단하기 위해서는 세계의 도시들과 비교해 봐야 한다. [도표 3-14]의 점수는 단지 중국 안에 있는 도시들 사이의 상대적인 차이만을 나타내는 것이기 때문이다.

[도표 3-15]는 브랜드 파이낸스(Brand Finance)에서 2023년 5월 18일 발표한 세계 도시 브랜드 경쟁력 순위이다. 브랜드 파이낸스는 브랜드의 가치를 평가하고 브랜딩 전략을 컨설팅하는 기업이다. 여기에서는 '거주, 업무, 투자, 학습 및 연구, 방문 및 여행 환경' 등을 대항목으로 하여 45개의 세부 항목을 작성한 후 세계 모든 대륙의 20개국에서 약 15,000명을 대상으로 글로벌 설문조사를 하였다. 그 결과를 100점 만점으로 정리한 후 상위 100개 도시 목록을 온라인에 발표하였다.

---

37 앞에서 소개한 도시 물리학자 홍인호 등(2021)의 글 참조. 이들의 연구에 따르면, 도시의 크기가 클수록 수가 적고 도시의 크기가 작아질수록 그 수가 기하급수적으로 늘어나는 것이 세계 도시의 보편적 현상이다. 이에 비하면 [도표 3-9]에서 알 수 있듯 중국은 다른 나라에 비해 대형 도시 대비 소형 도시의 비율이 높지 않은 편이다. 그 이유는, 중국이 오랫동안 거주 이전의 자유를 제한함으로써 도시의 자연적인 발전을 막아왔기 때문일 것이다. 만약 그렇게 하지 않았다면 소도시에서 대도시로의 이주가 쉽게 일어나면서 대도시는 더욱 커지고 소도시는 농촌에서 유입되는 인구를 통하여 그 규모를 유지하는 상태가 지속되었을 것이다.

순위	도시	나라	점수
1	런던	영국	84.6
7	토쿄	일본	77.0
42	서울	한국	67.6
54	상하이	중국	64.3
58	베이징	중국	63.2
73	선전	중국	59.6
74	충칭	중국	59.6
85	광저우	중국	57.4
89	청두	중국	56.8
93	난징	중국	55.8
100	카라치	파키스탄	50.9

출처: Brand Finance(2023.05.18.), 「CITY INDEX 2023」. https://brandirectory.com/reports/brand-finance-city-index-2023.

[도표 3-15]를 보면 런던이 1위이고 서울은 42위이다. 상하이는 중국에서는 1위이지만 세계 도시 중에서는 38위이다. [도표 3-14]에서 상하이는 압도적으로 높은 점수를 보이고 있는데, 여기에서는 100점 만점에 64.3점으로 평가되고 있다. 보다 경쟁력 있고 매력적인 도시가 되기 위해 아직 가야 할 길이 많이 남아 있다는 뜻이다. 상하이와 베이징의 뒤에 있는 '선전, 충칭, 광저우, 청두, 난징'의 순위가 [도표 3-14]와 상이한데, 이는 연구 목적 및 방법상의 차이에서 비롯되는 것이다.[38] 한국은 서울 한 곳

---

38   일본의 모리기념재단(Mori Memorial Foundation)의 도시전략연구소에서는 2008

만 100대 도시에 포함되었는데, 중국은 7곳이 포함되었다. 여기에 홍콩과 마카오를 넣으면 모두 9개가 된다. 미래 성장 잠재력을 감안할 때, 한국에서는 더 이상 추가되는 도시가 없겠지만 중국의 도시는 개수가 더 많아질 가능성이 높다.

중국사회과학원 재정경제전략연구원

중국 도시 경쟁력 보고서

중국사회과학원 재정경제전략연구원(中国社会科学院财经战略研究院)은 중국의 국가 차원에서 운영되는 연구소다. 앞의 3.2에서 말했듯 이 연구원에서는 2003년부터 매년 『中国城市竞争力报告』(중국 도시 경쟁력 보고서)라는 제목의 책을 펴내고 있다. 이 보고서는 중국의 대표적인 싱크 탱크(Think Tank)인 중국사회과학원에서 만들어지는 만큼, 중국의 경제 성장을 위한 도시화 전략과 그것이 이행되는 과정을 알고 싶다면 반드시 이 자료를 보아야 한다.

다만 2022년 12월에 발간된 보고서는 이전의 보고서들과 전혀 다른 형식과 내용으로 구성되어 있다. 이 보고서에서는 그동안 일관되게 해오던 도시 간 경쟁력 평가를 하지 않고 있다. 이 보고서의 핵심 목표는 '중국'의 도시화 과정을 해석하고 '중국 도시'의 미래의 모습을 그려 나갈 수

년부터 매년 세계 도시 중 48개를 선정하여 「세계 도시 경쟁력 종합 순위」(Global Power City Index, GPCI)를 발표하고 있다. 한국의 도시로는 서울, 중국의 도시로는 상하이, 베이징, 홍콩이 포함되었다. 도시 간 순위는 브랜드 파이낸스 보고서와 비슷하지만 점수 차이는 이 보고서가 훨씬 크다 연구의 목적과 방법이 다르기 때문이다. https://mori-m-foundation.or.jp/english/ius2/gpci2/index.shtml.

있는 새로운 '중국식 도시화 정책 이론'을 만드는 것이다.[39] 이 기관에서 중국의 도시 경쟁력 평가 작업을 시작한 후 강산이 두 번 바뀌는 시점에 이르러 잠시 숨 고르기를 하는 느낌이다.

우리의 관심은 중국의 도시 간 경쟁력 비교에 있으므로 여기에서는 가장 최근에 중국의 도시 경쟁력을 연구한 2021년의 보고서의 내용을 소개하고자 한다.

2021년까지 이 연구원에서 출간한 보고서의 공통적인 구조는 다음과 같다. 모든 보고서는 크게 '총론, 특집, 세부 항목 분석, 지역별 도시 분석, 연구방법론'의 다섯 부분으로 구성되어 있다. 1부 총론에는 해당 연도의 도시별 경쟁력 점수와 순위를 모두 나열한 후, 지난 1년간 도시화 과정과 문제점을 분석하고 그에 대한 해결 방안을 제시하고 있다. 2부의 특집에서는 중국의 도시화와 관련된 특정 주제를 매년 한 가지씩 선정하여 연구한 결과를 싣고 있다. 3부에서는 도시별 경쟁력 점수 산출 과정, 즉 연구 과정을 상세히 기술하고 있다. 4부에서는 중국을 '동남지역, 환발해지역, 동북지역, 중부지역, 서남지역, 서북지역, 남부(광둥, 홍콩, 마카오)지역'의 일곱 군데로 나눈 후 각 지역에 속해 있는 주요 도시의 경쟁력을 자세하게 기술하고 있다. 이 보고서에서 가장 많은 분량을 차지하고 있는 항목이 4부다. 마지막으로 책의 맨 뒤에 연구 방법론이 부록으로 제시되어 있다. 이 안에는 분석의 항목으로 설정한 세부 지표가 상세히 기재되어 있다. 이를 통해 연구방법이 매우 정교하게 설계되었으며 이들의 연구가 매우 과학적으로 수행되었음을 알 수 있다.

---

39   니펑페이 등(2022:584-587) 참조.

평가 대상과 항목

2021년 보고서의 제1부에 있는 도시별 평가에 대해 살펴보자.[40] 평가 대상 도시는 291개이다. 지급시 중에서 일부를 빼고 그 대신 홍콩, 마카오, 그리고 타이완 내의 4개 도시(타이베이, 가오슝, 타이중, 타이난)를 포함시켰다.

도시 경쟁력 평가 조사는 크게 도시 종합 경제 경쟁력과 도시 지속가능성 경쟁력으로 나누어 진행하였다. 도시 종합 경제 경쟁력 지수의 평가 항목은 5개의 대주제(현지의 요소, 생활 환경, 비즈니스 소프트 파워, 비즈니스 하드 파워, 국제적 연결망) 하에 32개의 세부 항목으로 구성되어 있다. 도시 지속가능성 경쟁력 지수의 평가 항목은 5개의 대주제(경제 활력, 환경 요인, 사회 포용력, 과학기술 혁신, 국제적 연결망) 하에 28개의 세부 항목으로 구성되어 있다. 앞에서 말했듯 평가용 세부 지표가 대단히 정교하게 설계되어 있다.

도시별 경쟁력 순위

[도표 3-16]은 도시별 종합 경제 경쟁력 순위이다. 291개 도시 중 상위 20개 도시만 예시하였다.

[도표 3-16] 2021년 도시 종합 경제 경쟁력

도시 명	종합 경제 경쟁력	
	순위	지수
상하이(上海)	1	1.000
선전(深圳)	2	0.975
홍콩(香港)	3	0.969

40　니펑페이 등(2021).

베이징(北京)	4	0.896
광저우(广州)	5	0.817
쑤저우(苏州)	6	0.748
타이베이(台北)	7	0.743
난징(南京)	8	0.715
우한(武汉)	9	0.704
우시(无锡)	10	0.696
항저우(杭州)	11	0.688
청두(成都)	12	0.671
닝보(宁波)	13	0.659
포산(佛山)	14	0.657
마카오(澳门)	15	0.655
창사(长沙)	16	0.635
둥관(东莞)	17	0.629
창저우(常州)	18	0.625
샤먼(厦门)	19	0.624
칭다오(青岛)	20	0.619

출처: 니펑페이 등(2021:3-4).

다음은 도시별 지속가능성 경쟁력 순위이다. 역시 291개 도시 중 상위 20개 도시만 예시하였다.

[도표 3-17] 2021년 도시 지속가능성 경쟁력

도시 명	지속 가능 경쟁력	
	순위	지수
홍콩(香港)	1	1.000
선전(深圳)	2	0.914
타이베이(台北)	3	0.860
상하이(上海)	4	0.791
베이징(北京)	5	0.758
광저우(广州)	6	0.723
우한(武汉)	7	0.646
쑤저우(苏州)	8	0.645
난징(南京)	9	0.645
샤먼(厦门)	10	0.607
우시(无锡)	11	0.604
항저우(杭州)	12	0.598
둥관(东莞)	13	0.593
청두(成都)	14	0.590
포산(佛山)	15	0.585
허페이(合肥)	16	0.582
창사(长沙)	17	0.570
정저우(郑州)	18	0.564
톈진(天津)	19	0.560
칭다오(青岛)	20	0.559

출처: 니펑페이 등(2021:13-14).

이 결과를 신일선도시연구소의 평가와 비교하면 순위가 일치하는 경우도 있고 그렇지 않은 경우도 있다. 재정경제전략연구원의 평가에서 '충칭'과 같이 직할시 중의 하나이면서 최대 인구를 자랑하는 도시가 신일선도시연구소의 평가와 다르게 20위 안에도 포함되지 못했다는 점이 흥미롭다. 조사의 목적 및 기준과 방법상의 차이에서 비롯되는 것인 만큼 우리가 중국의 도시를 관찰할 때는 두 곳의 평가 자료를 함께 참고할 필요가 있다.

한편 재정경제전략연구원의 평가 자료 역시 신일선도시연구소의 조사 결과와 마찬가지로 순위가 낮아짐에 따라 도시 경쟁력 지수가 눈에 띄게 떨어진다. 칭다오는 291개 도시 가운데 도시 경쟁력이 상위 20위임에도 불구하고 상하이나 홍콩과 비교하면 경쟁력 지수가 거의 60% 수준으로 떨어진다. 그 이유에 대해서는 앞에서 간략히 밝힌 바 있다.

도시 경쟁력에 따른 지역별 인구 이동

이 보고서에서 우리는 또 하나의 중요한 정보를 얻을 수 있다. 바로 도시 간 경쟁력의 차이에서 비롯되는 인구의 증감과 이동 현황이 그것이다. 도시 인구의 증감은 곧 그 도시의 현재의 활력과 미래의 성장 가능성을 가늠하는 기준이 될 수 있다.[41]

첫째, 중국의 인구는 일관되게 서북쪽에서 동남쪽으로 이동하고 있으며, 이에 따라 서쪽과 동쪽, 북쪽과 남쪽의 인구 분화가 심화되고 있다. [도표 3-18]에서 알 수 있듯 동북지방, 서북지방과 중부 내륙 지방의 인구는 줄어들고 있고, 반대로 동쪽 해안에 있는 환발해(环渤海) 지역과 동남 및 서남 지역의 인구는 증가하고 있다. 중국의 인구는 2010년에서 2020

---

41   니펑페이 등(2021:34-39)의 내용을 요약함.

년까지 10년간 모두 7,206만 명이 늘었는데, 이를 남북으로 나누어 보면, 남방 도시의 인구는 대략 6,500만 명이 증가했고, 북방 도시의 인구는 대략 1,100만 명이 증가했다. 남방 도시의 인구가 북방보다 거의 6배 더 증가한 것이다.

[도표 3-18] 2010~2020년 지역별 인구 변화

지역	전국 인구 점유율(%)		비율의 변화
	2010년	2020년	
동북	08.18	06.99	-1.19
서북	09.06	09.03	-0.03
중부	26.63	25.83	-0.80
환발해	14.94	15.00	+0.06
동남	22.19	24.20	+2.01
서남	18.26	18.53	+0.27

출처: 니펑페이 등(2021:35).

둘째, 1선과 2선 도시의 인구 점유율이 한층 더 높아지고, 3선 도시의 인구 점유율은 대체로 현재의 상태를 유지하고, 4선 도시의 인구 점유율은 감소하는 경향을 보이고 있다.[42] 도시의 매력도가 인구 이동에 영향을 주고 있다는 것이다. 지난 10년간 1선 도시 4개의 인구는 모두 1,725만 명이 증가했고, 2선 도시 30개는 모두 5,294만 명이 증가했다. 이와 반대로

---

[42] 재정경제전략연구원의 2021년도의 보고서에서는 전체 291개 도시 중에서 앞의 4위까지는 1선 도시, 5위부터 34위까지의 30개의 도시를 2선 도시라고 부른다. 그 뒤의 74개 도시를 3선 도시, 그 뒤의 181개 도시를 4선 도시라고 부른다.

지난 10년간 4선 도시 181개 중 114개 도시에서 1,888만 명이 감소했다. 그중에서 동북 지역 도시의 인구 유출이 특히 현저하다. 예를 들어 헤이룽 장성의 환화(緩化) 시는 2010년 542만 명에서 2020년 376만 명으로 줄어들었다. 전체 인구의 30.63%인 166만 명이 감소한 것이다. 도시 단위로 볼 때에도 '서에서 동으로', '북에서 남으로'의 이동이 관찰된다고 말할 수 있다.

이러한 현상은 세계 여러 나라에서 일반적으로 일어나는 것이다. 세계 어느 곳이든 농촌에서 도시로 이주하는 사람은 많지만 그 반대 방향으로의 이주는 적으며, 소도시에서 대도시로 이주하는 사람은 많지만 그 반대 방향으로의 이주는 적다. 앞에서 말했듯 농촌보다는 도시가, 소도시보다는 대도시가 사람들이 거주하고 살아가기에 더 매력적이기 때문이다. 따라서 중국에서 보이는 '서에서 동으로', '북에서 남으로', '중소도시에서 대도시로'의 이동은 앞으로도 계속해서 진행될 것이다.

중국의 서민들이 뽑은 매력적인 도시들

중국에서는 기업 경영이나 도시 행정 관점뿐만 아니라 일반 서민의 관점에서도 도시의 경쟁력을 조사한다. 중국중앙라디오와 텔레비전방송국, 국가통계국, 국가우체국 등 중국의 국립기관이 공동으로 진행하는 『中国美好生活大调查』(중국인의 삶의 만족도 조사)가 그것이다. 이 조사는 2006년에 시작하여 지금까지 매년 계속되고 있다.

조사 방법은 다음과 같다. 전국의 150여 개의 시와 300여 개의 현에 사는 주민들에게 우편으로 10만 장의 설문지를 배포한다. 이 설문지는 수질과 대기의 질, 치안 조건, 의료 서비스, 교육의 질, 공원 녹지 공간, 국민의 생계와 밀접한 의료서비스 및 노인요양서비스, 교육의 질, 인터넷 거버넌스, 식품 안전, 포용성 및 사회적 분위기 등 21개의 지표로 구성되어 있다. 조사결과는 매년 5월 중국중앙방송국의 텔레비전방송을 통해 전국으로 방영된다.

다음의 [도표 3-19]는 2023년 5월 5일 발표된 '중국의 매력적인 도시' 목록이다.

[도표 3-19] 2023년 서민들이 뽑은 매력적인 도시

(배열순서: 한자 획순)

구분	상위 10대 도시
가장 뛰어난 도시 十大"大美之城"	다롄(大连), 청두(成都), 항저우(杭州), 칭다오(青岛), 난닝(南宁), 구이양(贵阳), 난징(南京), 하이커우(海口), 인촨(银川), 샤먼(厦门)
가장 수려한 도시 十大"秀美之城"	바중(巴中), 타이저우(台州), 안순(安顺), 샤오간(孝感), 위에양(岳阳), 옌타이(烟台), 구이린(桂林), 황산(黄山), 위린(榆林), 차오저우(潮州)
가장 가고 싶은 도시 十大"向往之城"	광저우(广州), 싼야(三亚), 다리(大理), 창사(长沙), 베이하이(北海), 시안(西安), 양저우(扬州), 쿤밍(昆明), 라싸(拉萨), 취앤저우(泉州)
가장 매력적인 도시 十大"魅力之城"	톈수이(天水), 간쯔(甘孜), 옌볜(延边), 시창(西昌), 이리(伊犁), 아얼산(阿尔山), 리장(丽江), 리보(荔波), 언스(恩施), 잔장(湛江)

출처: 央视财经(2023.05.05.), "中国美好生活城市"揭晓! "遇见美好"融媒体活动启动!.
https://baijiahao.baidu.com/s?id=1765068475111107749&wfr=spider&for=pc

[도표 3-19]를 보면, 신일선도시연구소의 도시 경쟁력 평가를 기준으로 할 때 순위가 낮은 도시가 분야별 상위 10대 도시 안에 다수 포함되어 있음에 놀라게 된다. 예를 들어 '가장 뛰어난 도시' 속의 하이커우(海口, 하이난성)는 신일선도시연구소의 조사에 따르면 전체 순위가 51위로서 3선

도시에 속한다. '수려한 도시'의 바중(巴中, 쓰촨성)은 신일선도시연구소의 순위로는 267위로서 5선 도시에 속하며, '매력적인 도시'의 톈수이(天水, 간쑤성) 역시 230위로서 5선 도시이다. 이밖에 옌볜(延边, 지린성), 샤오간(孝感, 후베이성), 언스(恩施, 후베이성), 다리(大理, 윈난성) 등이 4선 도시이고, 안순(安順, 구이저우성), 이리(伊犁, 신장성), 간쯔(甘孜, 쓰촨성) 등이 5선 도시인데, '매력적인 도시'인 리보(荔波, 구이저우성)는 인구 15만 5천 명이 거주하는 조그만 현으로서 아예 5선 도시 안에 끼지도 못한다.

중국의 일반 서민들이 볼 때, 이 도시들의 규모가 다소 작기는 하지만 앞에서 언급한 21개의 지표를 높은 수준에서 만족시키고 있기 때문에 그만큼 더 매력적으로 느껴진다는 것이다.

오늘날 중국에서 일어나고 있는 가장 중요한 사회경제적 변화는 도시화라고 해도 과언이 아니다. 도시는 중국 정부의 각종 정책과 수많은 시민의 삶이 펼쳐지는 거대한 플랫폼이다. 도시를 관찰하면 중국의 많은 것을 알 수 있다. 중국을 바라보는 거시적 관점의 하나로 도시를 제안하는 이유가 여기에 있다.

- 도시는 모든 것의 플랫폼이다. 국가의 중요한 정책이 도시를 중심으로 기획 실행되고, 국민 다수의 삶이 도시에서 시작되고 종료된다.

- 도시화는 세계적인 메가트렌드이다. 농촌에서 도시로, 작은 도시에서 큰 도시로의 인구 이동이 세계적 차원에서 진행되고 있다.

- 중국을 관찰할 때 중요한 관전 포인트 중의 하나가 도시의 확장이다. 도시의 규모가 계속 커지고 개수도 계속 늘어나고 있다. 중국에서 도시의 확장은 거대 인구의 부양과 인구의 고령화 문제라는 두 마리 토끼를 잡는 수단으로 활용되고 있다. 내수시장의 확장을 통해 경제적 성장과 발전을 꾀하고 또한 산업의 고도화를 통해 인구 고령화의 함정을 뛰어넘으려는 것이다.

- 2035년까지 중국의 도시화율의 최종 목표는 75%이다. 이 시점에서 가장 이상적인 인구 분포는 대도시 인구 25%, 중소도시 인구 25%, 소도시 인구 25%, 그리고 나머지 농촌 인구 25%이다.

- 2023년 현재 중국의 도시는 4개의 직할시, 2개의 특별행정구(홍콩, 마카오), 293개의 지급시, 393개의 현급시를 합하여 모두 692개이다. 이 중에서 우리가 특히 관심을 가져야 할 도시는 지급시 이상의 299개 도시이다.

- 기업이 새로운 시장에 진입할 때는 개인의 경험이나 직관보다는 전략적으로 접근하게 된다. 중국 시장에 들어갈 때 첫걸음을 어느 도시에서 뗄 것인가. 중국에서는 국가가 나서서 도시들의 경쟁력을 평가한다. 매년 발표되는 도시 경쟁력 평가 자료는 외국인이 중국 도시의 매력도를 가늠하는 지표로 사용할 수 있다.

- 소위 1선 도시와 2선 도시와 같이 큰 도시는 더 커지고, 4선 도시와 같이 작은 도시는 인구가 줄어들고 있다. 한국 기업이 중국에 진출하고자 할 때 이러한 면도 고려하여 도시를 선택해야 한다.

4장

관행: 사람들의 생각과 행동 방식

중국을 빨리 읽는 네 번째 방법은 중국 사람들의 생각과 행동 양식을 알고 이해하는 것이다. 여기에서는 중국인 교수가 만든 중국인의 권력 게임 모델을 가지고 중국인의 생각과 행동 양식을 설명할 것이다. 이 모델은 '꽌시, 체면, 인정'과 같이 우리에게도 익숙한 용어로 구성되어 있다. 이 모델을 통하여 우리는, 중국인들이 일상에서 보다 많은 자원을 얻기 위해 벌이는 활동의 많은 부분을 이해할 수 있고, 또한 그들이 특정 상황에서 어떻게 움직일지 어느 정도 예측할 수 있다. 이러한 중국인의 성향은 과거 사천여 년의 긴 시간을 거쳐 축적된 것이어서 앞으로도 지속될 가능성이 높다. 이러한 성향을 지닌 중국인과 우리가 친구가 되려면 어떻게 해야 할까. 몇 가지 지침을 소개할 것이다.

4.1 오백 가지가 넘는 중국인의 성향

민감한 주제

중국인의 생각과 행동 양식은 다른 말로 중국인의 사회적 관행이라고 할 수 있다. 사회적 관행이란 사회 구성원 다수가 습관적으로 반복하는 행동을 말한다. 사회적 관행과 똑같지는 않지만 비슷한 말로 국민성이나 민족성이 있다. 국민성은 국민의 성향을 줄인 말이고, 민족성은 민족의 성향을 줄인 말이다. 여기에서는 '중국인의 생각과 행동 양식, 중국인의 사회적 관행, 중국인의 성향, 중국인의 국민성 또는 민족성'을 거의 같은 말로 사용할 것이다.

사실 국민성이나 민족성은 어떤 연구자든 다루기가 매우 까다로운 주제이다. 연구자가 자국인인 경우도 그렇지만 외국인인 경우는 더욱 그러하다. 외국인이 자국인의 국민성 운운하면 어느 나라 사람들이 좋아할까. 긍정적인 부분뿐만 아니라 그렇지 않은 부분도 거론하게 될 텐데 이에 선뜻 동의할까.

대안으로 찾아낸 방법은 다음과 같다. 한국인으로서의 의견을 최소한도로 줄이고 다른 외국인이나 중국인 스스로가 말하는 것을 경청하는 것이다.[01]

오백 가지가 넘는 중국인의 성향

중국인이나 외국인이 중국인의 국민성이나 민족성을 언급한 자료는 매우 많다. 지난 100여 년간 출판된 논문이나 저서 또는 조각 글을 모아서 쌓아놓으면 웬만한 사람의 키를 훌쩍 넘을 것이다. 내가 지금 가지고 있는 책만 해도 서른 권이 넘는다.

1849년에서 1986년까지 137년간 출간된 자료 속에서 서양인과 중국인들이 중국인의 민족성을 언급한 글들을 모아서 시간순으로 정리해놓은 책이 있다. 사렌샹(1989)의 『중국인의 민족성』이 그것이다. 여기에 수록된

---

01 또 하나는 세계 인류 전체(또는 대부분)를 대상으로 하여 문화 비교학 관점에서 수행된 연구 성과를 이용하는 것이다. 세계 인류 문화 전체를 좌표로 하여 그 안에서 중국인의 성향을 객관적으로 설명하는 것이다. 이에 대해서는 헤르트 홉스테드 등(2010)과 에린 메이어(2016)를 볼 것.

키워드는 자그마치 516개나 된다. 정말 많다. 수많은 인구와 민족이 서로 부대끼며 살아왔으니 그럴 만도 하다. 다음은 그 중의 일부이다.

"실용적, 보수적, 충효, 인애, 신의, 평화, 발명 능력, 유머, 강인함, 유연함, 절제, 기민함, 생명력, 주저, 지혜, 무지, 주인의식 부족, 결집력, 모래알, 탐욕, 거만, 근면, 신뢰 부족, 체면, 부드러움, 완고함, 노예근성, 우매, 질투, 근시안, 이기적, 향락, 성실, 과학정신, 귀신 숭배, 미신, 조숙, 미성숙, 모순됨, ..."

서로 유사한 것도 있지만 서로 배치되는 것도 있다. 이중톈은 중국의 탁월한 지성인 중의 한 사람이다. 그는 중국의 국민성에 대한 다양하고 복잡하고 어지러운 평가를 놓고 다음과 같이 말하고 있다.[02]

"이쯤 되면 중국인의 국민성이나 민족성을 연구하는 사람들은 참으로 난감하다. 몇 마디 짧은 말로 중국인이나 중국인의 민족성, 문화 심리에 대해 이렇다 저렇다 말할 수 없기 때문이다. 중국인은 강직한 듯 원만하고, 솔직한 듯 속물스러운 데가 있다. 의심이 많으면서도 쉽게 믿기도 하고, 고지식하면서도 융통성이 있다. 실리를 추구하면서도 정의감에 불타기도 하고, 예의를 따지면서도 공중도덕은 소홀히 한다. 중용을 주장하면서도 극단적인 면이 있고, 근검절약을 강조하면서도 겉치레를 좋아한다. 전통을 고수하면서도 유행을 좇고, 그럭저럭 만족하면서도 일확천금을 꿈꾸며, 향을 태우고 점을 보면서도 종교를 믿지 않고, 삼삼오오 뭉치기를 좋아하면서도 집안싸움은 끊일 날이 없다. 남의 흠을 들추기를 좋아하면서도 원만하게 수습을 잘하고, 남의 일에 참견하는 것을 좋아하지 않으면서도 쓸데없는 말을 잘 하며, 시간의 중요성을 알면서도 '세월아 네월아' 하며 '만만더(慢慢的)'를 외친다."

02   이중톈(2008:7-8).

그렇다고 해서 중국인들 사이에 어떤 공통된 속성이 없다고 말할 수 없다. 다양한 생각과 생활 습관을 가진 수많은 중국인이 그렇게 오랫동안 한 곳에서 어울려 살아왔다면, 틀림없이 그들을 하나로 묶어주는 어떤 공통된 규범이 있을 것이다.

약간 뜬금없어 보이지만 프랑스의 수도 파리로 가보자. 파리의 중심부에 위치한 개선문광장의 주변으로는 모두 12개의 도로가 만난다. 이 회전 교차로를 가운데에 놓고 사방이나 팔방이 아닌 열두 방향으로 수많은 차량이 왕래하지만 그 모든 차들이 자연스럽게 들어왔다가 자연스럽게 원하는 곳으로 빠져나간다. 규범은 많지 않다. 겨우 두 가지다. 시계 방향 운행, 그리고 진입 차량 우선이다(한국은 시계 반대 방향 운행과 회전 차량 우선). 이와 마찬가지로 중국인의 성향에 대한 묘사가 수없이 많아서 겉으로는 무질서하고 혼란스러워 보이지만, 표면의 파도를 걷어내고 나면 심연의 깊은 곳에 그들이 서로 공유하고 있는 몇 개의 단순한 원칙이 있을 것이다.

우리는 경제성 원리를 지향한다. 가능하다면 적은 개수로 최대한 많은 것을 이해하고 설명할 수 있기를 원한다. 사회과학에서 '모델'은 대상을 관찰하고 설명하는 데 쓰이는 도구로서 '이론'과 같은 말이다. 여기에서는 황광궈(1987)의 '중국인의 권력 게임 모델'을 가지고 복잡다단한 중국인의 성향을 단순명료하게 설명할 것이다.

4.2 중국인의 권력 게임 모델

사회적 자원 교환 이론

중국인의 권력 게임 모델을 이해하기 위해서는 먼저 사회적 자원 교환 이론(resource theory of social exchange)에 대해 알아야 한다. 황광귀가 자신의 모델을 고안할 때 중요하게 참고한 것이 이 이론이기 때문이다

사회적 자원 교환 이론은 사회심리학자인 에드나 포아 등(1971)이 제안한 것이다.[03] 이에 따르면 사회적으로 교환 가능한 것은 눈에 보이는 돈이나 상품에 국한되지 않는다. 손에 잘 잡히지 않는 것들도 교환 가능한 가치 있는 자원이 될 수 있다. 예를 들어 업무상의 목적으로 식사 자리가 만들어졌다면 그때 교환되는 것은 음식에 그치지 않는다. 생각, 관심, 배려, 정보, 시간 등 매우 많은 것들이 그 자리에서 교환되고 있는 것이다.

에드나 포아 등(1976)은 우리가 일상생활을 하면서 사람들과 교환하는 것들을 세세히 목록화한 후 그것들을 묶어서 크게 6가지로 분류하였다. '애정(love), 지위(status), 정보(information), 돈(money), 상품(goods), 서비스(services)'가 그것이다. 사람들은 이 자원을 더 많이 가질수록 더 많은 힘을 지니게 되며, 더 적게 가질수록 더 결핍 상태에 빠지게 된다. 이 자원들의 보유량에 따라 사회적 매력도의 높낮이가 달라지며, 나아가 명령과 복종의 관계까지 만들어진다. 예를 들어 지위가 높다는 것만으로 타인에게 쉽게 도움을 주거나 위해를 가할 수 있는 권위주의 사회에서라면 지위는 대단히 큰 교환가치를 갖는다.

이 자원들끼리도 서로 교환될 수 있다. 지위와 돈이 교환될 수 있고 정보와 애정이 교환될 수 있다. 일 대 일이 아니라 일 대 다의 교환도 일어날 수 있다.

에드나 포아 등(1976)은 이 여섯 개의 항목이 서로 체계적인 차이를 보인다는 것을 밝히고 그 결과를 다음의 [도표 4-1]과 같이 모델로 만들었다.

---

03   이 이론에 대한 이하의 설명은 에드나 포아 등(1976)과 황광귀 등(2004:11-12)을 바탕으로 재구성한 것이다.

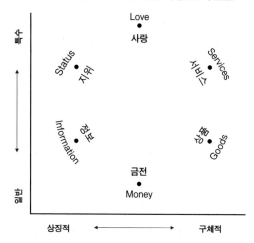

[도표 4-1] 사회 속에서 교환 가능한 자원들

출처: 에드나 포아 등(1976:103).

가로축에서 '구체적'이라 함은 교환 활동이 인간의 구체적인 행동을 통해 이루어짐을 의미하고, '상징적'이라 함은 교환 활동이 언어나 기타 상징적 수단을 통해 이루어짐을 의미한다. 세로축에서 '특수'란 교환 활동이 소수의 특정 상황에서만 의미 있게 진행되는 것을 나타내고, '일반'이란 교환 활동이 언제나 어디서나 일반적으로 주고받을 수 있는 상황에서 진행된다는 것을 가리킨다.

이 모델은 대단히 체계적이고 논리적으로 구성된 것처럼 보인다. 이 논문의 저자들도 그렇게 보이도록 많은 설명을 가하고 있다. 그러나 하나하나 따져보면 왜 그 요소가 그 위치에 있어야 하는지 의심되는 면이 있다. 그럼에도 이들의 연구는 우리에게 '교환 가능한 자원'에 대해 새로운 인식을 제공하고 있으며, 그것이 중국인의 생각과 행동 양식을 이해하고 설명하는 데 중요한 통찰을 제공한다는 면에서 참고 가치가 크다.

황광궈는 이 모델 속의 'love'의 위치에 중국어 '인정(人情 rénqíng)'을 놓을 수 있다고 말한다. '인정'의 개념에 대해서는 뒤에서 설명하겠다. 그러나 나는 모델의 중앙에 '인정'과 함께 '꽌시, 체면'을 위치시키는 것이 중국인의 관행을 이해하는 데 더 도움이 된다고 생각한다. 중국인들은 꽌시나 체면이나 인정을 모두 교환 가능한 자원으로 보기 때문이다. 이것들은 타인에게 빌려줄 수 있고 또한 타인에게 빌려 쓸 수 있는 것이다. 이들은 상황에 따라 상징적이거나 구체적인 모습을 띄며, 특정 상황에서 이루어지기도 하고 일반적인 상황에서 이루어지기도 한다.

[도표 4-2] 중국 사회에서 교환 가능한 자원들

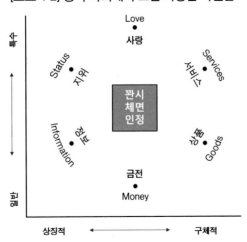

황광궈는 이제까지 살펴본 에드나 포아 등(1976)의 사회적 자원 교환 이론을 바탕으로 하여 '꽌시, 체면, 인정, 보답'이라는 네 개의 요소가 서로 유기적으로 묶여서 역동적으로 움직이는 이론 모형을 설계하게 된다.

중국인의 권력 게임 모델

이제부터 황광귀가 설계한 중국인의 권력 게임 모델에 대해 알아보자. 중국은 개인보다는 상대적으로 집단을 우선시하는 나라이고, 수평적이기보다는 권위주의적이고 위계질서를 많이 따지는 수직적인 사회이다.[04] 이러한 사회에서 개인들은 구체적으로 서로 어떻게 관계를 맺으며 살아가고 있을까.

황광귀는 미국 하와이대학에서 박사학위를 받은 사회심리학자이다. 다른 책이나 논문들이 중국인의 인간 관계와 관련된 사회적 관행을 인간의 불완전한 언어로 길게 기술할 때, 그는 하나의 간명한 모델을 가지고 직관적으로 이해할 수 있게 설명하고 있다.[05] 이 모델은 '꽌시, 체면, 인정'이 '보답'이라는 교환행위를 통해 서로 유기적으로 얽혀서 작동하는 과정을 한 눈에 파악할 수 있게 해준다.

그는 이 모델에 대한 초보적인 생각을 1983년 홍콩 중문대학 학술 모임에서 처음 발표하였고, 1987년 이 모델을 완성하여 미국의 사회학 학술지(The American Journal of Sociology)에 기고하였다. 이것을 중국어로 옮겨 쓴 글이 중국에서 2004년에 출판된 『面子: 中國人的权力游戏』(체면: 중국인의 권력 게임)에 실림으로써 중국 전역에 알려지게 되었다.

---

04 헤르트 홉스테드 등(2014: 80-162) 참조.

05 난징대학교의 자이쉬에웨이(翟学伟)도 중국인의 의식구조에 대해 대단히 활발하게 연구해 왔다. 자이쉬에웨이는 '꽌시, 체면, 인정'과 같은 중국인의 사회적 관행에 대해 1990년대부터 수십 편의 논문과 여러 권의 책을 써 왔다. 그런데 황광귀처럼 중국인의 삶 전체를 간명하게 설명할 수 있는 모델로 만드는 데까지는 이르지 못했다. 그의 작업은 주로 내국인을 향하고 있다. '꽌시나 체면은 무엇인가', 또는 '왜 중국인들이 꽌시나 체면에 집착하는가?'에 대한 답변을 역사적으로 추적하고 설명하는 데 집중하고 있다. 이에 비해 황광귀의 모델은 단순하고 명료해서 우리와 같은 외국인이 중국인의 생각과 행동 양식을 이해하는 데 더 많은 도움이 된다.

[도표 4-3] 중국인의 일상 속 권력 게임 모델

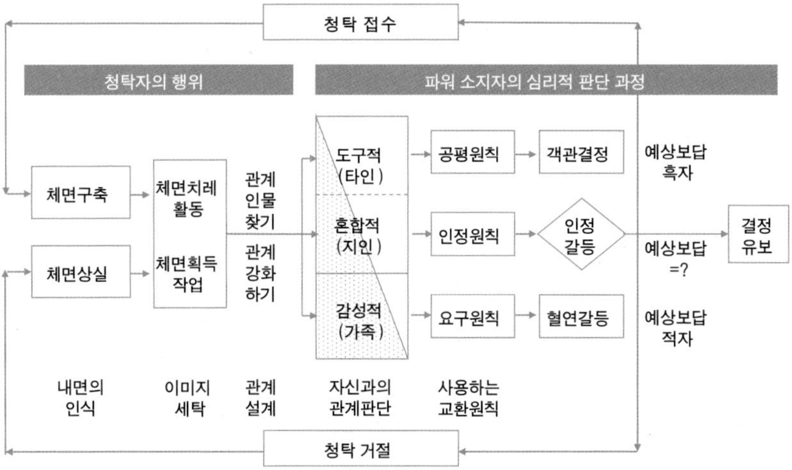

출처: 황광귀(1987:948)와 황광귀(2004:5)를 함께 참고하여 다시 그림.

　이 모델의 구조는 크게 볼 때, 청탁자 영역과 파워 소지자 영역의 두 부분으로 구성되어 있다. 청탁이란 어떤 직책을 가진 이에게 특별한 요청을 하는 것을 말한다. 개인적인 통로를 통해 "우리 제품을 써 주세요."라고 한다거나, "우리 학교 졸업생을 채용해주세요."라고 한다거나, 일상에서 자주 벌어지는 등급심사에서 "제발 통과시켜 주세요."라고 하는 것 등이 이에 속한다. 파워 소지자란 사회적으로 교환 가능한 자원을 많이 가지거나 그러한 자원을 배분할 수 있는 힘을 많이 가진 자이다.

　청탁자와 파워 소지자 사이에 교환되고 있는 것이 있다. 바로 '관계(꽌시), 체면(미앤쯔), 인정, 보답'이다. 이 모델의 작동 과정을 알아보기 전에 우선 이 용어들의 개념을 살펴보자.

관계(꽌시)

한국인이 중국 문화를 접할 때 가장 많이 듣는 단어 중의 하나가 꽌시일 것이다. 꽌시는 사회 속에 존재하는 개인들의 사적 인간관계(personal relationship)를 말한다. 한 사람은 누군가의 아버지인 동시에 누군가의 아들일 수 있고, 어느 회사의 직원인 동시에 어느 지역의 거주민일 수 있다. 이에 따라 부자 관계, 동료 관계, 이웃 관계 등이 자연스럽게 형성된다. 꽌시는 위키피디아에 영문 'Guanxi'로 등재되어 있을 정도로 세계화된 단어다. 중국어의 '꽌시'와 한국어의 '관계'는 용법이 거의 비슷하다. 그래서 이 책에서는 글의 맥락에 따라 때로는 '꽌시'를, 때로는 '관계'를 쓸 것이다.

많은 중국 연구서에서 말하듯 중국인들은 관계의 친소, 사귐의 깊고 얕음에 따라 타인을 대하는 정도가 다르다.[06] 아는 사람은 더 잘 대해주지만 잘 모르는 사람은 그렇게 하지 않는다. 만약 당신이 사회적 교환 자원을 많이 가지고 있는 누군가와 '꽌시'가 있다면 그 사람과 일처리 문제를 상의할 수도 있고, 그 과정에서 처리하기 어려운 일이 쉬운 일로 바뀔 수 있다. 또한 일 처리에 열흘 이상이 걸릴 일이 누군가를 알고 있다는 것만으로도 며칠 안에 해결될 수 있다.

황광궈의 모델에서 꽌시는 세 단계로 구분된다.[07] 첫째는 도구적 관계이다. 도구적 관계란 가족이 아닌 낯선 사람과의 인간관계로서, 상대방을 자신의 어떤 목표를 달성하기 위한 수단이나 도구로 보는 관계이다. 예를 들어 점원과 손님, 대중교통 운전기사와 승객, 병원의 간호사와 환자 사이의 관계인데, 양 당사자는 이러한 사회적 상호작용을 주로 자신의 목적을 달성하기 위한 수단으로 생각한다. 청탁자와 파워 소지자 사이의 관계가

---

06 우샤오루(1994:50-51).

07 꽌시에 대한 이하의 설명은 황광궈 등(2004:6-11)을 참고하였음.

이러하다면 파워 소지자는 대개 청탁자보다 자신에게 유리하도록 의사결정을 하며, 자신에게 도움 되지 않는 경우 청탁자와 관계 유지를 거절하거나 중단한다.

둘째는 감성적 관계이다. 자신의 가족이나 매우 친한 친구와 같이 혈연관계 또는 유사 혈연관계에 있는 사람들 안에서 형성되는 인간관계이다. 감성적 관계는 도구적 관계의 대척점에 있다. 청탁자와 파워 소지자가 이러한 관계에 있는 경우 파워 소지자는 때로 자기에게 불리하더라도 청탁자의 요구를 수용한다. 예를 들어 자식이 부모에게 학용품 살 돈을 요구한다고 하자. 부모는 여건만 된다면 따지지 않고 돈을 줄 것이다. 사실 그 돈을 버는 데 자식이 기여한 것은 하나도 없다. 부모가 일방적으로 번 것을 자식이 요구하면 그냥 나누어 주는 것이다. 이와 같은 일은 매우 가까운 친척이나 친구 사이에서도 일어날 수 있다.

셋째는 혼합적 관계이다. 도구적 관계와 감성적 관계의 중간에 위치하는 관계로서, 양방이 서로를 대할 때 도구적인 면과 감성적인 면이 섞여 있는 관계이다. 사람과 사람 사이의 관계에서 가장 많이 나타나는 것이 혼합적 관계이다. 친척, 이웃, 선생과 제자 사이, 동창, 직장동료, 동향 사람들 사이의 관계가 이에 해당한다. 도구적 관계에 있거나 감성적 관계에 있을 때는 의사결정 과정이 비교적 단순하다. 그러나 청탁자와 파워 소지자가 혼합적 관계에 있다면 의사결정 과정이 상당히 복잡해진다. 이에 대해는 뒤에서 자세히 이야기하겠다.

체면(미앤쯔)

체면은 중국어로 '面子'(miànzi) 또는 '体面'(tǐmiàn)이라고 한다. 초급 중국어에서는 '面子' 하나만 배우는데, 사실 이 두 개의 단어는 1900년대 초기부터 비슷한 말로 모두 사용되었고,[08] 지금도 중국인의 일상에서 둘 다 많이 쓰이고 있다.

체면이란 개인이 사회적인 역할을 수행함으로써 타인의 평가를 통해 얻게 되는 공개적이고 사회적인 지위 및 평판을 가리킨다.[09] 그것은 성별, 신체적 외모, 가정환경 등과 같은 사회적 지위에서 얻어질 수도 있으며, 사회적 연줄 등과 같은 비개인적 요소를 통해 획득될 수도 있다. 어떤 과정을 거치든 체면은 개인이 가지고 있는 어떤 자질과 그것에 대한 타인의 평가가 합해져서 만들어지는 것이다. 어느 개인의 체면 형성에 타인의 평가가 관여한다는 것은 개인주의 문화권에서도 일어나지만 집단주의 문화권에서 훨씬 더 많이 일어나는 현상이다.

중국인에게는 체면이라는 것이 엄청나게 중요하다. '체면이 선다'는 것은 집단 내 타인과의 관계에서 당당하고 떳떳하게 행동할 수 있다는 것을 의미하며, 또한 집단 내 타인과의 관계에서 어떤 일을 행할 명분이 있다는 것을 의미한다. 이중톈의 말을 들어보자.[10]

"체면은 중국인에게 큰 의미를 갖는다. 이는 중국인의 많은 것을 좌지우지한다. 인간관계는 체면에 따라 처리되고 유지되며, 사회생활도 체면에 따라 결정되고 만들어진다. 식사 초대만 해도 그렇다. 어떤 사람을 초대하고 어떤 사람을 초대하지 않을지, 어떤 사람을 여러 번 청하고 어떤 사람을 지나가는 말로 하고 그만둘지, 모두 체면에 따라 결정된다. 손님이 왔을 때도, 어떤 사람을 상석에 앉히고 어떤 사람을 '말석'에 앉히며, 심지어 옆에 서 있게 할지 모두 체면에 따라 결정된다. 일명 '잘 나간다' 하는

---

08   사렌샹(1989:68)에 있는 중국의 대문호 루쉰의 글 참고.

09   황광궈 등(2004:19).

10   이중톈(2008:161).

사람에게 식사 초대를 받거나 그 사람을 초대하는 것 모두 체면이 서는 일이다.”

이러한 체면은 중국에서 교환 가능한 매우 중요한 자원이다. 내가 누군가의 체면을 세워준다는 것은 그에게 체면을 선사하는 것이다. 누군가 나의 체면을 세워주었다면 나는 그에게 체면상의 빚을 진 것이다. 비즈니스를 하면서 고급식당에서 평소에 접하기 어려운 비싼 요리를 시켜 먹는 것도 체면을 교환하는 활동 중의 하나이다. 중국의 유명 음식점 순펑(順峯)의 총지배인은 말한다.[11]

“요즘 순펑 요리점에 와서 식사하는 것은 중국인들에게 자기 신분을 드러내는 행위로 평가받습니다. 이곳에서는 접대하는 사람과 대접받는 사람 모두의 체면(体面 tǐmiàn)을 세울 수 있습니다(请客者, 或被请者, 双方都很体面 Qǐngkè zhě, huò bèi qǐng zhě, shuāngfāng dōu hěn tǐmiàn.). 그래서 순펑에 와서 식사를 하는 겁니다. 한 끼에 최소한 3만 위안(약 570만 원) 정도 듭니다. 1천만 위안(약 19억 원)짜리 비즈니스에서 3만 위안 정도 떼어내어 전복이나 상어지느러미나 왕새우 등 고급 요리를 먹으면서 상대방의 체면도 세워주고 업무를 넘어 친구도 되고 하는 거죠.”

인정

중국어에서 ‘인정’이라는 단어는 최소한 두 가지 다른 의미를 가지고 있다.[12] 하나는 한국어에 있는 것이고 또 하나는 없는 것이다. 첫째, ‘인정’은 많은 문맥에서 ‘인간적인 배려’라는 의미로 사용된다. ‘인정이 없다’는

---

11   출처: KBS ‘요리 왕국 중국, 계급에 따른 음식의 빈부격차’(2020.01.06.). 번역문은 문맥에 따라 새로 의역을 했음. https://www.youtube.com/watch?v=n_sY43f6V0s.

12   황광귀 등(2004:11-13).

'인간적인 배려가 없다'는 뜻이다. 이것은 한국어의 '인정'과 동일하다. 둘째, '인정'은 타인과 서로 주고받을 수 있는 자원의 일종이다. 여기에는 추상적인 마음 씀 외에 돈이나 물건, 서비스와 같이 구체적인 물질이 모두 포함된다. 이것은 한국어의 '인정'에는 없는 개념이다.

중국 사회에서는 서로 잘 아는 사이라면, 상대방에게 기쁜 일이나 어려운 일이 있을 때 선물을 보내거나 현실적인 도움을 준다. 이런 경우를 중국어로 '送人情'(sòng rénqíng 인정을 보낸다)이라고 한다. 이렇게 도움을 받은 경우, 그 사람은 적절한 시기에 상대방에게 다시 보답을 해야 한다. 그것을 중국어로 '还人情'(huán rénqíng 인정의 빚을 갚다)이라고 한다. 왜냐하면 그는 상대방에게 '欠人情'(qiàn rénqíng 인정을 빚지다) 즉 '인정'이라는 빚을 졌기 때문이다. 중국인 가운데 누군가 당신에게 은혜를 베풀었는데 그것에 대해 적절한 보답을 하지 않는다면, 당신은 그들의 규범을 어긴 사람으로 인식되고 그 사람과 친구가 되거나 비즈니스 관계를 유지하기 어려워질 것이다.

보답: 기브 앤 테이크

'꽌시, 체면, 인정'은 상호적인 '보답' 관념 속에서 서로 긴밀하게 연결되어 있다. 보답이란, 누군가 자신을 도왔을 때 그에게 상응하는 답례를 하는 것을 말한다. 중국에는 아주 옛날부터 이런 말이 있다. "예는 서로 주고받는 것이다. 받았는데 안 주거나, 주었는데 못 받는 것, 모두 예에 어긋난다."[13] 여기에서 맨 앞의 '예(礼)'는 오늘날 '선물(礼物 lǐwù)'로 번역될 수 있지만, 더 넓게 보면 [도표 4-2]에 있는 것들 모두를 가리킬 수 있다. 그

---

13 "礼尚往来, 往而不来, 非礼也, 来而不往, 亦非礼也."(Lǐ shàng wǎnglái, wǎng ér bù lái, fēi lǐ yě, lái ér bù wǎng, yì fēi lǐ yě. 『예기(礼记)』)

뒤의 '예(礼)'는 '예법', 즉 '법도나 규범'이라는 뜻을 가지고 있다.

중국인이 타인에게 인정을 베푸는 주요 동기의 하나는 그가 타인에게 기대하는 보답이라고 말하는 이도 있다.[14] 자신이 어려울 때 그에게 도움을 요청하면 그가 당연히 자기를 도울 것을 기대하면서 그를 돕는다는 것이다. 사실 이런 행동은 중국인에게만 특유한 것이라고 말할 수 없다. 세계 어느 지역에 사는 사람이든 모두 그러할 것이다. 다만 중국에서는 이러한 행동이 예법에 규정되어 있을 정도로 더 분명하게 요구될 따름이다.

보답의 기본 원칙은 자신이 받은 것보다 더 많은 양을 돌려주는 것이다. 다시 말하면 상대방의 기대치보다 더 많이 보답하는 것이다. 예를 들어 청탁자가 나름대로 객관적인 기준을 갖고 파워 소지자에게 받은 것과 동등한 분량으로 보답했다고 하자. 이에 대해 파워 소지자가 자기가 애쓴 만큼 보상을 받지 못했다고 여길 경우, 파워 소지자는 청탁자의 성의가 부족하다고 생각하게 된다. 이것은 향후 쌍방의 관계에 영향을 미친다. 그러므로 청탁자는 파워 소지자가 이번 일을 처리하는 데 들였을 시간, 이번 일과 관련하여 겪게 될지도 모르는 위험, 그가 이번 일을 하면서 느꼈을 부담감 등 여러 요소들을 두루 감안하여 충분한 양의 보답을 해야 한다.

보답하는 시기를 언제로 잡느냐도 쉬운 문제가 아니다.[15] 너무 빠르면 빠른 대로 너무 늦으면 늦은 대로 상대방을 불쾌하게 할 수 있다. 나의 경험에 따르면, 보답의 시기는 현재까지의 신뢰 관계 형성 정도와 향후 상호 관계의 지속 여부에 따라 달라진다.

첫째, 현재까지 함께 한 시간이 짧거나 신뢰의 정도가 얕을 경우에는

---

14 황광귀 등(2004:14-15).
15 최초의 원고에 없던 이 내용을 추가한 것은 박덕준 교수가 그 필요성을 일깨워주었기 때문이다.

보답 행위를 빨리 하는 것이 좋다. 만약 보답 행위를 빨리 하지 않는다면 상대방은 당신이 보답 행위를 하지 않을까 봐 걱정할 것이다. 둘째, 현재까지 함께 한 시간이 길고 신뢰의 정도가 깊을 경우에는 보답 행위를 천천히 하는 것이 좋다. 당신이 서둘러 보답 행위를 한다면, 그것은 상대방을 오히려 기분 나쁘게 할 수 있다. "아직까지도 나를 친구가 아니라 비즈니스 파트너 정도로 생각하고 있는 건가?"라고 생각할 수도 있다. 가장 좋은 것은 그가 어려운 상황에 처했을 때 하는 것이다. "어려울 때 도와주는 친구가 진정한 친구"라는 말은 한국이나 중국이나 동일하게 적용된다. 셋째, 향후 자주 만날 기회가 없는 경우라면 보답 행위를 빨리 하는 것이 좋다. 그것은 '첫째'에서 말한 이유와 동일하다. 넷째, 향후 지속적으로 자주 만날 수밖에 없는 관계에 있다면 보답 행위를 천천히 해도 된다. '둘째'의 경우와 같이 상대방이 진짜로 필요로 할 때 도와주는 것이다. 그런데 시간이 지나도 상대방에게 보답할 기회가 만들어지지 않는 경우가 있다. 이럴 때는 적당한 시점에 의도적으로 만남의 시간을 만들어서 보답하는 것이 좋다.

한국인이 특히 습관을 들였으면 하는 사항이 있다. 당신이 어느 파워 소지자와 직접적인 꽌시가 없어서 그와 꽌시가 있는 당신의 중국인 친구를 통하여 일을 성사시켰다고 하자. 당신은 파워 소지자에게 적절한 보답을 하는 데서 멈추면 안 된다. 그를 당신에게 소개해준 그 중국인 친구에게도 후하게 보답을 해야 한다. 그 일이 성사되는 순간 당신의 친구는 그 파워 소지자에게 빚을 진 것이 되기 때문이다.

또한 당신은 다음의 (b)와 같은 행동을 하지 말아야 한다. 당신이 훗날 앞의 파워 소지자에게 다른 청탁을 하려 할 때 최초의 중국인 친구를 통하지 않고 당신이 직접 그 파워 소지자에게 연락을 취하는 행동을 말한다.

[도표 4-4]

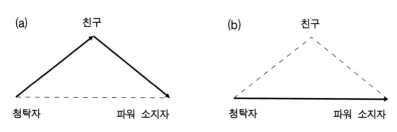

만약 당신이 이런 행동을 한다면, 그 파워 소지자는 당신의 이런 행위가 중국인의 규범을 어긴 것으로 보고 당신과 함께 일하는 것을 부담스러워할 것이다. 이러한 상황은 당신의 중국인 친구에게도 전달될 것이며, 그러면 당신과 그 친구와의 관계도 깨지게 된다. 이것이 중국 사회의 규범이다.

4.3 권력 게임 모델의 작동 과정

첫 번째 라운드: 청탁자의 심리와 행동

이제부터 실제 상황을 가정하여 [도표 4-3]의 모델이 작동되는 과정을 알아보자.

청탁은 다양한 상황에서 일상적으로 일어난다. 중국에서 교수들이 논문을 투고할 때도 청탁행위가 일어날 수 있다. 중국의 어느 대학 교수가 자신의 논문을 그 학계에서 높은 등급의 학술지에 실어야 한다고 하자. 중국의 교수들도 한국의 교수들처럼 새로 임용되거나 승진하려면 소위 A급 학술지에 몇 편 이상의 논문을 실어야 한다. 중국에는 연구자가 매우 많지만 학술지의 개수는 매우 적다. 그래서 유명 학술지에 논문을 게재하기 위해 치열한 경쟁이 벌어진다.

청탁자 입장에 있는 교수는 다음과 같은 사실을 알고 있다. 일이 생겼을 때 법규와 순리에 따라 행동하는 것은 대단히 순진한 행동이다. 법규와 순리 이전에 꽌시가 있다. 논문의 수준도 중요하지만 이에 앞서 사람을 찾아야 한다. 내가 안 하더라도 누군가는 할 것이고 그것 때문에 나의 논문이 뒤로 밀릴 수 있다.

이 상황에서 파워 소지자는 해당 학술지의 편집위원이다. 학술지의 편집위원은 [도표 4-2]에 있는 6개의 자원 중에서 지위와 정보면에서 힘을 갖고 있다. 논문 투고자들은 어떻게든 그 편집위원을 찾아가 친소의 관계를 이용하여 자신의 논문이 실릴 수 있도록 수를 쓰려 한다.

적당한 편집위원을 찾게 되면, 나(청탁자 입장에 있는 교수)는 그 편집위원과 나 사이의 관계가 어느 단계에 있는지 가늠해본다. 그냥 대충 아는 사이라면 쉽게 부탁을 하지 못한다. 내가 부탁을 할 수 있을 정도는 된다고 생각하고 상대방도 그렇게 생각할 것이라고 판단될 때 청탁을 하는 것이다. 상호 관계의 친밀도가 기준 미달인데도 부탁했다가 거절당하면, 일차적으로 나의 체면이 손상되고 또한 상대방에게도 좋지 않은 기억을 남기게 된다.

이러한 검토가 끝나고 어느 정도 자신감이 생기면 해당 편집위원에게 연락한다. "이번에 출판되는 학술지에 저의 논문이 꼭 실렸으면 합니다." 이러한 청탁은 전화나 이메일을 통해 이루어질 수도 있고 음식점에서 접대를 하면서 이루어질 수도 있지만 어쨌든 대개 겉으로 드러나지 않게 뒤에서 은밀히 진행된다.

혹시 당신은 이 글을 읽으면서 다음과 같이 의문을 품을 수 있다. 그래도 대학 사회 아닌가. 수준이 높은 논문이라면 실릴 것이고 수준이 낮은 논문이라면 아무리 꽌시를 동원한다고 해도 거부되지 않겠는가. 이중텐은 중국의 학술계에 객관적이고 공정한 제도 운영을 위해 여러 가지 방안이 도입되었지만 오히려 사사롭고 불공정한 행태가 난무하고 있다고 지적한다.[16] 이런 문제가 발생하는 가장 큰 이유는 연구자의 수에 비해 권위 있는 학술지의 수가 너무 적기 때문이다. 희소한 자원을 두고 치열한 경쟁을 벌일 때는 더 나은 전략을 사용하는 자가 이긴다. 이 때문에 수준 높은 논문이 반려되고 수준 낮은 논문이 버젓이 게재되는 일이 얼마든지 일어날 수 있다.

이제부터 이 상황을 일반화하여 기술하겠다. 논문을 투고하는 교수는 청탁자, 편집위원은 파워 소지자라고 부르겠다.

파워 소지자의 심리와 행동

이제 청탁을 받은 파워 소지자의 마음속으로 들어가 보자.

파워 소지자가 청탁자의 요청을 들어주는 것은 파워 소지자 입장에서 쉬운 일일 수도 있고 어려운 일일 수도 있다. 후자인 경우, 파워 소지자가 청탁자를 돕는 과정에서 자신이 손해를 볼 수도 있다. 파워 소지자가 청탁자에게 이익을 주기 위해 형평성 규정을 위반한다면, 파워 소지자는 그 행위로 인해 이익이 훼손된 사람들에게 항의를 받을 수도 있다. 청탁자의 논문의 수준이 떨어질수록 파워 소지자가 감당해야 하는 위험은 더 커진다. 파워소지자는, 이처럼 자기도 위험을 감수해야 하는데 과연 이번 사안이 그럴만한 가치가 있는지 따져보게 된다. 다시 말해서 파워 소지자는 그 청탁자와 자기 사이에 어떤 꽌시가 있는가, 꽌시가 있다면 얼마나 많이 있는가를 살피게 된다.

---

16   이중톈(2007:299-300).

앞에서 말했듯 청탁자와 파워 소지자의 관계는 크게 세 가지로 나뉘며, 이에 따라 파워 소지자의 의사결정이 달라진다.

첫째, 도구적 관계로 판단되는 사람이라면 공평 법칙이 적용된다. '그냥 웬만큼 대충 얼굴만 아는 정도인데 저런 부탁을 하네'라고 판단되면 원리원칙대로 결정한다. 정해진 기준을 넘으면 통과시키고 기준 미달이면 기각시킨다. 도구적 관계는 이성적 판단인 것 같지만 많은 경우 '沒关系'(méi guānxi 꽌시 없음)의 불공정한 대우를 받는다. 중국의 현실 세계에서 '공정하게 처리한다'는 종종 '처리하지 않는다', 즉 '통과시키지 않는다'를 의미한다는 것을 아는 사람은 다 안다.[17]

둘째, 감성적 관계로서 청탁자가 자신과 매우 친한 친구일 수 있다. 나아가 자기의 형제자매이거나 자기의 부모이거나 매우 가까운 친척일 수도 있다. 이때는 '요구법칙'이 적용된다. 앞에서 말했듯, 요구법칙이란 어떤 성과를 사람들이 각자 기여한 정도가 많든 적든 상관없이 개인들의 요구에 맞춰 배분하는 것이다. 이 법칙이 쉽게 이해되지 않을 텐데 앞에서 말했듯 바로 우리들 집안에서 일어나는 일을 떠올리면 된다. 집안에 부모와 미성년 자녀가 산다고 할 때 부모가 노동을 하여 벌어온 돈을 미성년 자녀와 함께 나누어 쓰게 된다. 미성년 자녀의 경우 이 수입에 직접적으로 공헌한 바는 거의 없다. 그럼에도 그는 부모에게 먹고 마시고 학교에 갈 때 필요한 경비를 요구하고 있다. 이 상황이 불합리하다고 생각하는 부모는 거의 없다. 여건만 된다면 자식의 요구를 다 들어주게 된다. 청탁자와 파워 소지자의 관계가 이러하다면 파워 소지자는 복잡하게 생각하지 않고 청탁자의 요구를 들어줄 가능성이 높다.

셋째, 혼합적 관계로서 자기와 청탁자의 관계가 피를 나눈 형제처럼

---

17   이중톈(2007:259).

가까운 사이는 아니지만 그렇다고 남남도 아닌 경우이다. 이때는 고려할 점이 많아서 생각이 복잡해진다. 파워 소지자는 청탁자를 돕는 데 드는 비용과 청탁자로부터 받게 될 예상 보답과의 손익 계산서를 신중하게 따지게 된다. 그 결과 예상 수익이 비용보다 크다면 청탁을 수용한다. 그러나 예상 수익이 비용보다 적다면 청탁을 거절한다. 아무리 따져보아도 어느 쪽인지 판단이 어려울 수가 있다. 그때는 판단을 보류한다. 보류는 크게 두 가지의 의미로 해석할 수 있다. 하나는 거절이다. 중국인이라면 "考慮一下."(kǎolǜ yíxià. 생각해보겠습니다)나 "研究研究."(yánjiū yánjiū. 연구 좀 해보겠습니다)가 거절의 의사를 완곡하게 표현한 것임을 알고 있다. 또 하나는 "이 일은 맨입으로는 안 된다. 사전에 뭔가 촌지가 있어야 한다"일 수도 있다. 사회 경험이 많은 중국인이라면 이 점 역시 쉽게 간파하고 상응하는 조치를 취한다.[18]

상대방의 체면을 고려하는 완곡어법

중국에서는, 당신이 중국인의 관점에 동의하지 않을 때 대놓고 '不(bù)'라고 하는 것을 예의에 어긋난다고 본다. 그들은 그렇게 말하지 않는다. 상대방의 체면에 엄청나게 손상을 준다고 알고 있기 때문이다. 설사 도저히 할 수 없거나 너무나 어려운 일을 부탁해 왔을 때에도 단도직입적으로 "我办不成."(Wǒ bànbuchéng. 저 못 합니다)이라고 말하지 않는다. 누군가 당신을 식사 자리에 초대했을 때 한마디로 거절하는 것 역시 그의 체면을 손상시키는 일이 된다. 이런 일이 반복되면 함께 사업을 하는데 영향을 받을 수 있다. 중국인들

---

18   보류의 표현에 대한 두 번째 해석은 박덕준 교수의 의견을 따른 것이다.

은 다음과 같이 말한다.

> "这件事情不太好办, 得研究研究."(Zhè jiàn shìqing bú tài hǎo bàn, děi yánjiū yánjiū. 이 일은 실행하기 쉽지 않겠어요. 연구 좀 해봐야겠습니다.)

> "我不得不考慮一下."(Wǒ bùdebù kǎolù yíxià 고민을 좀 하지 않을 수 없겠습니다.)

> "这件事听起來不錯, 但会有些困难."(Zhè jiàn shì tīngqilai búcuò, dàn huì yǒu xiē kùnnan. 이 일은 괜찮은 일로 들립니다만, 실행하려면 어려움이 좀 있겠습니다.)

> "这件事需要研究研究."(Zhè jiàn shì xūyào yánjiū yánjiū. 이 일은 연구를 좀 할 필요가 있겠습니다.)

> "我会尽力的, 但我不能保证."(Wǒ huì jìnlì de, dàn wǒ bù néng bǎozhèng. 최대한 노력해보겠습니다만 확답은 못 드리겠습니다.)

> "这件事办起來可能得花很长时间."(Zhè jiàn shì bànqilai kěnéng děi huā hěn cháng shíjiān. 이 일을 처리하려면 시간이 많이 걸릴 것 같습니다.)[19]

한편 당신은 이 답변들을 액면 그대로 해석해서는 안 된다. "这件事情不太好办, 得研究研究."라는 말을 듣고 '연구를 좀 해본다고 하니 언젠간 답변을 주겠구나' 하고 기다리면 안 된다. 당신이 기다리는 답변은 거의 오지 않을 것이기 때문이다. 이 답변들의 공통점은 거절이다. 어투만 완곡하게 했을 따름이다. 그것을 읽어낼

---

19   이상의 설명과 예문은 양둥성(2004:123, 151-153)에서 가져왔음.

수 있어야 한다. 그렇지 않으면 비즈니스에서 중대한 실책을 범할 수 있다.

역으로 당신은 당신의 요청을 거절하는 중국인의 어투에서 당신에 대한 그의 꽌시 판단을 엿볼 수 있다. 다시 말하면 그들과 내가 어떤 게임 상태에 있는지 알 수 있다. 위와 같이 완곡하게 말한다면 당신을 존중하는 마음이 있는 것이다. 그러나 "不行!"(bùxíng, 안 돼요)라고 대놓고 말한다면 그는 나와의 꽌시를 가치 있게 생각하지 않는다는 뜻이다.

한편 매우 친한 사이라면 이렇게 완곡한 표현을 써서 에둘러 표현하지 않고 사실 그대로 말한다. 그때는 물론 말하는 내용이나 어투가 다를 것이다.

두 번째 라운드: 청탁자의 이차 심리와 행동

첫째, 청탁한 일이 순조롭게 처리되었다고 하자. 청탁자는 파워 소지자가 어떤 마음과 기준으로 그 일을 처리했는지 알 수도 있고 모를 수도 있다. 어쨌든 청탁자에게 돌아온 결과는 청탁한 일이 잘 처리되었다는 사실이다. 청탁자는 중국인들의 오랜 규범에 따라 파워 소지자에게 적절한 보답을 해야 한다. 중국에는 보답하는 방식이 다양하게 개발되어 있다.[20]

- 거액을 들여 집을 수리해 주면서 상징적으로 약간의 재료비만 받는다
- 현지 시찰 명목으로 해외 여행을 보내준다.

20　이중톈(2007:277). 이 중에서 다섯 번째 방안은 박덕준 교수의 의견을 따른 것이다.

- 마작이나 내기 골프 모임에 초청한다. 승자가 누구인지는 안 봐도 훤하다.
- 기념 휘호나 간단한 원고를 청탁한 후 그에 대한 답례나 원고료를 후하게 지불한다.
- 해외에 있는 자녀의 등록금을 대신 내주거나 훗날 그 파워 소지자가 해외에 살 집을 마련해 준다.

만약 적절한 보답을 하지 않는다면 어떻게 될까. 상대방은 더 이상 당신을 일로 만나려 하지 않을 것이다. 더 나아가 주위에 당신이 이런 사람이라고 이야기를 퍼뜨릴 수도 있다. 그 결과 당신의 평판에 금이 가고 당신의 체면에 먼지가 묻게 된다. 그러면 당신은 그 사회나 조직에서 중요한 프로젝트를 수행할 때 적절한 도움을 받을 사람을 찾지 못하게 될 것이다.

둘째, 청탁한 일이 기각당했다고 하자. 여기에는 일을 처리하지 않고 차일피일 미루는 보류도 포함된다. 이때 예상되는 청탁자의 행동은 다음과 같다.

상대와의 꽌시를 계속 유지하는 것이 유리하다고 판단되면, 내가 좀 불쾌하더라도 다시 체면 조성 작업, 즉 내가 꽤 쓸만한 사람이라고 인식시키는 작업을 계속 진행한다. 명절이 되면 선물도 보내고 좋은 일 생기면 전화도 하고 나쁜 일 생기면 가서 위로도 하면서 꽌시를 강화하는 행동을 한다. 그리고 다음에 다른 일이 생기면 다시 청탁을 시도한다.

청탁자의 반응 중 가장 과격한 것은 아예 상대방과의 거래를 끊는 것이다. "감히 나의 부탁을 거절해? 나를 그 정도로밖에 생각하지 않았나?" 그렇더라도 교양이 있는 중국인이라면 불쾌함을 바로 얼굴에 드러내지 않는다. 지혜롭고 노숙한 중국인은 적절한 보복의 기회를 참을성 있게 기다릴 줄 안다. '君子報仇十年不晚'(jūnzǐ bàochóu shínián bù wǎn. 군자가 원수를 갚는 데는 10년도 늦지 않다), '十年磨一劍'(shínián mó yī jiàn. 10년 걸려 칼 한 자루를 간다) 이라는 속담이 있을 정도다. 10년이 걸리더라도 갚을 원수는 꼭 갚는다는 뜻이니 꽤 무시무시한 속담이다.

다차원의 입체적 반복성 게임

황광귀의 모델은 실제 다수가 참여하는 다차원의 입체적 게임이다. 눈에 보이는 게임 참여자가 청탁자와 파워 소지자 두 사람이라 할지라도 여기에 직간접적으로 관여하는 사람들까지 계산에 넣어야 하기 때문이다. 그렇다보니 파워 소지자는 청탁자의 요구에 대한 수용 여부를 판단할 때 생각보다 훨씬 많은 사항을 고려한다.

첫째, 앞에서 말했듯 파워 소지자는 일차적으로 이 일을 처리하는 데 따르는 위험 요소를 따진다. 이 안에는 이 일을 처리하는 데 직간접적으로 관여하는 주변 사람들의 판단도 포함된다.

둘째, 그리고 이 일을 처리해주었을 때 자신이 얻게 되는 이익을 따진다. 이 안에는 청탁자가 제공할 것으로 예상되는 보답도 포함된다.

셋째, 이 일의 처리를 거부했을 때 일어나는 상황도 따진다. 그는 자신이 인정머리 없이 도움의 손길을 내밀지 않는다면 쌍방의 관계가 경색되어 버리며, 심지어 서로 원수지간이 되기도 한다는 사실을 잘 알고 있다.

넷째, 그래서 청탁자의 평소 행동, 태도, 사회적 지위와 능력 등을 살펴보는 것은 기본에 속한다. 청탁자가 가지고 있는 관계망, 즉 그가 어떤 수준과 지위에 있는 사람들과 어울리는가도 살피고, 현재의 상태뿐만 아니라 미래 가치도 살피며, 또한 그의 부탁을 거절할 때 그 사람 주변이나 자신의 주변에 있는 이들이 어떻게 생각할까 하는 점까지 숙고한다.

다섯째, 훗날 청탁 관계가 역전되었을 때의 상황도 고려한다. 상황이 달라지면 갑을 관계가 바뀔 수 있다. 다시 말해서 현재의 파워 소지자가 미래에는 그 청탁자에게 무언가 부탁을 해야 하는 처지가 될 수 있다. 이러한 점까지 두루 고려하여 청탁의 접수 여부를 판단한다.

이러한 규범을 잘 알고 자신이 가지고 있는 자원을 지혜롭게 교환할 줄 아는 사람이 그 사회에서 성공한다. 윗자리에 높이 올라간 사람일수록 남들이 보지 못하는 심오한 영역까지 고려하여 의사결정을 하는 눈이 있다. 어느 사회나 그러하다. 그 눈이 그를 그 자리까지 오르게 했기 때문이다. 중국 비즈니스를 잘하려면 당신도 그러한 눈을 갖춰야 한다.

게임의 규칙이 바뀔까?

오랫동안 뿌리를 내려온 중국인의 사회적 관행이 어느 날 갑자기 바뀌는 일이 일어날까. 시간이 흘러가고 세대가 바뀐다고 해서 사람들이 원하는 것을 얻기 위해 서로 관계를 맺고 살아가는 방식, 즉 게임의 규칙이 바뀔까.

소위 사회적 관행이나 국민성이라는 것은 누군가 '바꾸자'고 외친다 해서 금방 바뀌는 것이 아니다. 어느 나라에서든 그것은 수백 년 또는 수천 년 역사를 거쳐 누적된 결과이며, 그 과정에서 사람들의 무의식 세계에 깊이 뿌리를 내린 채 정신의 일부가 되어있는 것이다. 만약 당신 혼자서 그것을 바꾸고자 한다면 강렬한 사회적 저항에 부딪치게 된다.

변화가 특히 어려운 이유는 어느 사회나 조직에서 상부에 있는 사람들, 즉 기득권층이 그것을 싫어하기 때문이다. 그들은 그 사회에 오래전부터 뿌리를 내리고 있는 게임의 규칙을 잘 알고 잘 활용한 사람들이며 그 게임의 규칙의 수혜자이다. 그들에게는 그 규칙이 변하지 않고 지속되는 것이 가장 유리하다. 그러므로 그것을 바꾸고 싶어할 이유가 없다. 중국에서 이러한 게임 규칙의 최대 수혜자는 누구일까. 5장에서 그 답을 찾을 수 있을 것이다.

물론 세대 차이가 없을 수 없다. 서구적 가치관의 영향으로 젊은 세대로 갈수록 기성세대와는 다른 목소리를 내는 사람이 많아질 것이다. 그러나 중국은 인구가 특히 많고 자원은 한정되어 있다. 젊은 세대 역시 한정된 자원을 더 많이 차지하기 위해 누군가와 경쟁을 해야 한다. 이 경쟁에서 이기려면 주어진 규칙을 숙지하고 잘 활용해야 한다. 지혜로운 젊은이라면 누구보다 먼저 기존의 오랜 규칙을 익히고 그것에 순응할 것이다. 그러므로 이 규칙은 앞으로 긴 시간이 흘러도 큰 변화 없이 중국인들의 삶 속에서 지속적으로 작동할 것이다.

4.4 외국인이 중국인과 잘 사귀는 방법

한국인은 중국인에게 외국인이다. 관계 판단 면에서 볼 때 처음에는 도구적 관계로 시작된다. 여기에는 단점도 있고 장점도 있다. 당연히 처음부터 깊은 신뢰가 요구되는 큰 프로젝트를 함께 하기 어렵다. 협상을 하더라도 서로 밀고 당기는 데 시간이 많이 소요될 것이다. 그러나 상대방에 대한 어떤 나쁜 경험도 없기 때문에 첫 단추를 잘 꿰게 되면 점차적으로 보다 깊은 관계로 심화될 수 있다. 이제부터 외국인이 중국인과 잘 사귀는 방법 여섯 가지를 소개하려 한다.

개인 대 개인의 만남으로 시작하라

'중국인'이란 말은 단수가 아니라 복수의 성격이 강해서 "14.1억여 명과 어떻게 사귀지?"라는 걱정으로 마음이 무거워질 수 있다. 마음의 부담을 덜어주는 이야기를 하겠다. 처음 시작을 어느 한 사람으로부터 하라는 것이다. 그러니까 '중국인들을 사귄다'고 생각하지 말고 '한 명의 개인을 사귄다'고 생각하는 것이 좋다. 한 명의 친구를 깊이 사귀게 되면 그 친구를 통해 다른 친구를 사귈 수 있게 된다. 이것은 중국인들이 친구를 사귀고 관계망을 넓혀가는 방식이기도 하다.

일본인 중국전문가 소노다 시게토의 말이 도움될 것이다.[21] "필자가 중국 연구를 계속할 수 있었던 것도 이런 개인 차원의 관계를 존중해 왔기 때문이다. 중국과의 비즈니스를 오랫동안 해 온 비즈니스맨들은 개인과 개인의 신뢰감 형성이야말로 비즈니스 성공의 열쇠라고 단언한다. 이 점은 아무리 강조해도 지나치지 않을 것이다."

한 명의 친구라도 제대로 사귀려면 나에게 먼저 그의 눈길을 끌 만한 매력적인 것이 있어야 한다. 나에게 뭔가 그에게 줄 것이 있어야 한다. 내가 좋은 사람이고 쓸 만한 사람이라고 알려지면 내가 나서지 않더라도 그가 먼저 알고 찾아올 수도 있다.

나를 매력적으로 만드는 것들은 무엇일까. 우선 앞에서 말한 사회적 자원 교환 이론을 상기하라. 돈, 지위, 정보, 상품, 서비스, 사랑뿐만 아니라 나의 사회적 연결망도 나의 자산이다. 어떤 분야에서든 특출한 재능이 있다면 그 분야 사람들의 관심을 받고 초대를 받을 수 있다. 골프나 테니스도 당신의 매력도를 높이는 데 쓰일 수 있고, 심지어 술만 잘 마셔도 술 상무 역할로 중요한 비즈니스 만찬에 동석할 수 있다. 내가 아는 사람 중에는 메이크업 실력만으로 많은 중국인 친구를 사귄 이도 있다.

실력을 갖추면 초대를 받을 수 있다. 여기에 겸손하기까지 하면 친구

---

21   소노다 시게토(2002:232).

가 될 수 있다. 자신을 드러내지 않고 낮추는 것을 겸손이라고 한다. 중국인들은 대체로 자신이 가진 것을 그것이 돈이든 재능이든 모두 드러내지 않고 실제보다 낮추어 표현하는 것을 미덕으로 여긴다.

그러나 실력이 없고 겸손하기만 한 사람은 주목을 받지 못한다. 나에게 매력적인 면이 있어야 상대방이 관심을 갖는다. '酒香不怕巷子深'(jiǔ xiāng bú pà xiàngzi shēn)이라는 속담이 있다. "술맛이 좋으면 구석진 곳에 있더라도 찾아온다."는 뜻이다. 그러니 관심을 끌려면 일단 스스로가 실력이 있는 매력적인 사람이 되어야 한다.

느슨한 관계로 시작하라

영업의 아마추어는 물건 파는 데 집중하고, 영업의 선수는 친구 관계 맺는 데 시간 쓴다. 그것을 중국어로 "先做朋友, 后做生意."(xiān zuò péngyou, hòu zuò shēngyì. 비즈니스 이전에 친구 사귀기를 먼저 하라)라고 한다. 어느 한 사람과 사귄다고 할 때 어떻게 시작해야 할까. 우선 느슨한 관계로 시작을 해 보자.

우리는 외국인으로서 중국인과 사귀게 된다. 중국인이 한국인을 대할 때 일차적인 관계 판단은 '중국인이 아닌 외국인'이다. 원하든 원하지 않든 느슨한 관계로 시작할 수밖에 없다. 그런데 느슨한 관계에도 장점이 있다는 것을 알면 그것을 적극적으로 활용할 수 있게 될 것이다.

느슨한 관계란 스탠퍼드 대학의 사회학 교수인 마크 그라노베터(Mark Granovetter)가 제안한 사회 연결망 이론(Social Network Theory)에서 제안된 용어이다. 그가 1973년에 발표한 논문의 제목이 「느슨한 관계의 힘」(The Strength of Weak Ties)이다.

마크 그라노베터는 미국에서 기존의 직장에서 실직한 후 새로운 직장을 누구의 소개로 더 많이 구하는가를 조사했다. 상식적으로 서로 자주 왕래하고 긴밀하게 접촉하는 '강력한 관계'에 있는 사람이 새로운 직장을 더 많이 구해줄 것으로 예상된다. 그러나 결과는 그 반대로 나타났다. 서로 안면이 있기는 하지만 평소에 자주 왕래하지 않는 느슨한 관계에 있는 사람이 도움을 준 경우가 더 많았다고 한다.

왜 그럴까. 그 이유는 다음과 같다. 첫째, 우리는 일반적으로 느슨한 관계를 통해 더 많은 사람들과 접촉하고 있다. 아주 친한 친구의 수보다는 웬만큼 아는 수준의 지인이 훨씬 많다. [도표 4-5]에서 내가 A라고 하자. 강력한 관계만 본다면 2명밖에 안 된다. 그런데 느슨한 관계에 있는 사람들까지 합하면 나의 실직 소식은 6명에게 알려진다. 여기에 그 지인들이 각자 가지고 있는 관계망까지 합하면 그 숫자는 훨씬 더 많이 늘어난다.

[도표 4-5] 강력한 관계와 느슨한 관계

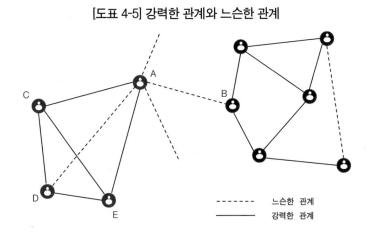

느슨한 관계
강력한 관계

둘째, 몇 단계 건너서 아는 사람 또는 우연히 알게 된 사람들은 가벼운 이야기를 서로 편하고 쉽게 주고받을 수 있기 때문에 오히려 새로운 정보의 공유와 확산이 상대적으로 쉽다. 실직과 같은 중차대한 상황도 느슨한 관계에 있는 사람들로 구성된 소셜 네트워크 서비스(SNS)에서는 가볍게 툭 던질 수 있다. 이들 사이에서 중요한 청탁이 오가는 것은 어렵겠지만 일상적인 일로 도움을 주고 받는 일은 서로 부담없이 할 수 있다.[22]

그러니까 중국인과의 만남도 우선 얕은 관계에서 시작하자. 얕고 느슨한 관계를 여럿 만드는 것이다. 그러한 얕은 관계를 많이 만들어가다 보면 그중 일부와의 만남이 잦아지고 이들과의 만남이 점차 깊은 관계로 이행될 수 있다.

우연한 만남도 가볍게 처리하지 말자. 중국 비즈니스 무용담을 듣다 보면 '우연히 처음 만난 사람을 도와주었더니 나중에 중요한 문제를 해결하는 데 큰 도움을 받았다'는 이야기를 심심찮게 듣는다. 우연히 만나는 사람을 어떻게 대하는가는 그가 평소에 지니고 있는 인간에 대한 철학과 관련된다. 인간관계의 기본은 인간에 대한 배려이다. 인간에 대한 평소의 철학이 행동으로 나온다. 비즈니스 이전에 친구가 먼저이고, 친구 이전에 인간을 수단이 아니라 목적으로 대하고 배려하는 철학이 먼저다.

10년 이상을 내다보면서 하위직의 젊은 사람들에게 적절한 관심을 보이는 것도 좋다. 처음부터 교환 가능한 자원을 많이 가진 고급 공무원이나 기업의 임원과 바로 사귐을 시작하기는 쉽지 않다. 당신이 그러한 지위에 있지 않다면 더욱 그러하다. 이미 부유하고 힘이 있는 자들은 타인과 엮이는 것을 꺼리고 가급적 피하려 한다. 자신을 목적으로 대하는지 수단으로 대하는지 금방 안다. 이것은 어느 나라나 마찬가지다. 그러나 하위직의 젊은 사람이라면 복잡한 생각없이 서로 쉽고 편하게 사귈 수 있다.

느슨하지만 고급스런 관계의 수를 획기적으로 늘이는 방법으로 선호

---

22   김경일 교수 유튜브 강의(2022.04.20.) 일부 참조. '잃으면 후회할, 당신을 매력적으로 만들어 줄 사람들의 특징'.

되는 것이 있다. 베이징대, 칭화대, 푸단대와 같은 명문대학교의 경영대학원에 입학하는 것이다.

같은 방향으로 가라

꽌시를 잘 맺고 활용하는 것은 중국인에게도 쉬운 일이 아니다. 그래서 그런지 중국의 대형서점에 가면 인간관계론에 관한 책이 매우 많다. 중국인이 쓴 것도 있고 서양인이 쓴 책을 번역한 것도 있다.

"어떻게 하면 남과 관계를 잘 만들고 유지할 수 있을까?"라는 질문에 대해 온라인에서 매우 간결한 답변을 찾아냈다.[23]

"상대방이 가는 방향으로 함께 가세요. 당신이 그와 같은 편 사람이며, 당신이 결코 그에게 위협적인 존재가 아니라고 인식하게 하세요. 그에게 큰 도움을 주거나 그에게 무엇이든 이익될 만한 것을 제공하세요. 그가 만일 당신과 함께 하는 시간을 아무런 부담 없이 편안하게 느낀다면 관계는 저절로 좋아질 겁니다. 사람이란 이익을 좇고 손해를 피하는 존재입니다. 만약 당신이 그에게 이익이 되는 존재라면 관계는 저절로 좋아집니다."

상대방이 가는 방향으로 함께 간다는 말은 이해관계를 함께 한다는 뜻이다. 어디까지 함께 갈 수 있어야 할까? 궁극의 경지는 독일 속담에 있는 '함께 말을 훔칠 수 있는' 단계까지다.[24] 이 속담의 의미는 '나쁜 짓도 함께 할 정도가 되어야 진정으로 깊은 속내를 나눌 수 있는 친구'라는 것이다. 물론 이 구절은 비유적 표현이다. 우리와 같은 외국인은 세계 어느 곳에

23 바이두, '如何和人搞好关系'. https://www.zhihu.com/question/352468491
    2021.08.08. 접속

24 https://blogs.transparent.com/german/sayings-expressions-19-horses
    2023.06.30. 접속.

가든 일차적으로 현지의 법을 잘 지켜야 한다.

다시 [도표 4-3]을 보자. 도구적 관계와 혼합적 관계 사이에는 점선이 그어져 있다. 도구적 관계에서 혼합적 관계, 또는 혼합적 관계에서 도구적 관계로의 전이가 쉽다는 것을 나타낸다. 혼합적 관계와 감성적 관계 사이의 선은 실선이다. 혼합적 관계에서 감성적 관계로 넘어가는 것이 대단히 어려움을 나타낸다. 감성적 관계에 있는 사람들은 혈연관계이거나 유사 혈연관계에 있다. 이들은 서로를 '自己人'(zìjǐrén)이나 '自家人'(zìjiārén)이라고 부른다. 모두 '내 사람, 매우 친한 사람'이라는 뜻이다. 진정한 '이너 서클'이다. 도구적 관계에서 혼합적 관계로 나아가는 것은 기술이고, 혼합적 관계에서 감성적 관계로 심화되는 것은 예술이다. 후자로 갈수록 많은 경험과 오랜 시간이 축적되어야 한다.

같은 방향으로 가고 있음을 표현하는 간단한 방법이 있다. 다음은 '20년 중국 삼성의 전설'로 일컬어지는 류재윤 대표의 말이다.[25]

"모임에 초대받았다면 무조건 가자. 중국에서 무엇보다 중요하다는 꽌시를 만들고 싶다면 사람 만나는 것만큼은 반드시 챙겨야 한다. 일단 무조건 만나자. 일이 많으면 잠깐 앉았다가 일어나도 괜찮다. 얼굴이라도 비추고 나서 5분을 앉았다 나오더라도 부르면 나가서 만나는 것이 좋다. 중국 친구들은 당신의 상황을 이해해주고 오히려 이방인인 당신의 노력에 감동할 것이다. 한 번의 작은 만남이 큰 비즈니스로 들어가는 열쇠가 될 수 있다. 그러니 인연을 만들고 싶다면 중국 친구, 아니 별로 친하지 않은 중국인이라도 당신을 부를 때 이것저것 따지지 말고 초대에 응하도록 하자."

---

25 류재윤(2014:40, 49)에 있는 내용을 재구성. 류재윤 대표가 쓴 두 권의 책 『지금이라도 중국을 공부하라(1,2)』에는 그가 20년간 중국 비즈니스 최전선에서 일하면서 겪었던 각종 무용담이 실감 나게 그려져 있다.

개인 대 개인의 만남이 오래 가기 위해서는 중국어를 잘해야 한다. 공식적인 협상 자리라면 통역을 활용하는 것이 전략적으로 도움될 수도 있지만 개인 대 개인으로 만나는 경우라면 다르다. 만남이 깊어질수록 내면의 복잡한 이야기를 나누게 된다. 대외적으로 기밀을 유지해야 할 중요한 프로젝트를 논의할 수도 있다. 함께 식사하다가 농담도 하고, 운동하다가 집안 애기도 하고, 가끔 전화로 급한 질문을 주고받아야 할 때도 있는데, 그때마다 통역을 거쳐야 한다고 상상을 해보라.

짧은 시간 안에 최대한 빨리 실력을 향상시킬 수 있는 방법으로 '전화 중국어'를 추천한다.

평소에 잘하라

사람은 서로 더 자주 교류할수록 서로에 대한 정서가 더 강해지는 경향이 있다. 관계를 형성하고 유지하려면 서로 지속적인 왕래가 필수적이다. 함께 하는 시간이 편안하게 느껴지도록 평소에 잘해야 한다. 그러기 위해서는 우선 자주 만나야 한다. 그들은 일이 코앞에 닥쳐서야 다급히 꽌시를 맺으려고 하는 행동을 매우 싫어한다. '平时不烧香, 临时抱佛脚.'(píngshí bù shāoxiāng, línshí bào fójiǎo)라는 말이 있다. "평소에는 아는 체도 안 하더니 급하니까 바짓가랑이 잡고 늘어진다."는 뜻으로서, 이렇게 얄팍하게 행동하는 사람을 비아냥거리는 속담이다.

류재윤 대표는 중국에서 자주 목격한 한국인 기업가의 잘못된 행태를 다음과 같이 말한다.[26]

---

26   가톨릭대학교에서 있었던 류재윤 대표의 강의(2021.03.10.) 자료 참조.

- 한국인은 심사 결과 발표 직전에 전화해서 '밥 먹자, 도와달라'고 한다.
- 한국인은 식사 대접을, 신세를 지게 될 날 사나흘 전이나 심지어 하루 전에 한다.
- 청탁을 할 때는 한 달 내내 주말마다 골프 초대를 하다가 성사 이후에는 연락을 끊는다.
- 식사를 제의한 후, 갑자기 상황이 좋아져서 신세를 질 필요가 없게 되면, 이리저리 핑계 대고 식사 자리를 취소하는 경우도 있다.(사실은 바로 그분의 사전 조처 때문에 일이 잘 풀렸을 수도 있는데.)
- 심지어 음식 대접을 할 것처럼 하다가 대접하지 않고, 먼저 신세를 지고 난 후 '한 번 잘 모시겠다'고 말만 하다가 마치 그런 일이 없었던 것처럼 외면하는 이도 있다.

중국인들이 신뢰 관계를 맺기 위해 하는 행동으로 대표적인 것이 선물 주고받기와 음식 대접하기이다.[27] 그들은 일이 있으나 없으나 자주 왕래하고 여러 가지 핑계를 만들어 함께 만나고 뭉친다. 가장 좋은 기회가 연말연시다. 섣달그믐 밤의 가족 모임이나 새해 인사는 무척 중요하다. 결혼이나 장례식도 마찬가지다. 연락이 오면 반드시 참석하여 기쁨과 슬픔을 함께 하며 설사 직접 연락이 오지 않더라도 소식을 듣게 되면 축하나 조문을 한다.

평소에 잘하기를 한국에서부터 해보자. 한국인끼리 친구를 잘 사귀는 사람이 외국에 나가서도 친구를 잘 사귄다. 한국에서부터 평소에 주변 사람이나 관련 분야 사람들에게 관심을 보이고, 상대와 상황에 맞게 의사소

---

[27]　이중텐(2008:226).

통을 하고, 그가 필요로 하는 정보를 제공하면서 친분을 쌓는 활동을 습관 들여 보자. 그러면 한국에서도 보다 더 빨리 자신의 뜻을 이룰 수 있으며, 또한 중국인과의 만남도 훨씬 쉽고 자연스러워질 것이다.

신뢰하되 검증하라

인간관계에서 가장 피해야 하는 것은 타인의 이익 달성을 위해 쓰이다 가 버려지는 것이다. 그런 사람을 호구라고 한다. 사업을 함께 하려면 신 뢰해야 한다. 상호 신뢰가 있어야 함께 비즈니스를 할 수 있다. 호구가 되 지 않으려면 검증해야 한다. 일을 진행하면서도 수시로 검증을 해야 일방 적인 피해를 막을 수 있다. 큰 비즈니스를 할 때는 부모와 자식, 형제와 자 매 사이에도 이렇게 해야 한다. 이것을 속담으로 표현한 것이 "害人之心 不可有, 防人之心不可无."(hàirén zhī xīn bù kě yǒu, fángrén zhī xīn bù kě wú.)이다. '남을 해하려는 마음을 품어서도 안 되겠지만, 남이 당신을 해하려는 것을 방비하는 마음이 없어서도 안된다' 는 뜻이다. 중국인이 당신에게 그러하 듯, 당신도 그렇게 해야 한다.

모든 인간은 불완전하다. 그리고 모든 인간은 인센티브에 반응한다 (People respond to incentives). 그러므로 사람을 절대적으로 신뢰하면 절대적 으로 후회할 일이 생긴다. 이 때문에 큰일을 하든 작은 일을 하든 진행 과 정에서 틈틈이 의식적으로 검증하는 시간이 필요하다.

깊은 신뢰 관계는 매일매일 오랜 기간 이런저런 계기들의 축적을 통 해 형성되는 것이지 그것 자체를 추구한다고 어느 날 하루아침에 형성되 는 것이 아니다. 진정성(authenticity)을 확인하는 방법이 있다. 말과 행동과 생각이 일치되는지 알아보는 것이다. 말만 듣고 판단하면 호구가 되기 쉽 다. 말과 행동의 일치 여부만 보고 판단하면 더 큰 위험에 빠지기 쉽다. 그의 말과 행동의 이면에 내재해 있는 속마음까지 읽을 수 있어야 한다. 그의 진정한 생각까지 알려면 시간이 필요하다.

중국인들은 사람을 판단할 때 축적된 시간의 힘을 믿는다. "路遙知马力, 日久见人心."(lù yáo zhī mǎlì, rì jiǔ jiàn rénxīn)이라는 속담이 있다. "길이 멀어야 말의 힘을 알고, 시간이 지나야 사람의 본심을 알 수 있다."는 뜻이다. 중국인과 비즈니스를 할 때는 '중국인의 시간'보다 더 여유 있게 시간을 잡는 것을 습관들이자. 중국 비즈니스에서 성공하려면 장기적인 안목으로 길게 생각하며 접근해야 한다. 그리고 비즈니스 상대 또한 잠깐 보고 금방 판단하려 하지 말고 길게 보고 깊게 관찰하면서 사귈 필요가 있다.

배우고 연구하라

중국인과 잘 사귀고 비즈니스를 잘하려면 많이 배우고 많이 연구해야 한다. 골프를 잘 치고 싶을 때도 배우고 연구하며, 음식을 잘 만들고 싶을 때도 배우고 연구한다. 중국 비즈니스도 마찬가지다. 중국 비즈니스를 잘하려면 최소한 다음의 네 가지를 잘 알아야 한다.

첫째, 모든 인간이 보편적으로 지니고 있는 성향을 알아야 한다. 그 바탕 위에서 중국인들의 특수한 문화를 탐색해 들어가야 한다. 그래야 처음부터 시야가 좁아지지 않으며, 그래야 이 세상을 공정한 눈으로 바라볼 수 있다. 예를 들어 '꽌시'나 '체면'에 관한 이야기를 가지고 마치 중국인을 별종인 듯 묘사하는 것은 잘못이다. 이런 것을 중시하는 성향은 어느 나라에서든 발견된다.[28] 미국인들도 꽌시를 중시하고 영국인들도 체면을 따진

---

28 1936년에 쓰였음에도 지금까지 많은 사람에게 읽히고 있는 『카네기 인간관계론』을 보라. 이 책에서도 알 수 있듯 모든 인간은 동서양을 막론하고 이해관계에 반응한다.

다. 다만 방법과 정도 면에서 차이가 있을 뿐이다.

둘째, 중국인 특유의 게임의 규칙을 알아야 한다. 황광궈의 모델을 비롯하여 중국인 특유의 행동 양식을 설명하는 이론이나 모델을 많이 찾아서 살펴보아야 한다. 바둑이라는 게임에 급수와 단수의 차이가 있듯 인간관계의 게임도 그러하다. 황광궈의 모델은 '체면, 꽌시, 인정'과 '보답'이라는 네 개의 요소로 구성되어 있다. 나는, 중국인의 성향을 가리키는 516개의 키워드가 이 네 요소의 변주곡이라고 생각한다. 황광궈의 모델을 이해하면 복잡하고 모호한 중국인의 생각과 행동 양식의 상당 부분을 쉽게 해석할 수 있게 된다는 것이다. 저단자는 고단자에게 당하게 되어있다. 그러므로 바둑의 정석을 익히듯 중국인의 게임의 법칙을 배워야 한다.

이것과 더불어 중국인들이 무엇을 좋아하고 싫어하는지에 대해서도 알아야 한다. 사람들은 일반적으로 자기를 좋아하는 사람을 좋아하고 자기를 좋아하지 않는 사람을 좋아하지 않는다. 또한 자기가 좋아하는 것을 좋아하는 사람을 좋아하고 자기가 좋아하는 것을 좋아하지 않는 사람을 좋아하지 않는다. 사람들은 자기 나라의 음식, 의상, 습관, 문학, 역사, 나라를 좋아하는 사람을 좋아하고 그렇지 않은 사람을 싫어한다. 중국인들이 관습적으로 무엇을 좋아하고 무엇을 기피하는가에 관한 자료는 온라인 공간에서 쉽게 구할 수 있고 출판된 책도 많다. 그들과 친밀하게 지내고 함께 어떤 일을 성취하고자 한다면 이런 것들에 대해 시간을 들여 공부해야 한다.

셋째, 중국 안에서도 지역 간의 차이를 알아야 한다. 1장에서 말했듯 넓은 땅에 퍼져 사는 중국인들은 기후 환경과 역사적 경험이 다르고, 이에 따라 체형이나 외모나 성격이 적잖게 다르다. 게다가 언어도 다르다. 각 지역의 방언은 성조, 자음과 모음, 단어의 구성, 문장의 어순까지 달라서 서로 의사소통이 되지 않는 경우가 많다. 한국어의 경상도 방언과 전라도 방언의 차이는, 중국인의 관점에서 볼 때 방언의 축에도 끼지 못한다. 이러한 차이는 그들의 비즈니스 관행에서도 나타난다.

중국인들의 비즈니스의 역사는 매우 길다. 그들은 일찍부터 각 지역마다 상인 그룹을 형성하여 장사를 해 왔다.[29] 이것을 상방(商帮)이라고 하는데 역사적으로 가장 유명한 것으로 10개의 상방이 있다. 이 10개의 상방은 활동 지역과 거래하는 품목, 경영전략이나 원칙이 서로 달랐다. 베이징 상인은 정치를 좋아하고 전통문화를 중시하며 모험을 두려워하지 않는다. 상하이 상인은 총명하고 일 처리가 신속하며 합법적 형식에 따른 계약을 중시한다. 산시(山西) 상인은 재정 관리에 밝아 독창적인 금융기관을 창설했고, 후이저우 상인은 유학(儒学)의 영향으로 학문과 상업 활동을 결합했다. 원저우 상인은 잔꾀를 잘 부리고 박리다매를 주요 전략으로 내세운다. 닝보 상인은 행동이 재빠르고 외부 환경의 변화에 대응하는 데 뛰어난 기질을 지녔다. 광둥과 푸젠 상인은 해상무역에 역점을 두어 상인과 해적을 조직했으며, 장시 상인은 소자본 경영에 능했다. 그리고 장쑤 상인은 돌다리도 두드려보고 건너듯 매사에 꼼꼼하고 치밀한 성격을 살려 곡물 위주의 사업을 특화했다.

이러한 각 지방의 고유한 상업 전통은 오늘날 현대 기업가나 일선의 업무 담당자들에게 여전히 영향을 미치고 있다. 앞서 말한 10개나 되는 지역의 비즈니스 관행을 하나하나 상세하게 알지 못한다고 하더라도 최소한 북방과 남방의 비즈니스 관행의 차이는 알고 있어야 한다.[30] 그래야

---

29   천관런(2004:17-19)을 요약 정리함.

30   중국을 북방과 남방으로 나누는 기준에 대해서는 1장을 볼 것. 중국의 북방과 남방의 비즈니스 스타일의 차이에 대해서는 리우졘화(2008:12-77)를 볼 것.

오해와 실수를 줄이고 이해와 성공 가능성을 높일 수 있다.

넷째, 한국인에 관해 알아보고 연구해야 한다. 지구에 사는 모든 사람은 자기네 문화를 렌즈로 해서 세상을 본다. 문화는 본래 편견(prejudice)이다. 한국인은 한국 문화라는 색깔이 입혀진 렌즈를 통해 세상을 보고 중국을 본다. 이 말은, 한국인은 한국 문화라는 편견을 가지고 세상을 보고 중국을 본다는 뜻이다. 활을 쏘거나 사격을 하기에 앞서 영점조정을 하듯, 세계를 관찰하기 전에 우리의 눈이 얼마나 한국 문화에 깊이 물들어 있는지 확인하고 자신의 관점을 최대한 객관화하도록 해야 한다.

한국인들은 어떤 렌즈를 끼고 있을까? 한국 문화 역시 중국 문화 못지않게 집단주의적이고 상하 위계가 엄격하며 부정적인 내용을 전달할 때 직접적이지 않고 우회적으로 표현하는 경향이 있다.[31]

미국인 프랭크 에이렌스의 『현대자동차 푸상무 이야기』와 프랑스인 에리크 쉬르데주의 『한국인은 미쳤다』는 적나라한 어투로 한국인을 묘사한다. 현대자동차의 글로벌 홍보부문 상무로서 한국에서 3년을 근무한 프랭크 에이렌스는 다음과 같이 말하고 있다.

"서열을 중시하는 유교문화권인 한국에서는 어느 특정한 시기에 내가 어떤 존재인가 하는 것은 주위에 있는 사람들과의 관계에 크게 좌우된다. (...) 전체를 위해 다른 사람과 보조를 맞추는 것은 오래전부터 한국인들의 문화에 녹아있는 개념이다. 이런 한국식 가르침을 서양에서는 '무조건적인 순응'이라고 부르고 동양에서는 이를 '조화'라고 부른다. 내가 '조화'가 아니라 '순응'이라고 하면 한국인들은 그렇지 않다고 반박한다."[32]

엘지전자의 영업마케팅 책임자로서 프랑스에서 10년간 일한 에리크

---

31 헤르트 홉스테드 등(2014)과 에린 메이어(2016) 참조.

32 프랭크 에이렌스(2017:138-139, 373).

쉬르데주는 다음과 같이 말하고 있다.

"뛰어난 성적을 얻기 위해 한국의 '재벌'들은 모든 도전에 정확함과 효율성으로 무장하는 내부 체계를 발동시켰다. 서열이 매우 중요하고, 군대 조직과 닮아 있는 엘지 간부 사원들의 삶도 그 체계 속에서 움직인다. (...) 서열 피라미드의 바닥에서 꼭대기까지 영원한 질주에 내몰리지 않는 사원은 없다. 아무도 이 법칙을 벗어나지 못한다."[33]

그들의 경험과 관찰에 따르면 이것이 한국의 문화이고 한국인이 세상을 볼 때 사용하는 렌즈이다.

물론 이러한 판단에 이의를 제기할 수도 있다. 설마 그런 정도까지 한국인이 편향적일까 하는 것이다. 그렇다면 그것이 사실인지 아닌지, 만약 사실이라면 어느 정도인지 연구해봐야 하지 않을까.

끝으로, 여전히 쓸모있는 지식은 현장에 있으며 오직 현장에서만 통찰력이 길러진다고 믿는 이에게 버나드 몽고메리 장군이 한 말을 들려주려 한다. 그는 1차 세계대전과 2차 세계대전을 모두 겪은 영국의 육군 원수이자 2차 세계대전 중 연합군 사령관을 역임한 장군이다. 그가 여든 살 가까이 되어 집필한 『전쟁의 역사』의 '제1부 전쟁의 본질'에 다음과 같은 이야기가 나온다.[34]

"1914~1918년 전쟁 기간 중에 내가 한 장교에게 제안했던 일이 떠오른다. 나는 그 장교에게 프랑스에서 열린 신임참모대학 과정을 이수하라고 제안했다. 그는 내 제안을 웃어넘기며, 전쟁에서 진짜 중요한 것은 참호에서의 실전 경험이라고 말했다. 그래서 나는 그에게 프리드리히 대왕 (1712~1786)이 장교들에게 했던 말을 들려주었다. 실전 경험에만 의지하고

---

33   에리크 쉬르데주(2015:43, 50).

34   버나드 몽고메리(2004:60-61).

연구를 소홀히 하던 장교들에게 내가 한 말은 이렇다. '우리 군에는 마흔 번의 작전을 수행한 노새 두 마리가 있는데, 그것들은 아직도 노새다.' 연구와 실전은 둘 다 필요하다. 우선 전쟁의 과학에 대해 연구한 다음, 연구한 것을 실제 전투에 적용하는 것을 배울 필요가 있다. 연구는 언제나 가능한데, 그것을 소홀히 한다는 것은 전혀 변명의 여지가 없는 일이다. 한데 내 경우에는 실전을 적잖이 경험해보았지만, 그런 실전 경험의 기회는 흔히 오는 것이 아니다."

중국 비즈니스도 마찬가지다. 10여 년 차 베테랑 노새로 살고 싶지 않다면 학습도 하고 연구도 해야 한다.

- 중국을 빨리 읽는 또 하나의 방법은 중국인의 생각과 행동 양식을 이해하는 것이다. 중국인의 생각과 행동 양식과 비슷한 말로 중국인의 사회적 관행, 국민성, 민족성 등이 있다.

- 중국인들이 사회 속에서 원하는 것을 얻기 위해 서로 관계를 맺고 살아가는 방식을 알기 쉽게 보여주는 모델이 있다. 황광궈의 '중국인의 권력 게임 모델'에서는 '꽌시, 체면, 인정, 보답'이라는 네 개의 키워드를 가지고 청탁자와 파워 소지자 사이의 복잡 미묘한 관계를 역동적으로 그려내고 있다.

- 이러한 게임의 규칙은 시간이 지나도 잘 변하지 않는다. 그 이유는, 그것이 수백 년, 수천 년의 시간에 걸쳐 축적된 결과이며, 이 규칙의 대표적인 수혜자인 기득권층이 변화를 원하지 않기 때문이다. 그러므로 당신이 그들과 사귀거나 사업을 하려 한다면 당신도 이 게임의 법칙에 능통해야 한다.

- 외국인으로서 중국인과 잘 사귀는 방법이 있다. 일단 개인 대 개인의 만남으로 시작하자. 그리고 조급한 마음을 버리고 천천히 느슨한 관계를 많이 만들자. 이때 평소에 잘 해야 한다. 일이 있을 때만 잘 하는 것이 아니라 일이 없을 때에도 관심을 보여야 한다.

- 큰 비즈니스일수록 신뢰를 하되 반드시 검증해야 한다. 그래야 호구가 되지 않을 수 있다. 외국인으로서 우리는 자주 물어야 한다. 현재의 중국인 파트너는 나와 어떤 관계에서 게임을 하고 있을까? 현재 진행되고 있는 사업에 내가 모르는 문제는 없을까? 중국인 파트너에게 나 이외에 다른 선택지는 없는 것일까? 가급적 다양한 루트를 통해 확인하고 검증해야 한다.

- 중국인과 친하게 지내고 함께 일을 잘하려면 현장 경험도 많이 해야 하지만 그들이 살아가는 방식을 시간을 들여 배우기도 하고 연구도 해야한다. 중국과 같이 땅이 크고 인구가 많고 생각이 다양한 나라의 경우 지역별 비즈니스 관행의 차이를 탐구하는 것도 필수다. 학습하고 연구하는 개인과 조직이 승리한다.

5장

당: 현대 중국 이해를 위한
퍼즐의 시작과 끝

중국을 빨리 읽는 다섯 번째 방법은 중국이라는 거대한 공간과 인구를 통치하고 있는 공산당의 힘을 이해하는 것이다. 잊을 만하면 떠오르는 말이 있다. 중국의 공산당 통치 체제가 흔들린다거나 중국 경제가 위험에 처해 있다는 말이다. 현실은 매우 다르다. 중국의 정치체제는 앞으로도 흔들림 없이 유지될 것이다. 중국공산당의 힘이 특별히 강하기 때문이다. 공산당은 입법, 사법, 행정, 언론, 국영기업의 중요한 보직의 인사권을 가지고 있다. 공산당은 충성스럽고 유능한 당원을 세계에서 가장 많이 보유하고 있다. 그리고 공산당은 무엇보다도 군대를 소유하고 있다. 공산당은 지난 40여 년간 경제적으로 크게 실패한 적이 없다. 그래서 도시와 농촌을 망라하여 국민 다수의 지지를 받고 있다. 중국은 1949년 새로운 중국이 출범한 이후 크고 작은 우여곡절을 겪기는 했지만 사천여 년의 역사상 정치적으로 가장 안정되고 경제적으로 가장 풍요로운 시대를 살고 있다. 그 배경에 중국공산당이 있다.

5.1 여론조사

중국인은 얼마나 행복할까?

KBS의 2015년 야심작인 다큐멘터리 「슈퍼차이나」에서 중국의 한 시

민에게 공산당을 어떻게 생각하는지 물었다.[01]

"먹고 마시고 입고 사는 것이 다 좋아졌어요. 천지개벽 수준으로 모든 것이 편해졌죠. 그래서 우리는 미래에 대해 확신이 넘쳐요. 공산당이 없으면 신중국이 없고, 공산당이 없으면 중국을 발전시킬 수도 없어요."

이 말이 어느 정도 사실일까? 외국인이 카메라와 녹음기를 들고 와서 인터뷰하는 상황이므로 주변 상황을 의식하여 발언한 것은 아닐까. 중국 공산당의 감시나 세뇌의 결과가 아닐까. 실제 중국 시민들이 진심으로 이렇게 여기고 있을까.

중국에서는 국정에 관하여 전 국민을 대상으로 여론조사를 하여 공개하는 일은 없다. 민주주의 국가는 여론에 매우 민감하다. 당장 대통령이나 국회의원 선거에 영향을 미치기 때문이다. 중국은 세계 인구의 5분 1 정도가 살고 세계 경제의 18% 이상을 차지하고 있는 나라임에도 불구하고 중국의 안팎에 사는 이들에게 중국 정부에 대한 대중의 만족도를 알 수 있게 해주는 객관적인 자료는 만들지 않는다.[02]

사실 중국은 주로 당원에게만 선거 및 피선거권이 있으므로 대중의 여론에 크게 신경 쓰지 않아도 된다. 또한 뒤에서 살펴보겠지만 9천만 명이 훨씬 넘는 당원이 전국에 모세혈관처럼 퍼져있어서 밑바닥 현장의 상황을 수시로 파악하여 보고하기 때문에, 중국 정부는 굳이 여론조사를 하지 않아도 일반 국민들의 생각을 낱낱이 알 수 있다.

그렇다면 우리와 같은 외부인이 중국인들의 속마음을 읽을 수 있는 방법은 없는 것일까. 다행히 중국이 아닌 외국의 기관에서 중국 국민을 대상으로 실시한 여론조사 자료가 있다. 모두 두 개인데 하나는 세계적인 시장

---

01   KBS「슈퍼 차이나」제작팀(2015:319).

02   에드워드 커닝햄 등(2020:1).

조사 및 여론조사 업체인 입소스(IPSOS)에서 한 것이고, 또 하나는 하버드 대학교 케네디스쿨의 애쉬 센터에서 한 것이다.

입소스(IPSOS)의 여론조사

입소스(IPSOS)는 세계적인 시장조사 및 여론조사 업체이다. 이 업체에서는 2011년부터 매년 수시로 세계 여러 나라를 대상으로 하여 '세계가 걱정하는 것들'(What Worries the World)을 조사하고 있다. 우리가 온라인에서 쉽게 구할 수 있는 자료는 2016년부터 지금까지의 것이다.

조사 대상은 '미국, 중국, 일본, 한국, 사우디아라비아, 인도, 페루, 캐나다, 아르헨티나, 러시아, 영국' 등 25개에서 30개 내외의 국가인데, 이 나라들의 국가 GDP를 합하면 세계 GDP의 80%를 넘는다.

연구 방법을 알고 싶으면 조사 보고서의 뒷부분을 보면 된다. 모든 조사 보고서의 말미에는 조사 대상 국가 선정의 이유, 샘플의 구성, 조사 일정 등 연구 방법이 자세히 기재되어 있다. 설문조사는 입소스가 보유하고 있는 온라인 패널을 대상으로 실시하며, 샘플의 구성이 인구의 구성을 반영하도록 적절히 가중치를 부여하고 있다.

이 조사의 20개 내외의 항목 중에서 가장 앞에서 가장 중요하게 다뤄지는 항목은 '자국이 올바른 방향으로 나아가고 있는가'이다. 해당 질문은 다음과 같다. "전반적으로 볼 때 당신네 나라에서 일어나는 일들은 올바른 방향으로 가고 있는가, 아니면 잘못된 방향으로 가고 있는가?"

2016년에서 2020년까지의 조사에는 중국이 포함되어 있는데, 2021년부터 2023년까지의 조사에는 중국이 빠져 있다. 그래서 2016년에서 2020년까지의 조사 내용만 정리해서 도표에 넣었다.

조사 연도	국가(개)	세계 평균(%)	중국(%)	한국(%)
2016.09	25	38	90	24
2017.05	26	40	90	44
2018.09	28	40	92	50
2019.09	28	39	93	58
2020.04	28	46	99	47
평균	27	40.6	92.8	44.6

출처: IPSOS(2016-2020), 'What Worries the World'.

이 표에 따르면 중국은 5년 동안 줄곧 1위를 차지하고 있다. 2016년에서 2020년까지 5년간 평균이 세계는 40.6%인데 중국은 92.8%나 된다. 설문조사에 참여한 중국인의 92.8%가 자국이 '올바른 방향으로 나아가고 있다'고 보고 있고 7.2%만 그렇지 않다고 보고 있는 것이다. 세계 평균 수치나 한국의 수치와 비교할 때 압도적으로 높다.

이 조사를 어느 정도 신뢰할 수 있을까. 우선 중국에서의 조사는 도시의 중산층만을 대상으로 했다는 한계가 있다. 다른 나라들은 다양한 계층의 사람들을 골고루 조사했는데, 중국은 중산층 1,000명만 대상으로 하여 조사했다. 그 이유는 설문 조사가 직접 대면이 아니라 온라인으로 진행되는데, 중국의 경우 저소득층 사람들의 인터넷 접속이 쉽지 않아서 그 대상을 일부 중산층으로 한정했기 때문이다.

사실 중국의 중산층은 중국 국민 가운데 경제성장의 혜택을 가장 많이 받은 사람들이다. 일반적으로 행복한 정도나 삶에 대한 만족도는 주관적이고 상대적인데, 중국의 중산층 사람들의 비교 기준은 도시의 저소득층과 농촌의 농민이다. 자신과 그들의 생활 수준을 비교하면 스스로 느끼는 삶의 만족도가 올라가지 않을 수 없다. 게다가 그들은 미래의 삶이 현재보다 더 나아질 것으로 믿는다. 현재의 경제 상태가 객관적으로 볼 때 중진국까지 이르지 못했기 때문에 아직 더 발전할 여지가 있으며, 현재의 공산당 정부가 그 일을 잘해 나갈 것으로 믿기 때문이다. 이러한 점들이 그들의 정부에 대한 평가에 긍정적으로 영향을 미쳤을 것임에 틀림없다.

"경제가 성장하고 더욱 부자가 되는데 봉기할 이유가 없죠. 당신이 승자인데 왜 봉기를 일으키겠습니까? 중국의 중산층, 특히 도시의 중산층은 승리자입니다. 결국 당신이 승리자라면, 시스템에 반대할 이유가 없는 것이죠. 오히려 그 시스템에 붙어 있게 됩니다."(리처드 맥그리거 〈파이낸셜 타임스〉 워싱턴 지국장)[03]

또 하나의 한계는 조사에 응한 중국인들의 자기 검열이다. 중국의 중산층에 있는 사람들이라면, 중국 정부가 높은 수준의 정보통신기술을 사용하여 인터넷 공간에서 벌어지는 국민 개개인의 활동을 면밀하게 들여다보고 있다는 사실을 다 알고 있다.[04] 그러므로 그들이 조사에 응할 때 이러한 상황 인식이 전혀 개입하지 않았다고 말하기 어렵다.

그렇다면 도시의 저소득층이나 지방의 농민들은 중앙과 지방정부의 행정에 대해 어떻게 생각하고 있을까. 입소스와는 독립적으로 진행되었으며 입소스의 조사 방식이 지닌 한계를 보완할 수 있는 또 다른 조사가 있다.

하버드대학교 케네디스쿨 애쉬센터의 장기 여론조사

하버드대학교 케네디스쿨의 애쉬센터(Ash Center for Democratic Governance and Innovation, Harvard Kennedy School)의 에드워드 커닝햄 등은 2020년 7월

03 　KBS「슈퍼 차이나」제작팀(2015:330).

04 　가지타니 가이 등(2021:113-134) 참고.

「중국공산당의 저력에 대한 이해: 중국 국민 여론 장기 조사」라는 보고서를 발표했다.[05] 이 조사는 10년이 넘는 오랜 시간 동안 중국의 도시에서 농촌까지 다양한 계층을 지속적으로 관찰하였으며, 그렇게 하여 수집한 자료를 매우 객관적이고 정량적인 방법으로 분석하고 정리하였다. 이러한 조사는 연구자들이 자부하듯 세계에서 단 하나만 존재한다.

조사 개요는 다음과 같다. 첫째, 조사 시기는 2003년에서 2016년이며 이 사이에 8차에 걸쳐 조사가 이루어졌다. 둘째, 중국의 네 가지 행정 체제(중앙정부, 성급, 시급, 현급) 모두를 대상으로 하였다. 셋째, 조사에 응한 사람은 도시와 농촌 주민 3만 1천여 명이다. 넷째, 조사 방식은 일대일 대면 인터뷰이다.[06]

우선 각급 정부의 성과에 대한 중국 국민의 전반적인 평가를 알아보자.

[도표 5-2] 각급 정부의 성과에 대한 전반적인 평가

(%)

연도	2003	2004	2005	2007	2009	2011	2015	2016
중앙정부	86.1	82.1	80.5	92.3	95.9	91.8	92.8	93.1
성급정부	75.0	77.0	75.4	85.5	89.2	85.6	83.6	81.7
시급정부	52.0	62.3	61.3	74.8	74.8	71.8	62.8	73.9
현급정부	43.6	55.9	55.7	60.7	61.5	63.8	54.8	70.2

출처: 에드워드 커닝햄 등(2020:3)에서 일부 발췌.

---

05   에드워드 커닝햄 등(2020).

06   이러한 조사는 중앙정부의 허락과 적극적인 지원이 없다면 결코 할 수 있는 일이 아니다. 코로나 19 국면이 종식되고 중국 경제가 본격적으로 성장하게 되면 앞선 조사에 대한 후속 연구가 진행되지 않을까 기대를 해 본다.

여기에서 우리는 다음과 같은 사실을 알 수 있다. 첫째, 중국 국민의 중앙정부에 대한 만족도가 매우 높다. 2007년 이후의 중앙정부에 대한 만족도는 모두 90%가 넘어서 입소스의 조사결과와 대체로 일치한다. 그러나 지방정부에 대한 평가는 하급 단위로 갈수록, 그리고 도시에서 농촌으로 갈수록 낮아진다. 둘째, 2003년에서 2016년까지 시간의 흐름 위에서 보면, 중국 국민의 각급 정부에 대한 만족도가 2009년을 고점으로 하여 잠시 하락했지만[07] 2015년 이후 다시 상승 추세를 보이고 있다. 상승 폭은 특히 현급 행정구역의 소도시 및 농촌 지역이 높다. 2003년에는 긍정 평가가 43.6%, 부정평가가 56.4%이었는데 2016년에는 긍정 평가가 70.2%, 부정 평가가 29.8%로 반전되었다.

지방정부에 대한 중국 국민들의 만족도가 증가한 이유는 무엇일까.

[도표 5-3] 각급 지방정부의 공무원에 대한 세부 평가

(%)

평가 내용	2003	2004	2005	2007	2009	2011	2015	2016
말만 번지르르함	51.2	43.1	42.6	46.3	37.4	42.5	42.5	36.4
실질적인 문제 해결사임	26.3	31.3	37.2	43.4	45.6	47.1	54.1	55.3
부자들의 이익을 우선시함	50.1	43.3	42.9	46.9	43.9	44.6	51.3	40.0
서민들의 어려움을 걱정함	28.1	31.5	37.0	43.8	44.2	44.0	45.5	51.7

07　이 보고서에서 밝히고 있듯, 시진핑 주석의 전임자인 후진타오 주석의 집권(2003-2012) 말기가 되면 각급 지방정부의 공무원들의 기강이 해이해지고 부정부패가 심화되는 현상이 나타난다.

세금이나 수수료를 불법적으로 부과함	41.3	30.6	23.5	30.3	17.6	31.6	32.8	22.9
세금이나 수수료를 법에 따라 부과함	31.7	40.7	49.2	55.2	65.9	52.4	61.7	66.7
자기 개인의 이익만 탐함	49.8	41.2	41.7	42.4	40.3	41.6	44.0	37.5
지역의 이익을 위해 봉사함	23.7	27.2	34.2	44.1	45.6	42.5	51.2	51.1

출처: 에드워드 커닝햄 등(2020:4). 일부 발췌.

[도표 5-3]을 보면 지방정부 공무원의 구체적인 행동과 속성을 묻는 질문에 '능력있고 공정하다'고 보는 사람들이 늘고 있다. 예를 들어, 2003년에는 공무원들이 실질적인 문제 해결사라는 의견이 26.3%에 불과했다. 그러나 2016년에는 55.3%가 공무원이 실질적인 문제 해결사라고 생각하고 있다. 또한, 2003년에는 지역 공무원이 부자들의 이익을 우선시한다고 느끼는 응답자의 비율이 일반 서민의 어려움에 대해 걱정한다고 느끼는 비율의 거의 두 배였다. 2016년에 이르면서 이러한 상황이 역전되었다. 지역 공무원이 서민의 어려움을 우선시한다는 데 동의하는 응답자가 부유한 사람의 이익을 우선시한다는 응답자보다 많아졌다.

다음에 있는 [도표 5-4]를 보면 중국 국민의 민원에 대한 지방정부 공무원의 처리 결과에 대한 평가도 좋아지고 있음을 알 수 있다. 자신의 상황이 완전히 해결됐다고 응답한 비율이 2004년에는 19.3%에 불과했으나 2016년에는 55.9%로 증가했다. 최종 결과에 만족하는 사람도 2004년에는 31.7%에 불과했으나 2016년에는 75.1%로 두 배 이상 증가했다.

(%)

민원 처리 결과	2004	2005	2007	2009	2011	2015	2016
전혀 해결되지 않음	28.3	24.7	20.4	26.4	25.5	11.3	07.6
부분적으로 해결됨	43.4	34.6	37.1	29.0	24.1	40.4	33.1
완전히 해결됨	19.3	36	39.2	41.5	31.3	45.8	55.9
최종 결과에 불만족	64.2	46.6	40.7	43.7	41.9	29.0	23.3
최종 결과에 만족	31.7	49.2	58.2	55.7	47.9	69.8	75.1

출처: 에드워드 커닝햄 등(2020:4).

물론 그렇다고 해서 중국의 관료와 공무원들 대부분이 청렴하면서도 능력 있는 사람들로 바뀌었다는 말은 아니다. 앞에 있는 [도표 5-3]을 보면 2016년의 경우 '부자들의 이익을 우선시한다'는 평가가 40%나 되고, '지역의 공공 이익을 위해 봉사하지 않고 자기 개인의 이익을 탐한다'는 평가가 37.5%나 된다. 그래도 그 상황이 계속하여 호전되고 있다는 점은 인정해야 할 것이다.

이와 같이 중국 국민들은 국가의 정책 시행 및 지방정부의 공무원의 능력에 대해 전반적으로 긍정적으로 평가하고 있다. 특히 중앙정부에 대한 신뢰는 세계의 어느 나라보다 높다.

입소스의 온라인 패널조사와 애쉬센터의 일대일 면접 조사결과를 함께 살펴볼 때, 국민 다수가 공산당 정부를 지지하고 있음을 부정할 수 없다.

---

08   2003년에는 이 항목에 대한 조사를 하지 않았음.

5.2 공산당의 지배

당-국가 체제

중국공산당은 중국에서 유의미한 권력을 가진 유일한 정치적 정당이다. 중국에서 '당'은 고유명사에 가깝다. 중국에서 '당'이라고 하면 바로 공산당을 가리킨다. 우리나라에는 당이 매우 많다. 2023년 현재 한국의 중앙선거관리위원회에 등록된 정당만 48개나 된다. 중국에도 소위 민주당파(民主黨派)라고 해서 8개의 소수 정당이 있기는 하다. 그러나 이들은 공산당과 대등한 관계가 아니라 공산당의 통제를 받는 위치에 있다.[09] 이 중에서 어느 정당도 공산당을 대신하여 집권당이 될 가능성이 없다. 공산당이 그럴 여지를 남겨 놓지 않았고 앞으로도 그럴 것이기 때문이다.

중국은 당-국가 체제(Particracy)이다. 당-국가 체제란 어느 하나의 특정 정당이 국가를 지배하는 정치 체제를 말한다. 우리가 알고 있는 민주주의 국가들은 국가 안에 당이 있다. 중국은 다르다. 중국공산당은 국가 안에 있는 것이 아니라 국가 위에 있다.

중국공산당은 정부의 고위직, 입법 기관의 구성원, 그리고 핵심 국영 기업의 주요 직위에 누구를 임명할 것인가를 결정할 권리, 즉 인사권을 갖고 있다.[10] 다시 말하면 각급 정부, 입법부, 사법부, 국영기업 등의 모든 조직의 주요 보직에 특정한 인물을 임명하거나 해직시킬 수 있다.

이러한 점은 [도표 5-5]의 정치 권력 조직도에서 확인할 수 있다. 국가 통치에 관여하는 모든 조직의 상부에 중국공산당이 자리잡고 있는 것이다.

09 　바이두, '中国八大民主党派'. 2023.06.30. 접속.
10 　케리 브라운(2014:105).

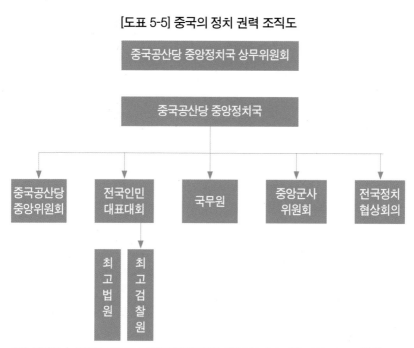

[도표 5-5] 중국의 정치 권력 조직도

출처: 바이두. '一张图看懂中国五套班子领导体系'를 바탕으로 다시 그림. 2023.06.30. 접속.[11]

당이 행정부 위에 있다

3장에서 말했듯 중국에서 각급 행정부서를 관리하는 최고의 자리에 국무원이 있다. 그런데 [도표 5-5]의 조직도를 보면 국무원 위에 중국공산당 중앙정치국이 있다. 중국공산당이 실질적인 권력 집단이라는 뜻이다. 이와 같이 당이 행정부서의 위에 있는 지배 구조는, [도표 5-7]에서 알 수 있듯, 중앙정부에서 지방의 현급 정부에 이르기까지 동일하게 존재한다.

---

11   중국 정부에서 공식적으로 이러한 조직도를 만들어 공개한 것은 보이지 않는다. 온라인에서 이와 관련된 자료를 구하여 다시 그렸다.

중국의 각급 행정 단위에서 중요한 결정을 할 때에 당정(党政) 회의라는 것이 열린다. 공산당 위원회의 책임자와 각급 지방정부의 행정책임자들이 함께 앉아서 중요한 의사결정을 하는 회의를 말한다. 이 회의에서 서열이 가장 높은 사람은 당 서기이다. 성이든 시이든 성장이나 시장보다 당위원회 서기의 서열이 가장 높다

예를 들어 베이징 시를 보면 2023년 7월 현재 시장이 인용(殷勇)인데 그도 당정위원회에 가면 당위원회 서기인 인리(尹力)보다 한 등급 아래인 서열 2위의 대접을 받는다. 소수민족 가운데 인구가 가장 많은 광시 좡족자치구(广西壮族自治区)의 경우 행정 수반이 좡족 출신인 란톈리(蓝天立)인데, 그도 당정 회의에 가면 당 서열 1위인 류닝(刘宁, 한족)에 이어 2인자 자리에 앉는다.

이러한 서열상의 차이는 각급 행정 단위의 홈페이지에 해당 인물들의 이름을 나열하는 순서에도 반영되어 있다. 서열 1위인 당 서기의 이름이 앞이나 위에 있고 서열 2위인 행정 수반의 이름은 그 뒤나 아래에 쓰여 있다.

당이 입법부 위에 있다

중국에서 한국의 입법부인 국회에 해당하는 것이 전국인민대표대회(全国人民代表大会)이다. 전국인민대표대회는 중국의 최고 국가의결기관으로서 사실 한국의 국회보다 더 많은 업무를 관장한다. 법률의 제정, 헌법 개정부터 국가 주석의 선출, 중요한 계획의 심사 및 비준을 여기서 다 한다. 그런데 [도표 5-5]와 같이 이러한 막강한 기관 위에 중국공산당 중앙정치국이 있다. 궁극적으로 국가의 법 위에 중국공산당이 존재한다는 뜻이다.[12]

---

12 케리 브라운(2014:110).

이 조직의 장(長)은 공산당 중앙위원회의 상무위원 중의 한 명이 겸직한다. 한편 전국인민대표대회의 구성원 대부분이 공산당원이다. 그래서 전국인민대표대회에 상정되는 안은 대부분 반대 '0표'에 찬성 100%로 통과된다.

당이 사법부 위에 있다

일반 민주주의 국가에서는 사법부가 입법부나 행정부와 분리되어 있는데 중국은 그렇지 않다. 중국에서 사법부는 입법부인 전국인민대표대회에 예속되어 있다. 그런데 입법부에 해당하는 전국인민대표대회가 중국공산당 중앙정치국 아래에 있으니 결과적으로 사법부가 공산당 휘하에 있게 된다. 당 아래에 입법부가 있고 그 아래에 사법부가 있는 구조는 지방의 성, 시, 현 단위로 내려가도 동일하다.

중국에서는 공산당이 각 지역 법원에 대한 인사권을 행사하고 있으며 중요한 판결에 관여한다.[13] 중국 지방법원의 재정권 역시 지방정부나 지방 공산당위원회에 예속되어 있다. 지방 공산당원이 장악하고 있는 지방정부가 지방 법원의 재정권을 갖고 있기 때문에 중국의 지방법원은 지방 공산당위원회와 지방정부의 결정에 좌지우지될 수밖에 없다.[14]

중국공산당은 중국의 법원이나 법률가들이 독자적 행동을 통해 공산당이 제정한 법의 범위를 넘어 공산당의 권위에 도전하는 것을 용납하지 않는다.[15] 중국 최고인민법원이 전국인민대표대회에 보고한 내용에 따르

---

13   강광문(2015:557-563).

14   강광문(2015:540).

15   케리 브라운(2014:161).

면,[16] 판사가 첫 번째로 충성해야 하는 대상은 중국공산당이고, 그 다음이 정부와 국민이며, 역설적이게도 법이 마지막에 위치한다고 한다.

이처럼 사법기관이 독립적이거나 중립적이지 못하기 때문에 중국은 아직까지 법원에 대한 신뢰도가 낮은 편이다. 사람들이 사건이 생기면 법원의 판결에 호소하기 전에 사적인 인맥이나 공산당 간부와의 연줄과 같이 별도의 경로를 통하여 해결하려는 경향이 여전히 남아있다.

당이 언론을 장악하고 있다

중국에는 언론의 자유가 없다. 라디오와 텔레비전 방송사와 신문사, 잡지사, 온라인 언론 매체 모두가 정부의 통제를 받는다.

한국의 KBS에 해당하는 중국 제1의 방송국인 중국 중앙 텔레비전 방송국(CCTV)은 뜻밖에도 국영 방송사가 아니다. 그렇다면 무엇일까. 공산당 차원에서 운영되는 당영 방송사이다.[17] 그래서 중국공산당이 방송국의 책임자와 주요 보직자를 임명하거나 해직시킬 수 있는 권한을 가지고 있다.

2021년 9월 12일 베이징 촨메이(传媒 언론미디어) 대학 입학식에서 축사를 하기 위해 재학생 대표로 펑린(冯琳)이 연단에 올랐다.[18] "나는 중국 인민의 아나운서, 중국공산당의 아나운서다. 중국 인민의 승전과 좌절, 승리를 향한 목소리를 전하고, 중국공산당의 정정당당한 진리의 목소리를 전달한다."고 카랑카랑한 목소리로 외쳤다. 베이징 촨메이대학은 중국 관영 매체의 기자와 방송 아나운서 등을 양성하는 미디어 전문 대학이다. 그의 발언은 중국중앙방송국이 국민의 목소리를 전하는 국민의 방송국이

---

16   KBS「슈퍼 차이나」제작팀(2015:316).
17   KBS「슈퍼 차이나」제작팀(2015:353).
18   중앙일보(2021.09.14.), "공포 영화 같다". 中 열광한 '천안문 여대생'의 두 번째 맹세.

아니라 당의 목소리를 전하는 당의 방송국이라는 것을 직접적으로 알려준다.

중국공산당은 모든 미디어를 엄격히 통제함으로써 정보의 흐름을 관리한다.[19] 중국 전역에 깔려 있는 텔레비전과 라디오 방송사, 그리고 신문이나 잡지사는 모두 해당 지역의 행정부서의 통제를 받는다. 한국과 다르게 민영 방송국이나 신문사는 존재하지 않는다.

중국에는 언론과 표현의 자유가 없고 여러 가지 금기가 많기 때문에 「별에서 온 그대」와 같이 외계인이 등장하거나 「오징어 게임」과 같이 사회의 부조리를 정면으로 다루는 드라마가 나오기 어렵다. 그러나 국가 정책을 안정적으로 펼쳐나가는 데는 더할 나위 없이 유리하다.

당이 기업을 장악하고 있다

중국은 국영기업의 주요 보직자의 임명과 해임 권한을 당이 갖고 있다. 국영기업뿐만 아니라 민간기업 안에도 당 위원회가 있어서 직접 또는 간접적으로 기업의 경영에 관여할 수 있다.

중국에서는 어떤 기업도 중앙정부에 대해 정치적 입장을 내면 안 된다. 대기업이든 중소기업이든, 중국 기업이든 외국 기업이든 모두 마찬가지다. 이 점에서는 알리바바와 같은 초거대기업도 예외가 아니다.

2020년 10월 24일에 열린 상하이 와이탄 금융서밋(2020 BUND Summit)[20]의 기조연설에서 알리바바 전(前) 회장 마윈이 중국공산당의 권위에 도전하는 발언을 했다.[21] "중국 정부가 엄격한 금융 규제로 기술 발전을 저해

---

19   케리 브라운(2014:105).

20   여기에서 Bund는 중국 상하이 와이탄을 지칭함.

21   다음의 유튜브에서는 2020년 10월 26일에 있었던 마윈의 중국어 연설을 20여 분

하고 있다. 기차역을 관리하듯 공항을 관리하면 되겠는가? 전당포식의 규제가 문제다."라는 게 마윈의 작심 발언의 요지였다. 마윈은 그로부터 며칠 뒤 중국의 금융 관련 당국과 면담을 가진 후 공개 석상에서 사라졌다.

그로부터 석 달쯤 지난 2021년 1월 20일 그는 시골 교사들과의 온라인 미팅에서 잠깐 얼굴을 드러냈다. 그때 중국 정부를 향해 반성하는 태도를 내비쳤다.[22] "중국의 기업가들은 국가 비전에 봉사해야 한다고 결론 내렸다." 2021년 4월 10일 알리바바는 중국 시장감독관리총국으로부터 반독점규제법 위반으로 182억 2,800만 위안(약 3조 1천 124억 원)이라는 엄청난 액수의 과징금을 부여받았다. 알리바바의 2019년 중국 내 매출액의 4%에 해당하는 액수였다. 그 후 마윈은 2021년 5월 11일 다시 공개 행사에 얼굴을 드러냈다. 그 사이에 얼굴이 눈에 띄게 나이 들어 보였다. 머리 숱이 줄어들고 흰머리가 늘어나고 볼이 홀쭉해졌다. 그의 고심이 얼마나 깊었는지 알 수 있다.[23] 중앙정부에 도전한 마윈은 그로부터 2년 넘게 해외를 떠돌아다니다가 최근(2023년 6월) 겨우 다시 경영 일선으로 복귀하는 모습을 보이고 있다.

"중국인 개개인은 시스템과 잘 지낼 때 가장 큰 보상이 주어집니다. 시스템이 큰 혜택을 주기 때문이죠. 그렇게 하지 않으면 시스템이 그의 삶을 파괴할 수 있습니다. 현재의 중국인을 이해하는 데 이 점을 잊지 말아야

간 보여주고 있다. '马云 BUND SUMMIT 2020', https://www.youtube.com/watch?v=VxWVOm05NKU.

22 서울경제(2021.01.20.), '실종설' 마윈, 석 달 만에 나타났다…"국가 비전에 봉사".

23 이뿐만이 아니다. 2015년 마윈이 주도하여 저장성 항저우에 설립한 후판대학(湖畔大学)도 역사에서 사라졌다. 후판대학은 차세대 경영자 양성을 목적으로, 중국의 최정상급 기업가들이 뜻을 모아 만든 사립대학으로서 마윈이 초대 총장을 맡았다. 2021년 5월 18일, 이 대학의 이름은 '저장후판창업연구센터'로 변경되었고, 마윈도 총장 자리에서 물러났다.

합니다."(리처드 맥그리거 〈파이낸셜 타임스〉 워싱턴 지국장)[24]

그렇다면 중국과 비즈니스를 하는 외국 기업은 어떻게 해야 할까? 세계 최대 개인 컴퓨터 제조업체 레노버를 창립한 류촨즈(柳传志) 전 회장의 조언이 도움될 것이다.[25]

"외국 기업이 중국에서 사업을 하고 싶다면 당과 좋은 관계(关系 guānxi)를 유지해야 합니다."

중국에서 어떤 사업을 한다 하더라도 결국은 공산당과 관련되어 있다. 국가 간 외교, 기업 간 거래, 지방자치단체 간 교류, 개인 간 비즈니스 모두 그러하다. 중국의 어느 지역에서든 비즈니스를 잘하려면 공산당 간부와의 관계 설정을 잘 해야 한다. 한국인은 마윈의 순진함이 아니라 류촨즈 회장의 지혜를 배워야 한다.

5.3 충성스럽고 유능한 세계 최대의 당원

공산당은 보이지 않지만 어디에나 다 있다

"공산당은 보이지 않지만 어디에나 다 있다."[26] [도표 5-6]과 같이 중국 공산당의 당원은 2021년 말 기준 9,671만 2천 명이다. 2021년 말 중국의 인구가 14억 1,260만 명이니 전체 인구의 6.9%가 공산당원이다. 세계 여러 나라 정당의 당원 수를 조사해 본 바에 따르면, 중국공산당의 당원 수는 단일 정당으로 세계에서 가장 많다.

---

24   KBS「슈퍼 차이나」제작팀(2015:368).

25   아주경제(2014.04.10.), "관시 잘 맺으라" 中 레노버 류촨즈 회장 외국기업에 조언.

26   KBS「슈퍼 차이나」제작팀(2015:338-340).

[도표 5-6] 최근 중국의 공산당원 수

연도	인구(명)	당원(명)	비율(%)
1990년	11억 6,002만	4,900만	4.2
2000년	12억 9,533만	6,451만	5.0
2010년	13억 7,054만	8,026만 9천	5.9
2020년	14억 1,178만	9,327만 8천	6.6
2021년	14억 1,260만	9,671만 2천	6.9

출처: 중국의 인구는 바이두 '中华人民共和国'와 '2021年全国人口数'를, 중국공산당원 수는 바이두 '中国共产党'과 '中国共产党党员'을 참조했음. 2023.06.30. 접속.

중국공산당원 수는 매년 증가하고 있다. 1990년 4,900만 명에서 2021년에는 거의 2배인 9,671만 2천 명으로 늘어났다. 최근 그 증가 속도가 더 빨라지고 있다. 1990년에서 2020년까지 30년 동안 연평균 148만 명 증가했는데, 2020년에서 2021년의 1년 사이에만 343만 4천 명이 늘었다.

전체 인구 중에서 공산당원이 차지하는 비율도 계속해서 증가해 왔다. 1990년에는 그 비율이 4.2%였는데 그 후 계속 증가하여 2021년에는 6.9%에 도달했다.

이 추세는 앞으로도 계속될 것으로 예상된다. 중국공산당이 그것을 원하고 있으며, 뒤에서 말하겠지만, 공산당에 가입하려고 하는 입당지원자가 차고 넘치기 때문이다.

중국공산당의 힘은 이러한 당원으로 구성된 각급 당 조직에서 나온다. 당 산하 기층 조직은 2021년 12월 31일 현재 493만 6천 개이다.[27] 당 조직은 모세혈관처럼 중국의 방방곡곡에 없는 곳이 없다. 당원은 정부 조직

---

27   바이두, 中国共产党党员. 2023.06.30. 접속.

뿐만 아니라 기업, 학교, 각종 사회단체에 곳곳에 촘촘히 배치되어 있다. 상급 행정단위에서 말단 기층 조직까지 일상 속에 공기처럼 스며들어 있다. 중국공산당 스스로 기층 조직의 포괄 범위가 중국 전역의 99.9%를 넘는다고 말한다. 이 연결망을 통해 상부의 지시가 빛의 속도로 하부에 전달되고, 지방 당원의 보고가 신속하게 중앙으로 올라간다.

공산당은 보이지 않지만 어디에나 다 있다. 전체 인구 중에서 공산당원이 차지하는 비율로 볼 때, 중국인 15명 정도가 모이면 그 가운데 한 사람은 당원이다. 동네 사람들은 그들 중의 누가 공산당원인지 알고 있으며, 그가 동네의 구석진 골목에서 일어나는 일까지 파악해서 당에 보고하고 있다는 사실도 잘 알고 있다. 만약 당신이 중국인과 사귀거나 거래를 하고 있다면 그가 당원인지 아닌지 반드시 파악해야 한다. 그가 만약 당원이라면 당신은 말이나 행동을 보다 더 신중하게 해야 할 것이다.

공산당 지도부에 바보는 없다

중국공산당 지도부의 지적 능력과 상황 대처 능력은 의심할 여지가 없이 대단하다. 현재 각 성이나 시에서 최고위에 있는 리더들은 대부분 1980년대 초중반에 공산당에 가입하여 30년 이상 행정 능력 및 인간적 품성을 검증받은 전문가들이다. 중국공산당 지도부에는 바보가 없다.[28] 지도자가 지녀야 할 자질이나 역량이 조금이라도 부족한 사람은 애당초 지도부로 올라설 수가 없다.

"중국의 지도자는 모두 인구 1,000만 도시를 통치한 경험이 있습니다. 그리고 중앙 부서에 가서 또 다른 경험을 쌓습니다. 중국의 고위급 지도자가 될 때는 이미 상당히 강하고, 잘 훈련되어 있고, 시스템이 어떻게 돌아

---

28   KBS「슈퍼 차이나」제작팀(2015:323-324).

가는지 매우 잘 압니다. 중국의 지도자 중 바보는 없습니다."(리처드 맥그리거 『파이낸셜 타임스』 워싱턴 지국장)[29]

물론 승진 시스템이 투명하게 작동한다는 말은 아니다. 중국의 지도부 선출 시스템은 매우 비민주적이다.[30] 승진 대상자에 대한 모든 평가는 당 내에서만 이루어진다. 그러므로 외부에서는 그 진행 과정을 알 수 없다.

중국의 지도부에 있는 이들은 승진 단계마다 벌어지는 치열한 권력 게임에서 살아남은 능력자들이다.

4장에서 소개한 황광궈의 권력 게임 모델을 떠올려 보자. 평당원에서 지방 간부가 되려면 뛰어난 업무능력을 갖추어야 할 뿐 아니라 주변 사람들과의 인간관계도 좋아야 한다. 중앙간부로 올라가려 해도 마찬가지다. 당에서 요구하는 업무능력도 갖춰야 하지만 상하좌우에 있는 여러 계층의 사람과의 인간적인 관계도 물 흐르듯 원만해야 한다. 당에서 높은 지위에 있는 사람들은 바로 이 모델이 작동하는 권력 게임에서 패배하지 않은 이들이다. 현재 중국 최고 지도자인 시진핑 주석도 지방의 초급 간부부터 대도시의 당 서기까지 많은 직위를 경험해본 사람이다. 당내에서 치열한 경쟁을 통해 자신의 능력을 검증받으면서 그 자리에 올라간 것이다.

7가지 금지 사항

중국공산당 정부의 생각은 확고하고 명확하다. 서구식 정치개혁은 절대 하지 않겠다는 것이다. 그들은, 선진국의 시스템의 일부는 받아들이겠지만 그것을 모두 받아들이면 중국이 결코 정치적으로 안정을 유지할 수 없으며 경제적으로 선진국을 따라잡을 수 없다는 것을 명확하게 인식하

---

29   KBS TV(2015b:324).
30   KBS 「슈퍼 차이나」 제작팀(2015:324-325).

고 있다(5장의 5.5를 볼 것).

중국공산당은 현재의 정치체제를 추호도 바꿀 생각이 없음을 고위 당 직자의 입을 통하여 일찍부터 밝혀왔다. 다음은 2011년 3월에 열린 전국 인민대표대회의 상무위원장이며 당시 당 서열 2위인 우방궈(吳邦国)의 발언이다.[31]

"우리는 다당제나 사상의 다원화, 삼권분립, 양원제, 연방제, 사유화 등 서방의 어떠한 제도도 도입하지 않을 것임을 엄숙히 선언한다. 중국 특유의 사회주의 체제가 동요하면 그동안 이룩한 성과도 잃고 내란의 심연에 빠질 위험도 있다. 우리는 중국 특유의 사회주의 법률체제와 국가의 근본 제도를 영원히 간직해 나갈 것이다."

여기에서 국가의 근본 제도란 중국공산당의 일당 통치 체제를 가리킨다. 다음은 2013년 3월에 열린 전국인민정치협상회의 의장이며 당시 당 서열 4위인 위정성(兪正声)의 발언이다.[32]

"중국은 앞으로 서구식 정치체제를 모방해서는 안 되며 중국 특색의 사회주의적 정치 발전의 길을 더욱 철저히 추구해야 한다."

이러한 생각은 공산당원 내부 단속용 비밀문건에 간결하고도 명확하게 정리되어 있다. 2013년 중국 정부는 시진핑 주석이 직접 지시한 것으로 알려진 '중국공산당 비밀문건 9호'(中共密件9号)를 당 주요 간부들에게 전달했다.[33] 9호 문건에 실린 내용은 다음과 같다.

"다음 7가지에 대한 논의를 금지한다"

31   조선일보(2011.03.11.), 中 "서구식 정치개혁 절대 안 한다".

32   중앙일보(2013.03.14.), "중국, 서구식 정치개혁 안 한다".

33   KBS TV(2015) 및 KBS「슈퍼 차이나」제작팀(2015:357-358) 참조.

1. 보편적 가치(普世价值)

2. 언론 자유(新闻自由)

3. 시민 사회(公民社会)

4. 시민의 권리(公民权利)

5. 당의 역사적 과오(党的历史错误)

6. 당 권력 자산계급(权贵资产阶级)

7. 사법부 독립(司法独立)

이것을 풀어쓰면 다음과 같다. 인권과 같은 인류 보편적 가치를 요구하지 말라. 중국공산당은 중국 사회에 맞는 중국 특유의 정책을 펼쳐나갈 것이다. 언론 자유를 논하거나 요구하지 말라. 우리는 사회의 안정을 위하여 언론이 통제되어야 한다고 믿는다. 시민들이 중심이 되는 그런 사회를 논하거나 요구하지 말라. 중국은 공산당이 중심이 되어야 한다. 시민의 권리를 논하거나 요구하지 말라. 시민은 공산당이 부여한 권리만 향유하면 된다. 과거 당의 역사적 과오를 논하거나 평가하지 말라. 공도 있고 과도 있을 텐데 그래도 공이 더 크지 않은가. 당의 권력자들이나 공산당 자제들이 많은 자산이나 기업을 소유하고 있는 것을 비판하지 말라. 사법부의 독립을 논하거나 요구하지 말라. 중국의 정치 안정과 경제성장에 도움되지 않는다.

공산당이 하지 말라고 하면 누구도 반론을 제기할 수 없으며, 공산당이 하지 않겠다고 하면 누구도 할 수 없다. 이러한 생각과 정책의 기조는 공산당이 집권하고 있는 한 앞으로도 변함없이 지속될 것이다.

충성심의 근원은 사명감과 이익

중국공산당의 내부준칙은 상명하복이다. 당이 결정하면 당원은 그가 누구든 그것이 무엇이든 그 명령을 따르게 되어있다. 다음은 공산당에 가입할 때 하는 선서문이다.

"저는 중국공산당 가입을 지원하면서, 당의 강령을 옹호하고, 당의 규정을 준수하며, 당원으로서의 의무를 이행하고, 당의 결정을 수행하며, 당의 규율을 엄격히 지키고, 당의 기밀을 누설하지 않으며, 당에 충성하고, 해야 할 일을 적극적으로 하며, 공산주의를 위하여 종신토록 분투하며, 당과 인민을 위하여 언제든지 모든 것을 바치며, 영원히 당을 배반하지 않을 것을 서약합니다."

[도표 5-6]과 같이 중국의 공산당원은 매년 늘어나고 있고 전체 인구 대비 당원 수의 비율도 계속 증가하고 있다. 그런데 이것보다 더 놀라운 사실이 있다. 입당 희망자가 언제나 넘쳐나고 있다는 것이다. 2021년 12월 말을 기준으로 입당 신청자가 전국적으로 2,063만 명이 누적되어 있고, 그중에서 적극적으로 입당절차를 밟고 있는 사람만 해도 1,009만 1천 명이다.[34] 이 중에서 소정의 심사를 거쳐 능력을 인정 받은 사람들이 매년 130만 명 정도가 새로 당원 자격을 취득하고 있다. 어떤 정당의 당원이 되기 위해 이렇게 많은 이들이 도전하는 것은 세계 어디에서도 발견하기 어려울 것이다.

그들은 왜 공산당원이 되려고 할까. 일차적으로 국가의 발전과 국민의 행복증진을 위하여 봉사하고자 하는 순수한 사명감이 있을 것이다. '为人民服务'(wèi rénmín fúwù 인민을 위해 봉사한다)라는 구호가 그것이다. 그들에게는 그동안 공산당이 중국 국민을 절대 빈곤 상태에서 해방시켰고, 지금도 세계 인구 80억 명 중 14.1억 명을 먹여 살리고 있다는 자부심이 있다.

또 하나의 이유는 당원이 되는 것이 개인에게 이익이 되기 때문이다.

---

34   바이두, '中国共产党党员'. 2023.06.30. 접속.

중국 사회에서는 당원이 되면 특별한 혜택을 받을 수 있다. 다음은 대학생 입당지원자인 우자오자오의 말이다.[35]

"공산당에 입당을 하면 취업하기가 쉬워서 그럴 겁니다. 취업의 기회가 아주 많아지거든요."

대학생에게 취업 기회만큼 매력적인 선물이 또 있을까. 좋은 직장에 취업을 하면 경제적 독립 외에도 많은 문제가 해결되니 말이다.

기업인들은 어떨까. 다음은 중국 칭다오(靑島)의 소프트웨어 단지 중커(中科) 소프트웨어 사장의 말이다.[36]

"인민대표대회나 정치협상회의의 위원이 되면 정치에 참여하고 건의할 책임과 의무가 있습니다. 정부가 정책을 추진할 때 기업의 참여가 도움이 될 수 있습니다. 기업의 입장에서도 회의 참여를 통해 알게 된 정부의 목표나 방향에 따라 실시간으로 경영전략을 조정할 수 있습니다. 그래서 정협위원으로 활동하는 것이 우리 회사에 큰 도움이 됩니다."

책임이니 의무니 말하지만 핵심은 이익이다. 당원 신분이 자기 개인의 사업에 유리하다는 것이다. 기업 입장에서 볼 때, 인민대표대회나 정치협상회의에 참여하면 정부의 정책 목표나 방향을 경쟁 기업보다 훨씬 더 먼저 알 수 있다. 이에 따라 새로운 정책에 부응하는 새로운 경영전략을 경쟁 기업보다 더 먼저 세우고 더 많이 준비할 수 있다. 이뿐만이 아니다. 인민대표대회나 정치협상회의의 위원이라는 신분은 지방 권력에 대한 보호막으로 작용할 수도 있다. 이런 사람은 지방의 공무원이나 법원, 경찰도 함부로 건드리지 않기 때문에 상대적으로 사업을 하는데 유리하다.

이처럼 당원이 되면 특별한 권한과 이익을 더 많이 향유할 수 있다. 당

---

35   KBS TV(2015) 방송 녹취 및 재구성.
36   KBS TV(2015) 방송 녹취 및 재구성.

원이 되기 위한 경쟁이 치열한 이유가 여기에 있다.

공산당원들은 현 체제의 수혜자다. 당원이 되면 지위, 정보, 인맥 등과 같이 사회적으로 교환 가능한 자원을 훨씬 더 많이 소유할 수 있다. 그러므로 공산당원들은 현 체제의 지속을 더 많이 원할 것이다.

5.4 군대를 공산당이 소유

공산당의 의지

중국의 위정자들은 경제성장을 위해서는 무엇보다 사회가 안정되어야 한다고 생각한다. 덩샤오핑이 1989년에 말한 '안정이 모든 것에 우선한다'(稳定压倒一切 wěndìng yādǎo yīqiè)는 지금도 반복해서 사용되고 있는 핵심 구호이다. 이러한 생각은 중국의 공산당원들에게 상식처럼 내면화되어있다.[37]

"중국은 초대형 국가예요. 큰 만큼 내부 상황이 복잡하죠. 그래서 중국 중앙정부는 정치적 굳건함을 유지해야 합니다. 바로 거시적인 안정이죠. 동란을 허용해서는 안 돼요."(장웨이웨이 상하이 푸단대학 교수)

"공산당은 강한 집권당입니다. 중국은 워낙 넓고 인구가 많고 경제 규모가 커서 강한 정당이 필요합니다. 중국공산당의 일당 지배가 중국을 더 강하고 번영하게 만들 것입니다."(레이쩐, 공산당원)

중국공산당은 자신의 생각과 의지를 관철할 힘이 있을까. 답은 '그렇다' 이다. 중국공산당은 앞에서 말했듯 권력이 만들어지고 행사되는 거의

---

37   KBS TV(2015) 방송 녹취.

모든 경로를 독점하고 있고, 충성스럽고 유능한 당원을 세계에서 가장 많이 보유하고 있으며, 또한 이 모든 것보다 더 강력한 힘, 즉 군대를 보유하고 있다.

군대는 국가가 아닌 당의 소유

오늘날 중국에 대해 사람들이 크게 오해하는 것 중 하나가 중국의 군대인 인민해방군이 국가의 군대라는 것이다. 일반적으로 민주주의 국가에서는 국가가 군대라는 무력을 소유한다. 대통령은 국민에게 위임받은 무력을 이용하여 외부세력으로부터 국민을 지키고 내적으로 사회의 안녕과 질서를 유지한다.

중국은 다르다. 중국에서는 공산당이 군대를 소유한다.[38] 즉, 인민해방군은 국가나 국민의 지시가 아니라 당의 지시에 따라 움직이는 당의 군대이다.

중국에는 군대를 지휘하는 조직이 중화인민공화국 중앙군사위원회(中华人民共和国中央军事委员会)와 중국공산당 중앙군사위원회(中国共产党中央军事委员会) 두 개가 있다. 이것을 보고 중국에 두 개의 군대가 별도로 존재한다고 생각할 수 있는데 이는 사실과 다르다. 형식적으로는 국가의 군대와 중국공산당의 군대가 나뉘어 있는 것 같지만 내용으로 들어가면 인민해방군이라는 하나의 군대만 존재한다.

대원칙은 '군대에 대한 공산당의 절대적인 지배'이다.[39] 이 원칙을 지키기 위해 중국공산당 중앙군사위원회의 주석과 중화인민공화국 중앙군

---

38   바이두, '中国共产党中央军事委员会'. 2023.06.30. 접속.

39   바이두, '中国共产党中央军事委员会主席', '中华人民共和国中央军事委员会', '中国共产党中央军事委员会'. 2023.06.30. 접속.

사위원회의 주석을 중국공산당 중앙위원회 총서기 한 사람이 맡는다. 중국공산당 중앙군사위원회 주석은 당의 규정에 따라 중국공산당 중앙위원회에서 선출하며 중화인민공화국 군사위원회 주석은 전국인민대표대회에서 선출한다. 그러나 후자는 단순히 헌법 절차상의 추인에 불과하다. 중국공산당 중앙위원회에서 선출된 중앙군사위원회 주석이 자동적으로 중화인민공화국 국가군사위원회 주석이 되는 것이다. 중국의 인민해방군을 당의 군대라고 하는 까닭이 바로 여기에 있다.

중국의 현역군인은 2장의 [도표 2-5]에 나와 있듯 약 200만 명이고, 이 200만 명은 전국인구조사에서도 특별하게 독립된 단위로 기록된다. 바로 이들이 중국공산당의 일당 체제를 확고히 유지하는 데 기여하는 핵심적인 힘이다.

다음은 중국의 온라인에서 쉽게 찾아볼 수 있는 구호이다.

'忠诚于党'(zhōngchéng yú dǎng)은 "(우리 군대는) 공산당에 충성한다"는 뜻이다. 중국의 군인들(육군, 해군, 공군)은 중국의 국기(五星红旗) 이전에 '당기(党旗)', 즉 '공산당 기(旗)'에 경례를 한다. 그들은 늘 자신들이 국가의 군대가 아니라 당의 군대임을 반복해서 교육받는다.

물샐틈없다

이렇게 말하는 사람이 있다. "중국은 너무 커서 사회 유지비용이 과다하다. 9천만 명의 공산당원이 감시해도 통제가 잘 안 된다. 지방정부에 대한 중앙정부의 지시도 잘 먹히지 않는다."[40] 이것은 중국을 모르고 하는 이야기다. 오히려 그 반대다. 중국공산당은 사천여 년 역사상 어느 때보다도 철저하고도 용의주도하게 중국을 관리하고 있다.

중국의 권력 기구는 '당, 정, 군' 셋으로 구분하기도 한다.[41] 중국공산당과 정부와 군대를 말하는데, 이를 줄여서 '당정군(党政军)'이라고 한다. 이 세 개의 권력 기구는 중앙에서 지방 말단까지 동일한 위계 체제를 갖추고 각 지역을 관리하고 있다. 그리고 각급 행정단위의 당 서기가 무력의 원천인 군부의 당 서기를 겸임함으로써 어느 단위에서든 공산당이 군대를 직접 통솔할 수 있도록 짜놓았다.

[도표 5-7] 중국의 당정군 체계

계통	기구	행정 단위			
		중앙	성급	지급	현급
공산당	당 위원회	당 중앙	성 위원회	시 위원회	현 위원회
정부	인민정부	국무원	성 정부	시 정부	현 정부
군대	군대	중앙군사위원회	성 군구	시 군분구	현 무장부

출처: 바이두, '党政军(党派, 政府和军队的统称)'. 2023.06.30. 접속.

[도표 5-7]을 보면 '당-정-군'의 체계가 중앙에서 지방 현급 단위까지

---

40   홍성국(2018:127).

41   바이두, '党政军(党派, 政府和军队的统称)'. 2023.06.30. 접속.

동일한 구조로 조직되어 있음을 알 수 있다. 성 단위도 '당-정-군'으로 되어있고, 지방 현급 단위도 '당-정-군'으로 되어있다. '水泄不通'(shuǐ xiè bù tōng)이라고 하는 성어가 있다. '물샐틈없다'는 뜻이다. 중국공산당과 행정 부서와 군대가 중국 전역을 전방위적으로 물샐틈없이 세밀하게 통제하고 있는 것이다.

그렇다고 해서 중국의 국민들이 공산당의 엄격한 감시하에 불안해하며 살고 있다고 생각하면 크나큰 오산이다. 중국에 살고 있거나 중국의 여러 곳을 다녀본 이들은 금방 동의할 것이다. 공산당이 허용한 범위를 넘어서지만 않는다면 일상의 삶에서는 많은 자유가 주어져 있다. 다음은 중국의 유명한 소설가인 위화(余华)의 말이다.[42]

"만약에 내가 새 차를 샀는데 문제가 생겼다면 다른 차로 바꿔 달라고 할 권리가 있습니다. 이런 권리는 반드시 있어야 하고 주어져야 합니다. 하지만 정부에 대해서는 반대할 권리는 없습니다. 중국의 자유는 이런 겁니다. 생활에서의 자유는 충분히 주어지지만 정치상의 자유는 주어지지 않습니다."

위화가 한 말의 앞뒤 순서를 바꾸면 이렇게 된다. "중국의 자유는 이런 겁니다. 정치상의 자유는 없지만 생활상의 자유는 충분히 주어집니다."

중국 국민은 중국의 공산당 통치 체제에 반기만 들지 않는다면 매우 자유로운 삶을 살 수 있다. 지난 4천여 년의 역사를 돌아볼 때 중국의 국민들은 지금만큼 자유로운 일상과 풍요로운 삶을 경험해본 적이 없다. 이것이 바로 오늘의 중국이다.

---

[42]   KBS TV(2015) 방송 녹취.

5.5 경제적 성공

장하준의『사다리 걷어차기』

이런 질문을 받은 적 있다. "중국은 언론 자유가 없고 부정부패가 심하다는데 경제가 앞으로도 계속 발전할 수 있나요?", "절대 정권은 절대 부패한다는 말이 있는데 그런 나라가 과연 앞으로도 온전하게 유지될 수 있을까요?"

이 질문은 다음과 같은 전제(assumption)를 깔고 있다. 경제성장의 선결과제는 정부의 투명한 정책 집행과 민주주의 제도의 정착이다. 그렇지 않은 경우 여러 가지 비효율적인 문제가 발생하여 경제성장을 저해한다는 것이다.

미국 예일대 경영대학원 교수인 중국인 학자 천즈우도 위와 같은 생각을 가지고 있다.[43]

"중국은 '금융이 국부(国富)의 왕도'라는 서양식 모델을 본보기로 삼아야만 경제가 지속 성장할 수 있다. 서양식 모델을 거울로 삼기 위해서는 먼저 민주, 자유, 인권이라는 인류 보편적 가치가 가지는 중요성을 알아야 한다. 미국은 민주, 자유, 인권의 기초 위에 세워진 나라다. 따라서 '중국은 미국을 본받아야 한다'."

영국 케임브리지대학의 교수인 장하준은 이러한 생각이 자본주의의 역사를 모르는 매우 순진한 발상이라고 논박하고 있다. 그의 저서『사다리 걷어차기』에 있는 주장을 정리하면 다음과 같다.

43　천즈우(2011:4). 여기에 소개한 내용은 천즈우(2011)의『중국식 모델은 없다』에 실린 린샹카이 교수의 추천사의 일부이다. 천즈우의 책을 읽어보면, 린샹카이가 천즈우의 주장의 핵심을 간단하고 명료하게 잘 뽑아내었음을 알 수 있다.

선진국들은 현 개발도상국들에게 소위 '바람직한' 제도를 권고한다. 소위 바람직한 제도에는 거시 경제 정책과 국제무역 및 투자의 자유화, 민영화, 규제의 폐지, 그리고 민주주의와 건전한 관료주의, 독립적 사법권, 지적 재산권과 아울러 재산권 보호, 투명한 시장 중심의 기업 지배구조 제도와 정치적으로 독립된 중앙은행이 포함된 금융기관 등이 포함된다(p.19). 이와 반대되는 것은 소위 '바람직하지 않은' 사태로서 군사 쿠데타, 선거 부정 및 매표(买票) 등에 의한 민주주의 훼손, 부유층에 의해 빈번하게 자행되는 소득세 탈루 등이 포함된다(p.251).

그런데 이런 말에 속아 넘어가면 안 된다. 선진국들이 이렇게 소위 '바람직한' 정책을 권고하는 것은 자신들이 정상에 오르자 '사다리 걷어차기'를 하는 것과 같다. 현재의 선진국들은 과거 자신들이 '따라잡기 기간'에 있는 동안 외국의 숙련된 노동 인력을 빼돌렸고, 경쟁국이 수출을 금지한 기계를 밀수입하였고, 산업스파이를 고용하는가 하면, 다른 국가의 특허권 및 상표를 계획적으로 도용하였다(p.124). 당시 그들은, 지금 선진국이 비난하는 보호무역주의 정책을 실행하면서 현재의 개발도상국들보다 더욱 강력하게 자국의 유치산업(infant industry)을 보호하고 발전시키기 위해 산업·무역·기술(Industry, Trade & Technology, ITT) 정책을 개입주의적으로 펼쳤다(p.45, p.232). 다시 말하면 과거 많은 선진국들이 소위 '바람직하지 않은' 정책을 통해 성장했다는 것이다.

또한 최근 개발도상국의 사례를 보면, '바람직한' 정책을 사용한 1980년 이후의 20여 년보다 '바람직하지 않은' 정책을 사용한 1960~1980년 사이에 더 빠른 경제성장을 이루었다. 게다가 흥미롭게도 이들이 시행한 '바람직하지 않은' 것으로 여겨지는 정책들은 바로 선진국 자신이 개발도상국 시기에 사용한 정책들과 근본적으로 같은 것이다(p.235).

중국도 훌륭한 사례가 될 수 있다. 현재 주류를 이루는 선진국의 관점에서 보면 중국에는 '바람직하지 않은' 정책과 '열등한 제도'가 확산되어 있다(p.249). 그럼에도 불구하고 수많은 외국 자본이 중국으로 몰려들고 있다. 실증적인 연구에 따르면 국제 투자자들의 투자 결정에 있어 제도적 변수들보다는 시장 규모나 경제성장 등의 변수들이 훨씬 중요한 것으로 나타났다(p.249).

결론은 다음과 같다. '바람직한' 것으로 여겨진 정책들이 사실 개발도상국들에게 유용하지 않으며, 오히려 '바람직하지 않은' 것으로 여겨지는 정책들이 효율적으로 사용되기만 하면 더욱 유익할 수 있다는 것이다(p.235). 선진국들이 현 개발도상국들에게 소위 '바람직한' 정책을 권고하는 것은 자신들이 정상에 오르자 '사다리 걷어차기'를 하는 것과 같다고 말할 수 있는 것도 바로 그 때문이다(p.235). 따라서 개발도상국이 선진국을 따라잡기 위해서는 많은 경우 제도적 해결책보다는 보다 집중적이고 신속한 정책 개입이 더 바람직하다(p.231). 그러므로 중국이 국가 운영이나 기업 경영에서 소위 '바람직한 제도'에 반하는 정책을 펼치고 있는 것이 오히려 중국과 같은 개발도상국의 경제성장에 더 유익하다는 것이다.

중국은 지난 40여 년간 경제적으로 실수한 적이 없다

덩샤오핑 주석의 시장 개방 정책 실행 이래 지금까지 중국공산당은 '경제적으로'는 크게 실수한 적이 없다. 중국공산당은 서방 세계와는 다른 방식으로 중국을 통치하면서 서방 세계와 유사한 방식으로 경제를 성장시키고 있다.

중국의 GDP 성장은 세상이 다 아는 일이다. 중국은 1980년대 이전에는 정말로 가난한 나라였다. 반면 오늘날 중국인은 부(富)가 계속해서 늘어나는 안정적인 시대에 살고 있다. 앞의 2장에서 말했듯, 중국은 2010년 세계 제조업 생산액의 19.8%를 점유해, 19.4%에 그친 미국을 제치고 세계 1위 제조업 국가가 되었고, 그 후 계속 1위를 고수하여 2019년 중국은 전 세계 제조업 생산량의 28.7%나 차지하게 되었다.

[도표 5-8] 세계 수출시장 점유율 1위 품목 수

(배열기준: 2020년 순위)

	2016년		2017년		2018년		2019년		2020년	
	순위	품목수	순위	품목수	순위	품목수	순위	품목수	순위	품목수
중국	1	1,675	1	1,697	1	1,716	1	1,752	1	1,798
독일	2	675	2	692	2	686	2	658	2	668
미국	3	576	3	532	3	513	3	524	3	479
이탈리아	4	207	4	216	4	212	4	217	4	201
일본	5	179	5	169	5	161	5	157	5	154
인도	6	148	7	144	7	128	6	145	6	148
네덜란드	7	140	6	143	6	147	7	134	7	145
스페인	11	73	13	69	9	87	9	96	8	103
프랑스	8	99	8	107	8	112	8	112	9	99
한국	12	71	12	75	12	65	10	71	10	77

출처: 2016~2017년 자료는 한국무역협회의 보고서 「세계 수출시장 1위 품목으로 본 우리 수출의 경쟁력 현황」(2020)을, 2018~2020년 자료는 한국무역협회의 보고서 「세계 수출시장 1위 품목으로 본 우리 수출의 경쟁력 현황」(2022)을 참고하였음.

중국은 세계의 공장이란 이름에 걸맞게 세계 시장 점유율 1위 제품 수가 가장 많다. 2020년 현재 중국의 세계 수출시장 점유율 1위 품목은

1,798개이다. 이것은 2위부터 7위인 독일(668개), 미국(479개), 이탈리아(201개), 일본(154개), 인도(148개), 네덜란드(145개)의 1위 품목을 합한 것보다 더 많은 수치이다. 세계 수출시장 점유율 1위 품목에서 중국의 압도적 우위는 시간이 갈수록 더 심화될 것이다.

"중국의 세계다"(It's China's World). 2019년 7월 22일 자 미국의 경제지 포춘(fortune)이 전년도 매출을 기준으로 선정한 '2019년 글로벌 500대 기업'을 발표하면서 내건 기사의 제목이다.[44] 2019년 글로벌 500대 기업에 포함된 중국의 기업 수는 129개로서, 1990년 글로벌 500대 기업 선정 작업을 시작한 이후 처음으로 미국(121개)을 제치고 1위를 차지했다. 여기에는 타이완의 기업 10개가 포함되어 있다.

글로벌 500대 기업의 수에서 중국과 미국의 순위가 역전된 후 그 격차는 갈수록 벌어지고 있다. 2020년 8월 10일 발표된 글로벌 500대 기업 리스트에 미국 기업은 121개가 포함되어 있는데, 중국은 타이완의 업체 11개를 제외하고도 124개 업체의 이름을 올림으로써 단독으로 세계 1위에 등극하였다.[45] 2022년 8월 3일에 발표된 글로벌 500대 기업 리스트를 보면 중국 기업은 그 사이에 12개가 늘어서 136개가 되었지만 미국은 겨우 1개가 늘어서 124개사만 이름을 올렸다.[46] 타이완 기업까지 포함하면 중화권 전체 기업 수가 145개나 된다.

포춘의 '글로벌 500대 기업'은 세계의 힘의 균형이 얼마나 심오하게

---

44 포춘(Fortune 2019.07.22.), It's China's World. 조선일보(2019.07.24.), 129:121… 세계 500大 기업, 중국이 美 제쳤다.

45 한국무역협회(2020.08.13.), '2020년 포춘 '글로벌 500대 기업'에 中기업 124개사 선정'.

46 한국무역협회(2022.08.04.), '포춘 500대 기업, 美 제치고 中이 최다…삼성전자 18위'.

변화하고 있는지 보여준다. 확실히 세계 산업의 공급망이 중국을 중심으로 재편되고 있다. 중국산 부품이 없으면 세계의 산업이 돌아가지 않는다. 또한 어느 나라 소비자든 메이드 인 차이나가 없으면 지금처럼 가성비 높은 제품을 값싸게 구매할 수 없다. 중국의 세상이라는 말이 여러 국면에서 사실로 드러나고 있다.

이와 같은 제조업의 성장에 힘입어 중국의 국가 GDP는 1980년 3,061.7억 달러에서 2020년 14.7조 달러로 48배나 성장했고, 1인당 GDP 역시 1980년 312달러에서 33배 증가하여 2020년에는 1만 달러를 넘었다.

[도표 5-9] 중국의 국가 GDP와 1인당 GDP 증가 상황

(단위: 달러. 명목 GDP)

	1980년	1990년	2000년	2010년	2020년
국가 GDP	3,061.7억	3,946억	1조 2,114억	6조 0,879억	14조 6,945억
1인당 GDP	312	348	959	4,551	10,413

자료: Wikipedia, 'Historical GDP of China'. 2023.06.30. 접속.

2002년에 영국에서 출판된 장하준 교수의 『Kicking away the Ladder(사다리 걷어차기)』는 중국에서 2009년에 『부자 나라의 위선: 자유무역의 미망과 자본주의의 비사』로 번역 출판되었고, 2020년에 같은 출판사에서 번역자를 바꾸어 『부자 나라가 파놓은 함정: 경제 선진국은 왜 사다리를 걷어차는가?』란 제목으로 재출판되었다.[47] 2020년을 기준으로 할 때 그로부

---

47   张夏准 著, 严荣 译(2009), 『富国的伪善: 自由贸易的迷思与资本主义秘史』, 北京: 社会科学文献出版社. 张夏准 著, 蔡佳 译(2020), 『富国陷阱 : 发达国家为何踢开

터 18년 전에 출간된 경제 서적이라면 이미 시효를 다했을 수 있다. 그런 책을 다시 번역해서 재출간하는 것은 어느 나라에서든 일반적인 현상이 아니다. 중국공산당 정부가 현재의 일당 통치 체제를 유지하면서 자본주의적 경제성장을 도모한다고 할 때, 미국을 비롯한 여러 선진국이 가지고 있는 통념에 정면으로 도전하는 장하준의 주장이 이론 및 실증적으로 든든한 지원군 역할을 하고 있기 때문이 아닐까.

PwC의 2050년 장기 예측도 장밋빛이다

PwC(Price waterhouse Coopers, PwC)는 영국 런던에 있는 매출액 기준 세계 1위의 다국적 회계 감사 기업이다. 여기에서는 2015년부터 2017년까지 3년 동안 매해 세계 경제 질서의 큰 흐름을 담은 연구보고서 「The World in 2050: The long view」를 제작하여 발표해왔다.

PwC의 2017년 보고서에 따르면 구매력 평가(PPP)를 기준으로 할 때 중국의 국가 GDP는 2016년 세계 1위로서 미국을 넘어섰으며, 시간이 갈수록 그 격차가 벌어지고 있다. 이 보고서에서는 장기적으로 볼 때 공산당의 신중국 창업 101주년이 되는 2050년이 되면 중국의 국가 GDP가 미국의 1.7배나 될 것으로 예측하고 있다.

PwC는 2018년부터 이 보고서를 작성하지 않고 있다. PwC에 확인한 바에 따르면 당분간 이 작업을 진행할 계획이 없다고 한다. 추측컨대 2050년까지 세계 경제의 흐름을 예측할 수 있는 자료가 그동안의 연구를 통해 충분히 확보되었으며, 이를 바탕으로 작성된 장기 전망이 앞으로도 바뀔 가능성이 없다고 판단했기 때문일 것이다.

梯子』, 北京: 社会科学文献出版社.

[도표 5-10] 경제 규모 세계 상위 10개국 장기 전망

(단위: 10억 달러. 구매력 평가 기준)

GDP 순위	2016년 순위		2030 순위		2050 순위	
	국가	GDP	국가	예상 GDP	국가	예상 GDP
1	중국	21,269	중국	38,008	중국	58,499
2	미국	18,562	미국	23,475	인도	44,128
3	인도	8,721	인도	19,511	미국	34,102
4	일본	4,932	일본	5,606	인도네시아	10,502
5	독일	3,979	인도네시아	5,424	브라질	7,540
6	러시아	3,745	러시아	4,736	러시아	7,131
7	브라질	3,135	독일	4,707	멕시코	6,863
8	인도네시아	3,028	브라질	4,439	일본	6,779
9	영국	2,788	멕시코	3,661	독일	6,138
10	프랑스	2,737	영국	3,638	영국	5,369

출처: PwC(2017), The World in 2050: The long view. 상위 10개국 발췌.

중국 국민들은 앞으로도 공산당이 중국을 강하고 풍요로운 국가로 만들 수 있는 능력이 있다고 믿고 있다.

"중국인은 중국공산당의 작동 방식을 탐탁지 않게 여기는 사람이라도 중국이 성취해낸 것에 대해 굉장한 자부심이 있습니다. 중국의 민족주의 혹은 애국심은 굉장한 힘입니다. 중국 사람들은 중국이 세계 국가의 위계 질서에서 본래의 위치로 돌아가고 있다고 생각합니다."(조너선 폴락 브루킹

스연구소 중국센터장)[48]

　경제가 성장하는 한 그 혜택을 누리는 국민은 공산당을 지지하게 되어있다. 그러므로 현재의 공산당 일당 통치 체제는 장기간 지속될 것이다. 우리는 중국의 일당 통치 체제의 불변을 기초 값으로 해놓고 그다음을 생각해야 한다. 이것이 이 장의 결론이다.

　　KBS「슈퍼 차이나」제작팀(2015:367).

- 중국공산당은 현대 중국 이해를 위한 퍼즐의 시작과 끝이다. 1장의 땅이라는 공간에서 시작된 이야기는 5장의 당으로 귀결되고, 당은 또한 향후 중국의 미래에 관한 모든 것의 출발점이 된다.

- 중국공산당의 통치 체제는, 밖에서 보면 일당독재이지만 안에 있는 사람들에게는 질서와 안정과 번영의 상징으로 인식되고 있다. 이러한 공산당을 국민 다수가 지지한다. 이와 같은 사실은 입소스와 같은 세계적인 여론조사 기관이나 하버드대학교 케네디스쿨 애쉬센터의 조사에서도 확인되고 있다.

- 중국은 국가 위에 공산당이 있는 당-국가 체제이다. 중국공산당은 입법, 사법, 행정부와 언론 및 국영기업의 주요 부서에 대한 인사권을 가지고 있다. 권력이 흐르는 모든 경로를 당이 독점하고 있다는 말이다.

- 공산당은 보이지 않지만 어디에나 다 있다. 당 지도부의 결정이 전국적으로 뻗어있는 당 조직을 통해 말단 지방 행정 단위까지 신속하고 일사분란하게 전달되고 시행된다.

- 중국공산당은 중국을 부유하고 강한 나라로 만들기 위해서는 공산당 일당 통치 체제가 필수라고 생각하고 있다. 그리고 그 믿음을 관철할 실질적인 힘을 가지고 있다. 그것은 바로 군대이다.

- 중국의 정치체제는 앞으로도 오랫동안 변하지 않을 것이다. 외국인인 우리는 중국과 무슨 일을 하든 공산당 일당 통치 체제의 불변을 기초 값으로 놓고 그 다음을 설계해야 한다.

다섯 가지 집필 원칙

이 책을 쓰면서 세운 기본 원칙이 있다. '변하지 않는 것을 이야기한다, 힘에 주목한다, 숫자로 말한다, 모델로 설명한다, 두껍지 않게 쓴다'가 그것이다.

첫째, 변하지 않는 것을 이야기한다.

많은 이들이 코로나 19 이후의 변화에 대해 이야기하고 있다. 나는 변화하는 가운데 변하지 않는 것을 이야기하고자 하였다. 불변이라는 표현이 너무 지나치다면 장기지속으로 이해해도 된다. 코로나 19 이후에도 근본적으로는 바뀌지 않을 것을 알 수 있다면 우리 마음속에 드리워진 불안의 그늘이 조금은 걷히지 않을까.

코로나 19 이후에도 변하지 않을 것이 있다면 무엇일까. 이 책에서 다루고 있는 다섯 가지 주제가 바로 그것이다. 중국은 지금까지 그렇듯 앞으로도 방대한 영토와 거대한 인구를 자랑하는 초강대국일 것이고, 경제의 성장과 국민의 삶의 질적인 제고를 위해 도시화를 계속 추진할 것이고, 법치의 영역이 늘어나더라도 여전히 사람과 사람 사이의 관계가 중시될 것이고, 누가 국가 주석으로 뽑히든 공산당 일당독재는 계속될 것이다.

변하지 않는 것은 이것들 말고도 더 있다. 하지만 이 책에서는 다섯 가지 주제만 집중적으로 다루었다. '두껍지 않게 쓴다'는 다섯 번째의 원칙을 지키기 위해 최소한으로 줄였기 때문이다.

둘째, 힘에 주목한다.

중국의 약점이 아니라 강점에 주목한다는 말이다. 이 책의 독자는 내가 중국을 너무 긍정적으로 보고 있다는 느낌을 가질 것이다. 나는 중국의 긍정적인 면이 아니라 중국이 지닌 힘의 진면목을 전달하려 했다. 이렇게 한 이유는 단순하다. 중국이 초강대국이기 때문이다.

21세기 현재 세계에는 두 개의 초강대국(superpowers)이 있다. 미국과 중국이다. 미국이 500년 간다면 중국 역시 500년 간다. 미국이 미국의 힘으로 500년 간다면 중국 역시 중국의 힘으로 500년 갈 것이다. 그렇다면 중국을 초강대국으로 만든 힘은 무엇일까. 그것은 바로 이 책에서 말하는 방대한 영토와 인구, 그리고 능력 있는 공산당 집단이다.

중국은 한국이나 미국과 다르다. 중국은 민주주의 국가가 아니다. 중국에는 정치적 자유가 없다. 그럼에도 불구하고 지금의 중국은 4천여 년 역사상 어느 때보다도 막강하고 더 많은 사람들이 더 나은 생활을 하고 있다. 그러한 긍정적인 부분을 우리는 함께 봐야 한다.

물론 중국에 취약한 면이 없다는 것은 아니다. 그런데 그런 것을 우리가 언급하고 지적하는 것이 도대체 무슨 의미가 있을까. 그들은 자신의 운명을 스스로 결정할 힘을 가진 몇 안 되는 나라 중의 하나로서, 결국 자신이 생각하는 대로 자신의 길을 갈 것인데 말이다.

셋째, 숫자로 말한다.

독자들은 이 책을 읽으면서 도처에서 숫자가 담긴 도표를 발견했을 것이다. 인문학이 자연과학에서 도움받을 것이 있다면 그중의 하나는 숫자로 말하는 것이다. 숫자는 단순하면서도 많은 것을 말해준다. 숫자는 사유와 지식의 명료화에 도움을 준다. 숫자는 기억하기 쉽고 이해하기 쉽고 설득하기 쉽다. 수치로 표현하면 대충 어림짐작으로 접근하지 않으며 지적 정직함을 추구하게 된다.

나는 할 수 있는 한 객관적으로 확인된 증거를 따르고자 했다. 나는 최대한 사실 여부를 확인하여 그 결과를 숫자로 표현하려 노력했다. 물론 숫자도 거짓말을 할 수 있으므로 사실 확인은 필수다. 숫자 하나를 채우기 위해 많은 자료를 뒤적이며 여러 날을 보내기도 했다. 지루한 과정을 피할 수 없었지만 만족스러운 결과를 손에 넣는 순간 어려웠던 모든 기억이 희열로 대체되었다.

예를 들어, 대니얼 오닐 팀의 연구는 지구에 살고 있는 사람들 대부분이 지구가 제공할 수 있는 분량 이상으로 자연을 소비하고 있음을 숫자로 보여준다. 국제생태발자국 네트워크의 연구는, 중국 사람들이 자국이 제공할 수 있는 자원의 4.1배를 사용하고 있는데 비해 일본은 7.8배, 한국은 9.8배, 싱가포르는 104.6배나 사용하고 있으니, 중국보다도 세계의 경제 선진국이 더 많이 각성해야 한다는, 직관에 반하는 사실을 알려준다.

제프리 웨스트의 15퍼센트 규칙은 왜 도시가 근대 산업 사회의 플랫폼이 되어왔는지 알려준다. 중국에서는 정부 차원에서 도시의 경쟁력과 매력도의 차이를 숫자로 보여주고 있다. 중국에 있는 수많은 도시의 경쟁력을 이제까지 단순히 경험에 의거하여 판단해 왔다면 앞으로는 다양한 기준에 따라 숫자로 더 정확하게 판단할 수 있다.

입소스(IPSOS)와 하버드대학교 케네디스쿨 애쉬센터의 여론조사를 통해 중국의 서민들이 공산당 정부를 어떻게 생각하는지를 수치로 알 수 있다.

넷째, 모델로 설명한다.

이 책에서 말하는 모델이란, 복잡한 현상을 단순하게 보여주는 도구를 말한다. 좋은 모델은 세상을 단순하면서도 명료하게 파악할 수 있게 해 준다.

나는 중국의 자연환경과 그곳에 사는 인간과의 관계를 어떻게 하면 간결하게 보여줄 수 있을까 궁리하면서 오랜 시간 동안 많은 자료를 살펴보았다. 어느 날 문득 복잡한 상황이 정리되는 느낌이 들었다. 각각 독립적으로 존재하던 3개의 가상선을 한 군데에 모아놓고 보니 넓고 크고 복잡한 중국이 단순하게 모습을 드러냈다.

안전하고도 정의로운 세계를 나타내는 도넛 모델, 그리고 나라별 사회 경제적 성취와 생태 환경의 침범 정도를 나타내는 좌표는 우리의 시야를 세계의 인류 차원으로 확장시킨다.

일본인 학자 요시카와의 경제 성장 모델은 도시화와 공업화와 경제성장 사이의 상관관계를 한 눈에 보여준다.

황광궈 교수의 「중국인들의 권력 게임 모델」을 발견했을 때 더할 나위 없이 기뻤다. 나는 2000년대 초부터 중국인의 생각과 행동 양식을 일목요연하게 보여주는 모델을 만들어보려고 시도했지만 성공하지 못했다. 난제 중의 난제였다. 그가 만든 모델을 보면서 마음속이 환해지는 느낌이 들었다.

다섯째, 두껍지 않게 쓴다.

나는 독자들이 이 책을 앉은 자리에서 끝까지 읽고 중국의 정체를 바로 알게 되길 바랐다. 그것이 과도한 욕심임을 나도 알고 있다. 그래도 시도해 보는 것이 나쁘지 않다고 생각했다. 그렇게 하려면 우선 얇아야 한다. 이 책을 처음 기획할 때는 세부 주제가 열다섯 개가 넘었다. 그것을 줄이고 또 줄여서 다섯 개로 만든 것이다.

선택하는 것보다 버리는 것이 어려웠다. 사실 대부분의 연구자들이 느끼는 점인데 늘이는 것보다 줄이는 것이 더 어렵다. 현상에 주목하면 두꺼

워지고 본질에 주목하면 얇아진다. 가지와 잎을 쳐버리고 본질과 구조의 파악, 그리고 이론과 모델을 활용한 설명에 집중했다. 여기에서 다루지 않은 주제들은 별도의 책을 통해 채우기 바란다. 일단 이 다섯 개의 주제에 대해 알고 나면 다른 문제에 대한 이해가 훨씬 쉬워질 것이다.

이제 진짜로 마무리해야 할 시간이 되었다. 세계적인 미래학자 제임스 캔턴 박사는 말한다.[01]

"나는 지금 여러분에게 알람 콜을 하고 있다. 반갑지 않을 수도 있다. 그러나 우리는 모두 이 상황에 적응하고 변화되어, 중국과 함께 춤을 출 수 있어야 한다. 정신을 차리고 중국의 미래가 이 세계를 어떻게 변화시킬지 연구해야 한다. 중국의 미래는 빠른 시일 내에 지구상 모든 사람에게 영향을 미칠 것이며, 이것이 의미하는 것은 생각보다 훨씬 더 어마어마하다."

그가 2007년에 한 이 발언은 지금도 유효하고, 두 번째 백 년이 완성되는 2049년에도 여전히 유효할 것이다.[02]

한국은 중국의 부상이 반갑지 않을 수 있다. 그러나 세계 곳곳의 거의 모든 분야에 미치는 중국의 영향력은 누구도 부정하거나 거부할 수 없는 현실이다. 그러니까 중국에 대한 싫은 감정과 중국과 함께 살아야 한다는 사실을 분리하자. 한국은 중국과 잘 사귀면서 함께 춤출 수 있는 방안을 모색해야 한다. 그 시작을 이 책과 함께 했으면 한다.

---

01   제임스 캔턴(2007:389).

02   '두 번째 백 년'이란 '두 개의 백년' 중에서 두 번째를 가리킨다. '두 개의 백년'(兩個百年 liǎng ge bǎinián)'이란 1921년 중국공산당 창당 이후 100주년이 되는 2021년까지의 기간과 1949년 중국 건국 이후 100주년이 되는 2049년까지의 기간을 말한다.

이 책에 있는 크고 작은 문제들을 해결하기 위해 나는 수많은 자료를 섭렵해야 했다. 문제 해결의 열쇠를 쥔 논문이나 저서를 어렵게 구하여 펼쳐 볼 때마다 놀라움과 고마움이 번갈아 마음을 채웠다. 나보다 앞서 이 길을 걸었던 헤아릴 수 없이 많은 연구자에게 감사의 말씀을 전한다. 그분들의 노고가 있었기에 이 책을 쓸 수 있었다.

이러한 논문이나 저서를 구하는 것 자체가 시간을 다투는 싸움이었다. 이 싸움에서 든든한 지원군 역할을 해준 가톨릭대학교 중앙도서관 사서 선생님들께 감사드린다. 이분들은 해외의 어느 구석진 자리에 있는 자료까지도 전문성을 발휘하여 구해주셨다. 중국에서 절판된 지 오래된 책이나 최근에 출간된 도서를 급하게 구해야 할 때는 상하이에 거주하고 있는 백유리 박사의 도움을 받았다. 그는 내가 부탁을 하면 거의 실시간으로 자료를 구하여 항공편으로 보내주었다.

메타브랜딩의 박항기 대표와 맺은 특별한 인연을 소개하지 않을 수 없다. 그는 2000년대 초 대학에 있는 나에게 비즈니스 현장의 문을 열어준 사람이다. 나는 메타브랜딩에서 수행하는 중문 브랜드 개발 프로젝트에 꽤 많이 참여했다. 경쟁 제품 조사를 위해 중국 시장을 돌아다니고, 중국 소비자의 인식을 조사하기 위해 현장에서 표적집단 심층면접(Focus Group

Interview)을 진행하기도 했다. 이를 통해 중국을 단순히 책상 앞에 앉아서 논의하는 것이 아니라 치열한 전투가 벌어지고 있는 시장 속으로 들어가 온몸으로 비즈니스 현장을 경험하는 시간을 가졌다.

성균관대학교 중국대학원의 김용준 교수님을 만나면서 중국을 더 입체적으로 바라볼 수 있게 되었다. 교수님의 초대로 성균관대학교 현대중국연구소에서 수행하는 「중국의 전통 상업문화와 현대 시장문화에 대한 연구」라는 장기 연구 프로젝트에 공동연구원으로 참여할 수 있었다. 이 연구소에서 개최하는 각종 세미나와 콜로퀴움, 그리고 중국 현지 탐방 활동에 함께 함으로써 중국을 더 깊이 들여다 보고 경험할 수 있었다. 그때 얻은 경험과 영감이 이 책을 쓰는 데 많은 도움이 되었다.

류재윤 대표는 중국 삼성에서 20년이나 일한 현장 전문가이다. 그가 중국 비즈니스 최전선에서 일하면서 겪었던 각종 무용담을 베이징이나 서울에서 만나 밤을 새워 듣곤 했다. 그와의 만남을 통해 중국 비즈니스는 궁극적으로 거의 모든 길이 정치로 통한다는 사실을 확인하게 되었다.

이 책을 쓰는 중간중간 이 책의 구조와 내용에 관해 강정원 작가와 상의를 하였는데, 그는 출판인 관점에서 책의 내용과 형식을 어떻게 구성해야 하는지 자문해주었다. 열다섯 개의 주제를 지금처럼 다섯 개로 획기적으로 줄여야겠다는 생각도 그와의 대화를 통해 갖게 된 것이다.

이 책의 초고를 읽고 문제점을 지적하고 조언해준 분들에게 감사드린다. 박덕준 교수(가톨릭대)에게는 이 책을 쓰면서 문제점이 생기면 수시로 자문을 구했다. 그는 이 책의 초고를 읽고 이 책이 더 좋은 작품이 될 수 있도록 날카로운 조언을 해주었다. 노은영 교수(성균관대)에게는 궁금한 점이 생길 때마다 전화했는데, 지나고 나서 생각해 보니 주말에 하는 경우가 많았다. 그럼에도 그는 늘 밝은 목소리로 정답으로 가는 길을 안내해주었다. 그는 또한 이 책의 초고를 읽고 몇 가지 중요한 지적과 조언을 해주었다.

강상만 이사와의 친분은 20년이 넘었다. 신촌에 있는 한겨레문화센터에서 둘다 수강생 신분으로 처음 만났고 그 인연이 메타브랜딩으로 이어졌다. 그는 이공계 출신이며 나와 하는 일이 전혀 다르다. 그럼에도 불구하고 그는 일찍부터 내가 쓰는 논문들을 읽고 조언을 해주었으며, 이 책의 초고도 처음부터 마지막까지 꼼꼼히 읽고 조언과 격려를 해주었다.

이러한 과정을 거쳐 만들어진 최종 원고를 윤신원 교수(수원대)가 검토해주었다. 윤 교수 역시 나와 학문 분야가 다르다. 그는 이전에 쓴 나의 논문과 마찬가지로 이번 저서도 처음부터 마지막까지 꼼꼼히 읽고 문법상의 오류뿐만 아니라 내가 미처 생각하지 못한 내용상의 문제점까지 지적해주었다.

가장 중요한 감사 인사를 허성도 교수님께 드리고자 한다. 나에게 연구자의 길을 열어주시고 나의 인생행로를 결정하는 중요한 시기마다 등대 역할을 해주신 분이다. 교수님께서는 이 책의 초고를 처음부터 마지막까지 읽고 약간의 지적과 아주 많은 칭찬과 격려의 말씀을 해주셨다. 칭찬은 나이 든 제자도 춤추게 한다.

끝으로 이 책의 초판본을 읽고 일부 잘못된 내용과 오탈자 및 부족한 부분을 지적해주신 박기수, 양세욱, 엄익상, 하병학 교수님과 김용진 사장님께 감사드린다. 이분들 덕분에 이 책의 여기저기에 산재해 있던 문제점들을 바로 잡고 이번 개정판에서 이 책의 완성도를 더 높일 수 있었다.

나 역시 학문적으로 모자람이 있으며, 한국인이기 때문에 가질 수밖에 없는 문화적 편향에서 자유롭지 않다. 책의 앞날개와 저자 약력에 있는 이메일 주소로 조언과 지적을 부탁드린다.

가지타니 가이 등(梶谷怀·高口康太), 박성민 역(2021), 『행복한 감시국가, 중국』(幸福な監視国家: 中国, 2019), 서울: 눌와.

강광문(2015), 「중국법의 이해: 법의 개념, 법제사 및 사법제도 개관」, 『2015 SNU in Beijing 현대중국의 이해』, 서울: 서울대학교 국제협력본부 SWP, 535-631.

강영안(1993), 「칸트의 목적 자체로서의 인간과 '목적의 왕국' 개념」, 『서강인문논총』 제2호, 33-47.

강진석(2006), 「중국인 '꽌시(关系)'의 구성요소와 困境 사례 연구」, 『중국연구』 37호, 257-283.

개리 피사노 등(Gary P. Pisano and Willy C. Shih), 고영훈 역(2019), 『왜 제조업 르네상스인가』(Producing Prosperity: Why America Needs a Manufacturing Renaissance, 2012), 서울: 지식노마드.

거취안성(葛全胜, 2011), 『中国历朝气候变化』, 北京: 科学出版社.

공상철(2020), 『코끼리에게 말을 거는 법』, 파주: 돌베개.

구성열(2005), 「한국의 적정인구: 경제학적 관점」, 『한국인구학』 28:2, 1-32.

구자룡(2011), 「부상하는 중국의 고속철도」, 『월간교통』 2010년 제4호, 37-42.

권규호(2015), 『한국의 인구구조 변화와 장기 성장 전망: 일반균형론적 접근』, 서울: 한국개발연구원.

그레타 툰베리 등(Greta Thunberg eds.), 이순희 역(2023), 『기후 책: 그레타 툰베리가 세계 지성들과 함께 쓴 기후 위기 교과서』(The Climate Book, 2022), 서울: 김영사.

김덕삼(2018), 「도시화와 중국 소수민족의 한화(汉化)」, 『인문과학연구』 제34집, 101-123.

김도경(2016), 「딜레마에 빠진 도시화 전략」, 『성균 차이나 브리프』, 성균중국연구소, 58-63.

김동석·김민수·김영준·김승주(2012), 『한국경제의 성장요인 분석: 1970-2010』, 서울: 한국개발연구원.

김동석·이진면·김민수(2002), 『한국경제의 성장요인분석: 1963-2000』, 서울: 한국개발연구원.

김병철(2017), 「인구 고령화 심화에 대응하는 중국 정부의 전략」, 『한국노년학연구』 26:1, 61-75.

김승권(2006), 「사회복지적 관점에서 본 한국의 적정인구」, 『한국인구학』 29:1, 241-268.

김용학(1987), 「사회연결망 분석의 기초개념: 구조적 권력과 연결망 중심성을 중심으로」, 『인문과학』 58, 141-163.

김지환(2014), 『철도로 보는 중국 역사』, 서울: 학고방.

김형기·이성호(2006), 「한국의 적정인구 추세에 관한 연구」, 『국토계획』 41:6, 7-36.

나까가네 카츠지(中兼和津次), 강희정·강경구 공역(2016), 『경제 발전론과 현대 중국』(开发经济学と现代中国, 2012), 서울: 무역경영사.

니펑페이(倪鹏飞 주편 2015), 『中国城市竞争力报告 No.13』, 北京: 中国社会科学文献出版社.

니펑페이(倪鹏飞 주편, 2019), 『中国城市竞争力报告 No.17』, 北京: 中国社会科学文献出版社.

니펑페이(倪鹏飞 주편, 2020), 『中国城市竞争力报告 No.18』, 北京: 中国社会科学文献出版社.

니펑페이 등(倪鹏飞·徐海东 주편, 2021), 『中国城市竞争力报告 No.19』, 北京: 中国社会科学文献出版社.

니펑페이 등(倪鹏飞·徐海东·曹清峰·郭靖 等, 2022), 『中国城市竞争力报告 No.20(中国城市统一发展经济学)』, 北京: 中国社会科学文献出版社.

대니얼 오닐 등(Daniel W. O'Neill, Andrew L. Fanning, William F. Lamb, and Julia K. Steinberger, 2018), 「A good life for all within planetary boundaries」, *Nature Sustainability*, 2018.1(2). 88-95.

대외경제정책연구원 북경사무소(2019a), 「중국 도시화 발전 40주년의 성과 및 전망」, 대외경제정책연구원 북경사무소 브리핑.

대외경제정책연구원 북경사무소(2019b), 「중국 '2019년 신형도시화 건설 중점업무'의 내용과 전망」, 대외경제정책연구원 북경사무소 브리핑.

량홍(梁宏, 2021), 「中国人口发展的特征与趋势——基于历次人口普查公报的分析」, 『南方人口』 2021年 第4期, 47-58.

류루야오 등(刘路遥·王康·梅惠, 2021), 「基于地理核心素养人口合理容量教学设计——以新教材人教版必修一为例」, 『新课程导学』 2021年 23期, 55-56.

류위페이 등(刘玉飞·彭冬冬, 2016), 「人口老龄化会阻碍产业结构升级吗——基于中国省级面板数据的空间计量研究」, 『山西财经大学学报』 38:3, 12-21.

류재윤(2014), 『지금이라도 중국을 공부하라(1)』, 서울: 센추리원.

류재윤(2016), 『지금이라도 중국을 공부하라(2)』, 서울: 센추리원.

류즈뱌오(刘志彪, 2010), 「以城市化推动产业转型升级」, 『学术月刊』 2010年 10月号, 65-70.

리우젠화(刘剑骅), 장범성 역(2008), 『중국 기업 문화』(中国企业文化和企业制度, 2008), 춘천: 한림대학교출판부.

리처드 맥그레거(Richard McGregor), 김규진 역(2012), 『중국 공산당의 비밀』(*The Party: the Secret of China's Communist Rules*, 2010), 서울: 파이카.

리추이니 등(李翠妮·葛晶·赵沙俊一, 2021), 「人工智能、老龄化与经济高质量发展」, 『当代经济科学』 인터넷 저널. https://kns.cnki.net/kcms/detail/61.1400. F.20211221.2212.004.html.

마르타 페이라노(Marta Peirano), 최사라 역(2021), 『우리의 적들은 시스템을 알고 있다』(*El enemigo el sistema*, 2019), 서울: 시대의창.

마시모 리비-바치(Massimo Livi-Bacci), 송병건·허은경 역(2009), 『세계 인구의 역사』(*A Concise History of World Population*, 2007), 서울: 해남.

마이클 필스버리(Michael Pillsbury), 한정은 역(2016), 『백년의 마라톤』(*The Hundred-year Marathon: China's Secret to Replace America as the Global Superpower*, 2015), 서울: 영림카디널.

마크 그라노베터(Mark Granovetter 1973), 「The Strength of Weak Ties」, *The American Journal of Sociology*, 78:6, 1360-1380.

마훙메이 등(马红梅·杨月, 2021), 「人口老龄化、区域技术创新和产业结构升级」, 『科技管理研究』 2021年 第 9 期, 52-62.

문정인(2010), 『중국의 내일을 묻다』, 서울: 삼성경제연구소.

박인성(2009), 『중국의 도시화와 발전축』, 파주: 한울아카데미.

박장재(2021), 「중국 호적제도 개혁과 변천의 경제적 요인 분석」, 『중국과 중국학』 42호, 119-160.

박종한(2020), 「중국 선진시기의 기후 환경: 기후 변화와 코끼리, 벼, 인구 분포의 상관관계 탐색」, 『중국어문학논집』 120호, 287-326.

박종한(2021), 「중국 역대 인구 변화 고찰: 선행 연구 자료 분석을 중심으로」, 『중국어문학논집』 131호, 259-299.

박진서·이준영(2021), 『글로벌 미·중 과학기술경쟁 지형도』, 서울: 한국과학기술정보연구원.

박철현 엮음(2017), 『도시로 읽는 현대중국』(1), 고양: 역사비평사.

버나드 몽고메리(Bernard Law Montgomery), 승영조 역(2004), 『전쟁의 역사』(*A History of Warfare*, 1968), 서울: 책세상.

베이징국제도시발전연구원(北京国际城市发展研究院, 2007), 『中国城市品牌价值报告』, 北京: 中国时代经济出版社.

사롄샹(沙连香, 1989), 『中国民族性』(2冊), 北京: 中国人民大学出版社.

사이토 고헤이(斎藤幸平), 김영현 역(2021), 『지속 불가능 자본주의』(人新世の『资本论』, 2020) 경기 고양: 다다서재.

서봉교(2021), 「중국의 디지털 전환과 디지털 경제 발전」, 서울대학교 아시아연구소 『아시아브리프』 제20호, 1-5.

서울대학교 공과대학(2015), 『축적의 시간』, 서울: 지식노마드.

선밍 등(申明·宛一平 编著, 2006), 『中国人行为心理特征与中国式管理』, 北京: 企业管理出版社.

셰춘타오(谢春涛), 이정림 역(2012), 『중국 공산당은 어떻게 성공했는가』(历史的轨迹: 中国共产党为什么能?, 2012), 서울: 한얼미디어.

소노다 시게토(園田茂人), 박준식 역(2002), 『중국인, 이렇게 생각하고 행동한다』(中国人の心理と行动, 2001), 서울: 다락원.

쉬위칭 등(徐雨晴·周波涛·於琍·徐影, 2019), 「1961-2010年中国气候生产潜力时空格局变化及其潜在可承载人口分析」, 『气象与环境学报』35:2, 84-91.

스샹(施响, 2021), 「中国人口流动与土地综合承载力耦合研究」, 吉林大学 博士学位论文.

스위룽(史育龙, 2021), 「提高农业转移人口市民化质量 加快释放内需潜力」, 『宏观经济管理』2021年 第11期, 12-14.

시샤오핑 등(席小平·姚敏华, 1998), 「用邓小平理论认识和分析人口问题」, 『人口与计划生育』1998年 第2期, 28-30.

신동윤(2021), 「중국의 인구 고령화에 따른 산업구조 전환과 3차 산업의 발전」, 『중국학논총』 71집, 195-215.

신봉수(2021), 『현대와 중국: 충돌, 굴절, 변용』, 서울: 나무발전소.

아담 스미스(Adam Smith 1776), *An Inquiry into the Nature and Causes of the Wealth of Nations*, Oxford University Press, 1976년판.

안치영(2021), 「중국은 어디로 가는가?」, 『관행 중국』 2021년 9월호(Online).

안혜진·성혜승·Alasdair Forman(2016), 「한국 생태발자국 보고서 2016: 지구적 차원에서 바라본 한국의 현주소』, 세계자연기금 한국본부.

앤드루 맥아피(Andrew McAfee), 이한음 역(2020), 『포스트 피크』(*More from Less*, 2020), 서울: 청림출판.

앵거스 매디슨(Angus Maddison, 2007), *Contours Of The World Economy: 1-2030 AD Essays in Macro-Economic History*, Oxford University Press.

얀샨핑(严善平), 백계문 역(2014), 『중국의 도시화와 농민공 : 1억 3,000만의 인구의 대이동』(农村から都市へ: 1亿3000万人の农民大移动, 2009), 파주 : 한울아카데미.

양둥성(杨东升 編著, 2004), 『中国商务文化』, 北京: 北京语言大学出版社.

양빈(Yang Bin), 만연교 역(2018), 「중국 지급시 행정계층의 헌법적 지위」, 『중국법연구』 제35집, 63-87.

양인환(2021), 『중국은 왜 그럴까?』, 서울: 도서출판 지식공감.

에드나 포아 등(Edna B. Foa and Uriel G. Foa, 1976), 「Resource Theory of Social Exchange」, John. W. Thibaut(1976), *Contemporary Topics in Social Psychology*, N. J.: General Learning Press, 99-131.

에드워드 글레이저(Edward Glaeser), 이진원 역(2021), 『도시의 승리』(*Triumph of the city*, 2011), 서울: 해냄.

에드워드 커닝햄 등(Edward Cunningham, Tony Saich, and Jessie Turiel, 2020), 「Understanding CCP Resilience: Surveying Chinese Public Opinion Through Time」, Harvard Kennedy School Ash Center for Democratic Governance and Innovation.

에리크 쉬르데주(Éric Surdej), 권지현 역(2015), 『한국인은 미쳤다』(*Il sontfousces Coréens!*, 2015), 서울: 북하우스퍼블리셔스.

에린 메이어(Erin Mayer), 박세연 옮김(2016), 『컬처 맵』(*The Culture Map*, 2014), 파주: 열린책들.

왕샤오샤(王晓霞, 2020), 「当代中国人际关系的文化传承」, 『南开学报』 2020年 第3期, 88-95.

왕웨이 등(王伟·岳博, 2019), 「中国老年人口数量预测分析」, 『合作经济与科技』 2019年 第12期, 166-168.

왕쯔웬(2016), 「중국 국가주석 시진핑의 인지 지도: 중국 신형 도시화 전략의 수립에 관한 시진핑의 시스템 사고」, 『국가정책연구』 제30권 제2호, 235-255.

왕후이(汪暉), 송인재 역(2021), 『단기 20세기: 중국 혁명과 정치의 논리』(短二十世紀, 2015), 파주: 글항아리.

요르고스 칼리스 등(Giorgos Kallis, Susna Paulson, Giacomo D'Alisa and Federico Demaria), 우석영·장석준 역(2021), 『디그로쓰』(The Case for Degrowth, 2020), 서울: 산현재.

요시카와 히로키(吉川洋), 최용우 역(2017), 『인구가 줄어들면 경제가 망할까』(人口と経済, 2016), 서울: 세종서적.

우샤오루(吳晓露, 1994), 『说汉语 谈文化』, 北京: 北京语言大学出版社.

위안젠화 등(袁建华·何林·许屹·姜涛, 1998), 「21世纪我国人口发展与可持续发展」, 『第二届中国软科学学术年会论文集·社会发展类』, 447-456.

이벌찬·오로라(2021), 『세상 친절한 중국 상식』, 서울: 미래의 창.

이상국(2009), 「중국 '성관현(省管县)' 시스템 부활의 정치 경제」, 『국제정치논총』 제49집 제5호, 301-331.

이삼식·오상훈·이상돈·구성열·최효진(2011), 『미래 인구변동에 대응한 정책방안』, 서울: 보건복지부 한국보건사회연구원.

이상훈(2021), 『이상훈의 중국 수다』, 서울: 올림.

이정동(2017), 『축적의 길』, 서울: 지식노마드.

이종찬·윤관진·제상영(2017), 「중국 경제권역별 도시화와 경제성장」, Journal of the Korea Data Analysis Society, 19:6, 3075-3086.

이중톈(易中天), 강경이 역(2007), 『제국의 슬픔』(帝国的惆怅, 2006), 서울: 에버리치홀딩스.

이중톈(易中天), 박경숙 역 (2008), 『이중톈, 중국인을 말하다』(闲话中国人, 2006), 서울: 은행나무.

이희옥·백승욱 엮음(2021), 『중국공산당 100년의 변천: 1921-2021』, 서울: 책과함께.

인하이옌(尹海燕, 2021), 「我国农业转移人口市民化研究」, 『经济研究导刊』 2021年 第21期, 13-15.

임대근(2022), 『착한 중국 나쁜 차이나』, 서울: 파람북.

임동우(2018), 『도시화 이후의 도시』, 서울: 스리체이스.

자이쉬에웨이(翟学伟, 1999), 「个人地位: 一个概念及其分析框架——中国日常社会的真实建构」, 『中国社会科学』 1999年 第4期, 144-158.

자이쉬에웨이(翟学伟, 2020), 「信任、现代性与社会治理模式的选择」, 『中共杭州市委党校学报』 2020年 第6期, 4-10.

자이전우(翟振武, 2021), 「人口老龄化对技术创新基本没有影响」, 『健康中国观察』 2021年 第11期, 36-39.

자크 아탈리(Jaques Attali), 전경훈 역(2021), 『바다의 시간』(Histoires de la mar, 2017), 서울: 책과 함께.

장산위(張善余, 2003), 『中国人口地理』, 北京: 科学出版社.

장셴링 등(张现苓·翟振武·陶涛, 2020), 「中国人口负增长: 现状、未来与特征」, 『人口研究』 44:3, 3-20.

장하준(Ha-Joon Chang), 형성백 옮김(2004), 『사다리 걷어차기』(Kicking Away the Ladder: Development Strategy in Historical Perspective, 2002), 서울: 부키.

장홍제(张宏杰, 2019), 『简读中国史』, 长沙: 岳麓书社.

저우이친(周义钦, 2013), 『一图一地理』, 上海: 中华地图学社.

전광희(2006), 「인구학적 관점에서 본 적정인구의 추계」, 『한국인구학』 29:1, 209-239.

전국조(2020), 「도시화와 중국, 중국의 도시화」, 『중국학논총』 65집, 167-192.

정대연(2006), 「환경 측면에서 한국의 적정인구 추계」, 『한국인구학』 29:1, 269-292.

제임스 캔턴(James Canton), 김민주·송희령 역(2007), 『극단적 미래 예측』(The Extreme Future, 2006), 파주: 김영사.

제임스 캔턴(James Canton), 박수성·이미숙·장진영 역(2016), 『퓨처 스마트: 2025 대담하고 똑똑한 미래가 온다』(Future smart: managing the game-changing trends that will transform your world, 2015), 서울: 비즈니스북.

제프리 웨스트(Geoffrey West), 이한음 역(2018), 『스케일』(Scale, 2017), 파주: 김영사.

조엘 코트킨(Joel Kotkin), 윤철희 역(2013), 『도시, 역사를 바꾸다』(The City: A Global History, 2005), 서울: 을유문화사.

조주(2021), 「시속 350km 중국 고속철, 네트워크 4만km 육박」, 『월간교통』 2021년 제4호, 54-59.

조호길 등(赵虎吉·李新廷, 2017), 『중국의 정치권력은 어떻게 유지되는가』, 서울: 메디치미디어.

조홍식(2018), 『문명의 그물』, 서울: 책과함께.

주궈훙(朱国宏, 1996), 「关于中国土地资源人口承载力问题的思考」, 『中国人口·资源与环境』 6:1, 18-22.

주디스 샤피로(Judith Shapiro), 채준형 역(2017), 『중국의 환경 문제』(China's Environmental

Challenges, 2012), 서울: 아연출판부.

주이희(2021), 「중국 31개 성시 도시화 효율성 평가에 관한 연구」, 세한대학교 경영학과 박사학위논문.

중국과학원(中国科学院, 1991), 『中国土地资源生产能力及人口承载量研究』, 北京: 中国人民大学出版社.

중앙일보 중국연구소(2010), 『2010-2011 차이나 트렌드』, 서울: 중앙북스(주).

차오밍쿠이(曹明奎, 1993), 「中国农业生态系统的生产潜力和人口承载力」, 『生态学报』 1993年 第1期, 83-91.

차이싱(蔡兴, 2021), 「人口老龄化、城镇化与科技创新」, 『统计与决策』 2021年 第23期, 76-80.

차이이페이 등(蔡翼飞·马佳丽, 2021), 「农业转移人口市民化的内需拉动效应研究」, 『河北经贸大学学报』, 37-43.

찰스 굿하트 등(Charles Goodheart, Manoj Pradhan), 백우진 역(2021), 『인구 대역전』(*The Great Demographic Reverse*, 2020), 서울: 생각의힘.

찰스 제임스 볼(Charles James Ball, 1913), *Chinese and Sumerian*, London: Oxford University Press.

천관런(陈冠任), 강효백·이해원 역(2004), 『중국 각지 상인』(中国各地商人性格特征调查报告, 2002), 파주: 한길사.

천둔셴(陈敦贤, 2002), 「中国人口老龄化与产业结构调整」, 『中南财经政法大学学报』 2002年 第3期, 60-63.

천밍싱 등(陈明星·先乐·王朋岭·丁子津, 2021), 「气候变化与多维度可持续城市化」, 『地理学报』 第76卷 第8期, 1895-1909.

천즈우(陈志武), 박혜린·남영택 역(2011), 『중국식 모델은 없다』(没有中国模式这回事, 2009), 서울: 메디치.

최원석·양평섭·박진희·김주혜·최지원·자오씽왕(2020), 『개혁·개방 이후 중국의 제조업 분야 산업정책과 산업구조 변화 연구』, 세종: 대외경제정책연구원.

최필수·이상훈·문익준·나수엽(2012), 『중국 도시화의 시장 창출 효과와 리스크 분석』, 서울: 대외경제정책연구원.

케네스 리버살(Kenneth Liebersthal), 김재관·차창훈 역(2013), 『거버닝 차이나』(*Governing China*, 2004), 서울: 심산출판사.

케리 브라운(Kerry Brown), 김홍규 역(2014), 『현대 중국의 이해』(*Contemporary China*, 2013), 서울: 명인문화사.

케이트 레이워스(Kate Raworth), 홍기빈 역(2018), 『도넛 경제학』(*Doughnut Economics*, 2017), 서울: 학고재.

콩젠(孔健), 최선임 역(2008), 『한 권으로 읽는 중국인의 실체』(日本人は永远に中国人を理解できない, 1996), 서울: 지식여행.

크리스토퍼 차브리스 등(Christopher Chabris and Daniel Simons), 김명철 역(2011), 『보이지 않는 고릴라』(*The Invisible Gorilla and Other Ways Our Intuition Deceives Us*, 2011), 서울: 김영사.

페이샤오퉁(费孝通), 장영석 역(2011), 『향토 중국: 중국 사회문화의 원형』(乡土中国, 1947), 서울: 비봉출판사.

프랭크 에이렌스(Frank Ahrens), 이기동 역(2017), 『현대자동차 푸상무이야기』, (*Seoul Man*, 2016) 서울: 프리뷰.

하버드대학 중국연구소(Fairbank center for Chinese studies, Harvard University), 이은주 옮김(2018), 『하버드대학 중국 특강』(*The China Questions: Critical Insights into a Rising Power*, 2018), 서울: 미래의창.

한국과학기술정보연구원(2022), 「중국 과학 논문, 질적 측면 미국 추월」, 한국과학기술정보연구원 보도자료(2022.04.04.)

한재현(2021), 『중국 경제 산책』, 서울: 박영사.

해리 덴트(Hary Dent), 권성희 역(2015), 『2018 인구 절벽이 온다』(*The Demographic Cliff*, 2014), 서울: 청림출판.

허위치웅 등(何玉琼·李阳明, 2021), 「人口老龄化对技术创新的影响」, 『现代商贸工业』 2021年 第35期, 74-77.

헤르트 홉스테드 등(Geert Hofstede, Gert Jan Hofstede and Michael Minkov), 차재호·나은영 공역(2014), 『세계의 문화와 조직』(*Cultures and Organizations: Software of the Mind, 3th edition*, 2010), 서울: 학지사.

헨리 키신저(Henry Kissinger), 권기대 역(2012), 『헨리 키신저의 중국 이야기』(*On China*, 2011), 서울: 민음사.

홍성국(2018), 『수축 사회』, 서울: 메디치.

홍인호·윤혜진(2021), 「도시 성장의 보편성」, 『물리학과 첨단기술』, 한국물리학회 웹진(2021.05.11. 등록).

홍춘욱(2017), 『인구와 투자의 미래』, 서울: 에프엔미디어.

황광궈(Hwang, Kwang-kuo, 1987), 「Face and Favor: The Chinese Power Game」, *The American Journal of Sociology*, 92:4, 944-974.

황광궈(黄光国, 1987), 「人情与面子: 中国人的权力游戏」, 황광궈 등(2004), 1-39.

황광궈(黄光国, 2006), 『儒家关系主义: 文化反思与典范重建』, 北京: 北京大学出版社.

황광궈 등(黄光国·胡先缙, 2004), 『面子: 中国人的劲力游戲』, 北京: 中国人民大学出版社.

후양팡(侯杨方, 2001), 『中国人口史』(第6卷 1910-1953年), 上海: 复旦大学出版社.

후자오량(胡兆量), 김태성 역(2005), 『중국의 문화지리를 읽는다』(中国文化地理概述, 2001), 서울: 휴머니스트.

후자오량(胡兆量), 윤영도·최은영 역(2003), 『차이나 프로젝트』(中国区域发展导论, 1998), 서울: 휴머니스트.

후쭈차이(胡祖才, 2021), 「完善新型城镇化战略 提升城镇化发展质量」, 『宏观经济管理』 2021年 第11期, 1-3.

KBS TV(2015), 「KBS 특별기획 슈퍼차이나 공산당 리더십」(2015.01.23. 방영).

KBS 「슈퍼차이나」 제작팀(2015), 『2015 KBS 특별기획 다큐멘터리 슈퍼차이나』, 고양: 가나문화콘텐츠.

KBS TV(2021), 「붉은 자본주의 1부」(2021.06.24. 방영)

박종한

지난 30여 년간 지식생산노동자로 살면서 여러 가지 관점에서 중국을 관찰하고 조사하고 연구해왔다. 서울고를 나왔고, 서울대 중문학과 학사, 석사, 박사이며, 연세대 경영전문대학원 경영학 석사(MBA)이다. 현재 가톨릭대학교 중국언어문화학과 명예교수이다. 현대 중국어 문법 연구로 학자의 길을 걷기 시작하였으며, 언어에 대한 지식의 사회적 쓰임에 관심을 갖고 지속적으로 연구 영역을 확장해 왔다. 중국어의 문법적 특성에 대해 쓴 논문들을 모아 『한국어의 관점에서 중국어 바라보기』를 펴냈으며, 사회언어학 관점에서 중국의 광고 언어를 분석한 논문들을 모아 『광고 속의 중국어 연구』를 출판하였다. 『중국어 번역 테크닉』은 언어에 대한 지식의 사회적 쓰임이라는 관점에서 쓴 첫 번째 저작이다. 중국 언어학 전공자 두 명과 함께 쓴 『중국어의 비밀』은 학술적 성과를 인정받아 문화관광부 최우수학술도서로 뽑혔다. 대한민국 최초로 중국에 진출하는 한국 기업의 중문 브랜드 개발 방법을 연구하여 논문으로 발표했다. 이를 바탕으로 중국에 진출하는 한국 기업의 중문 브랜드 개발 작업을 메타브랜딩(주)과 함께 했다. 이 일을 하면서 회사의 실무자와 함께 쓴 『중국 시장 브랜드 전략』은 경제와 경영 분야에서 그 가치를 인정받아 문화관광부 우수학술도서로 선정되었다. 이번에 출간하는 『중국 감각: 땅 인구 도시 관행 공산당이라는 다섯 개의 창』은 이제까지 벌여온 다양한 도전의 결과물 중 하나이다.

이메일: park.jonghan@catholic.ac.kr

개정판 **중국 감각**
땅 인구 도시 관행 공산당이라는 다섯 개의 창

초판 1쇄 발행   2022년 12월 26일
개정판 1쇄 발행 2023년 9월 1일

지 은 이   박종한
펴 낸 이   이대현

책임편집   이태곤
편　　집   권분옥 임애정 강윤경
디 자 인   안혜진 최선주 이경신
기획/마케팅 박태훈

펴 낸 곳   도서출판 역락
주　　소   서울시 서초구 동광로46길 6-6 문창빌딩 2층(우06589)
전　　화   02-3409-2055(대표), 2058(영업), 2060(편집) FAX 02-3409-2059
이 메 일   youkrack@hanmail.net
홈페이지   www.youkrackbooks.com
등　　록   1999년 4월 19일 제303-2002-000014호

ISBN 979-11-6742-594-2   03300